中国社会科学院经济研究所创新工程项目

中国式现代化的政治经济学解析

胡怀国 陈雪娟 等著

中国财经出版传媒集团
经济科学出版社
Economic Science Press
·北京·

图书在版编目（CIP）数据

中国式现代化的政治经济学解析． / 胡怀国等著．
北京：经济科学出版社，2025.6. -- ISBN 978-7-5218-6918-7

Ⅰ. F120.2

中国国家版本馆 CIP 数据核字第 2025LB8804 号

责任编辑：程辛宁
责任校对：刘　娅　王肖楠
责任印制：张佳裕

中国式现代化的政治经济学解析
ZHONGGUOSHI XIANDAIHUA DE ZHENGZHI JINGJIXUE JIEXI
胡怀国　陈雪娟　等著
经济科学出版社出版、发行　新华书店经销
社址：北京市海淀区阜成路甲 28 号　邮编：100142
总编部电话：010-88191217　发行部电话：010-88191522
网址：www.esp.com.cn
电子邮箱：esp@esp.com.cn
天猫网店：经济科学出版社旗舰店
网址：http://jjkxcbs.tmall.com
北京季蜂印刷有限公司印装
710×1000　16 开　18.25 印张　290000 字
2025 年 6 月第 1 版　2025 年 6 月第 1 次印刷
ISBN 978-7-5218-6918-7　定价：96.00 元
（图书出现印装问题，本社负责调换。电话：010-88191545）
（版权所有　侵权必究　打击盗版　举报热线：010-88191661
QQ：2242791300　营销中心电话：010-88191537
电子邮箱：dbts@esp.com.cn）

课题组成员

胡怀国（首席研究员）
中国社会科学院经济研究所研究员

陈　健（执行研究员）
中国社会科学院经济研究所副研究员

陈雪娟（执行研究员）
中国社会科学院经济研究所副研究员

张彩云（执行研究员）
中国社会科学院经济研究所副研究员

赵伟洪（助理研究员）
中国社会科学院经济研究所副研究员

目 录

导言   1

理论篇   9
  第一章   现代化的早期框架：以斯密为例   11
  第二章   中国式现代化的政治经济学解析   21
  第三章   以新质生产力推进中国式现代化   39

任务篇   59
  第四章   高质量发展的政治经济学解析   61
  第五章   以高质量发展推进中国式现代化   82
  第六章   以新质生产力推动高质量发展   99

要素篇   115
  第七章   马克思论资本的文明作用   117
  第八章   现代化进程中的资本要素   135
  第九章   社会主义市场经济条件下的资本要素   155

制度篇   181
  第十章   全面深化改革的理论逻辑   183
  第十一章   现代化视域下的所有制问题   191
  第十二章   坚持和落实"两个毫不动摇"   214

目的篇   235

  第十三章　现代化视域下的共同富裕   237

  第十四章　以高质量发展推进共同富裕   255

  第十五章　中国式现代化与人的全面发展   271

导　言

《中共中央关于党的百年奋斗重大成就和历史经验的决议》指出，"一百年来，党坚持把马克思主义写在自己的旗帜上，不断推进马克思主义中国化时代化，用博大胸怀吸收人类创造的一切优秀文明成果，用马克思主义中国化的科学理论引领伟大实践"，并以此"领导人民成功走出中国式现代化道路，创造了人类文明新形态，拓展了发展中国家走向现代化的途径，给世界上那些既希望加快发展又希望保持自身独立性的国家和民族提供了全新选择"。[①] 中国式现代化是中国共产党领导的社会主义现代化，是以马克思主义为根本指导的现代化，同时也是我国在社会主义发展过程中不断推进马克思主义中国化时代化的历史过程。党的二十大报告指出："从现在起，中国共产党的中心任务就是团结带领全国各族人民全面建成社会主义现代化强国、实现第二个百年奋斗目标，以中国式现代化全面推进中华民族伟大复兴。"[②] 站在全面建设社会主义现代化国家、以中国式现代化全面推进中华民族伟大复兴的新的历史起点上，有必要结合马克思主义的历史生成及其中国化时代化的历史过程，从理论和实践的结合上对中国式现代化予以政治经济学的解析。

纵览人类社会的现代化历程，发轫于18世纪中叶的英国工业革命率先开启了西方国家的现代化进程，它极大地提高了社会生产力水平并推动了经济发展和物质财富的积累，但同时也造成了较为严重的人的不发展。马克思在

[①] 《中共中央关于党的百年奋斗重大成就和历史经验的决议》，人民出版社2021年，第63、64页。

[②] 习近平：《高举中国特色社会主义伟大旗帜　为全面建设社会主义现代化国家而团结奋斗》，人民出版社2022年，第21页。

对以英国工业革命为典型的西方国家现代化或早期资本主义现代化及其理论回应进行批判性反思的基础上,创立了旨在实现每个人自由而全面发展的马克思主义学说,不仅为人类社会开辟一种以经济发展推动人的发展的现代化路径提供了理论可能,而且为我国在社会主义发展过程中不断推进马克思主义中国化时代化、以中国式现代化推进中华民族伟大复兴提供了根本指导。本书第一部分"理论篇"重点结合马克思主义的历史生成和创新发展,对中国式现代化的理论逻辑进行政治经济学的解析。其中,第一章"现代化的早期框架"对古典经济学奠基者亚当·斯密试图构建的整体性框架进行了理论考察,它既是以英国工业革命为典型的早期资本主义现代化的重要理论回应,又是马克思主义政治经济学的重要思想来源;第二章"中国式现代化的政治经济学解析"从马克思主义政治经济学的角度对中国式现代化的理论逻辑进行了分析,认为中国式现代化既是生产力的现代化又是生产关系的现代化,本质上是社会主义生产方式迭代升级的历史过程;第三章"以新质生产力推进中国式现代化"重点结合马克思主义"生产力－生产关系"分析框架,对新质生产力及其推进中国式现代化的理论逻辑和实践路径进行政治经济学的解析,指出新时代新征程推进中国式现代化必须进一步全面深化改革,加快形成同新质生产力更相适应的生产关系。

党的二十大确立了全面建成社会主义现代化强国、以中国式现代化全面推进中华民族伟大复兴的中心任务,对中国式现代化进行了全面阐述、对推进中国式现代化作出了战略部署,并强调"高质量发展是全面建设社会主义现代化国家的首要任务"。① 高质量发展是适应新时代我国社会主要矛盾变化的必然要求,是新征程全面建设社会主义现代化国家的首要任务,本书第二部分"任务篇"旨在紧扣我国社会主要矛盾变化,探讨高质量发展的理论逻辑以及新时代新征程以高质量发展推进中国式现代化的实践路径。其中,第四章"高质量发展的政治经济学解析"紧扣新时代我国社会主要矛盾变化并根据我国发展阶段、环境和条件变化,对高质量发展的理论逻辑、根本动

---

① 习近平:《高举中国特色社会主义伟大旗帜 为全面建设社会主义现代化国家而团结奋斗》,人民出版社2022年,第28页。

力、制度基础、战略基点和战略支撑等基础性问题进行了理论分析；第五章"以高质量发展推进中国式现代化"围绕我国社会主要矛盾变化和中国式现代化的本质要求，探讨了新时代新征程以高质量发展推进中国式现代化的理论逻辑和实践路径。正如习近平总书记强调的，"高质量发展需要新的生产力理论来指导，而新质生产力已经在实践中形成并展示出对高质量发展的强劲推动力、支撑力，需要我们从理论上进行总结、概括，用以指导新的发展实践"①，新质生产力是创新起主导作用的先进生产力，发展新质生产力是推动高质量发展的重要着力点和推进中国式现代化的重要战略举措，本书第六章"以新质生产力推动高质量发展"对以科技创新为核心要素的新质生产力及其推动高质量发展的理论逻辑和实践路径进行了政治经济学解析。

习近平总书记深刻地指出，中国式现代化"摒弃了西方以资本为中心的现代化、两极分化的现代化、物质主义膨胀的现代化、对外扩张掠夺的现代化老路，拓展了发展中国家走向现代化的途径，为人类对更好社会制度的探索提供了中国方案"②。马克思曾对以资本为中心的资本主义现代化进行过深入分析，认为资本主义现代化既是"资本作为孜孜不倦地追求财富的一般形式的欲望，驱使劳动超过自己自然需要的界限，来为发展丰富的个性创造出物质要素"③的经济发展过程，又是人们"在自己的劳动中不是肯定自己，而是否定自己，不是感到幸福，而是感到不幸，不是自由地发挥自己的体力和智力，而是使自己的肉体受折磨、精神遭摧残"④的人的不发展过程。如何充分发挥资本要素的积极作用并有效控制其消极作用以推动高质量发展和人的全面发展，是中国式现代化进程中亟待解答的重大理论和现实问题，同时也是本书第三部分"要素篇"的分析重点。其中，第七章"马克思论资本的文明作用"系统梳理了马克思关于资本"摧毁一切阻碍发展生产力、扩大需

---

① 习近平：《发展新质生产力是推动高质量发展的内在要求和重要着力点》，《求是》2024年第11期。
② 《习近平著作选读》第2卷，人民出版社2023年，第553页。
③ 《马克思恩格斯全集》第30卷，人民出版社1995年，第286页。
④ 《马克思恩格斯文集》第1卷，人民出版社2009年，第159页。

要、使生产多样化、利用和交换自然力量和精神力量的限制"①以推动经济发展并为人的发展提供物质基础的"伟大的文明作用"及其并不必然推动人的发展的历史局限性；第八章"现代化进程中的资本要素"旨在从现代化的角度对资本要素进行较为全面的理论梳理，特别是结合马克思主义及其中国化时代化的历史过程探讨了马克思关于资本要素的经典阐述对新时代新征程推进中国式现代化的重要启发；第九章"社会主义市场经济条件下的资本要素"结合市场经济的效率优势和社会主义的制度优势，对社会主义市场经济条件下资本要素的特性、作用和行为规律进行了理论考察。

"改革开放是决定当代中国命运的关键一招，也是决定中国式现代化成败的关键一招。"②改革是社会主义生产关系及其上层建筑的自我完善，其制度性成果则为我国发展提供了根本的制度保障。本书第四部分"制度篇"从马克思主义中国化时代化的角度，对改革特别是新时代全面深化改革的理论逻辑、现代化进程中的所有制问题以及"两个毫不动摇"重大方针进行了政治经济学解析。其中，第十章"全面深化改革的理论逻辑"在"生产力－生产关系"视域下对全面深化改革进行了政治经济学解析，指出"全面深化改革"是新时代新征程推进中国式现代化的根本动力，其制度性成果特别是根本制度的坚持、基本制度的完善和重要制度的创新发展，则为推进中国式现代化提供了根本的制度保障。"马克思主义政治经济学认为，生产资料所有制是生产关系的核心，决定着社会的基本性质和发展方向"③，第十一章"现代化视域下的所有制问题"和第十二章"坚持和落实'两个毫不动摇'"分别对现代化进程中的所有制问题和"两个毫不动摇"重大方针进行了政治经济学解析，指出我国公有制经济和非公有制经济都是在社会主义生产关系及其上层建筑的规范和保护下发展壮大起来的，"两个毫不动摇"不仅是我们党在推进中国式现代化进程中确立的一项重大方针，而且是我国在社会主义发展过程中不断推进马克思主义中国化时代化的重大创新。新时代新征程进一步

---

① 《马克思恩格斯全集》第30卷，人民出版社1995年，第390页。
② 习近平：《中国式现代化是中国共产党领导的社会主义现代化》，《求是》2023年第11期。
③ 习近平：《不断开拓当代中国马克思主义政治经济学新境界》，《求是》2020年第16期。

全面深化改革、推进中国式现代化，必须坚持和落实"两个毫不动摇"，促进各种所有制经济优势互补、共同发展。

《中共中央关于党的百年奋斗重大成就和历史经验的决议》指出，"马克思主义是我们立党立国、兴党强国的根本指导思想"，"党之所以能够领导人民在一次次求索、一次次挫折、一次次开拓中完成中国其他各种政治力量不可能完成的艰巨任务，根本在于坚持解放思想、实事求是、与时俱进、求真务实，坚持把马克思主义基本原理同中国具体实际相结合、同中华优秀传统文化相结合，……不断推进马克思主义中国化时代化"。① 中国式现代化是以马克思主义为根本指导的现代化，本质上是以经济现代化为基础的人的现代化，同时也是我国在社会主义发展过程中不断推动经济发展和人的发展的历史过程。"共同富裕是社会主义的本质要求，是中国式现代化的重要特征"②，不仅是中国式现代化进程中沟通经济发展和人的发展的关键环节，而且是新时代新征程以高质量发展推动人的全面发展的重要内容。本书第五部分"目的篇"，围绕"共同富裕"和"人的全面发展"对中国式现代化进行了政治经济学解析。其中，第十三章"现代化视域下的共同富裕"从现代化的角度对共同富裕问题进行了较为系统的理论梳理；第十四章"以高质量发展推进共同富裕"指出，共同富裕既不是适应传统社会落后生产力的"平均主义"，也不是西方国家现代化进程中"围绕着分配兜圈子"③，而是经济发展与人的发展相互促进的历史过程，新时代新征程必须坚持以高质量发展扎实地、分阶段地推进全体人民共同富裕；第十五章"中国式现代化与人的全面发展"结合马克思主义中国化时代化的历史过程，从人的发展的角度对中国式现代化进行了政治经济学解析，指出中国式现代化是以马克思主义为根本指导的现代化，是不断推动人的全面发展的历史过程。

本书主要内容是在中国社会科学院经济研究所"中国式现代化的政治经济学分析"创新项目阶段性成果的基础上形成的。2021年7月1日，习近平

---

① 《中共中央关于党的百年奋斗重大成就和历史经验的决议》，人民出版社2021年，第66页。
② 习近平：《扎实推动共同富裕》，《求是》2021年第20期。
③ 《马克思恩格斯文集》第3卷，人民出版社2009年，第436页。

总书记《在庆祝中国共产党成立100周年大会上的讲话》中指出,"我们坚持和发展中国特色社会主义,推动物质文明、政治文明、精神文明、社会文明、生态文明协调发展,创造了中国式现代化新道路,创造了人类文明新形态"①,这是党的重要文件首次提及"中国式现代化"这一重要概念,同时也引起了中国社会科学院经济研究所政治经济学研究团队的高度关注。2021年11月11日,党的十九届六中全会通过的《中共中央关于党的百年奋斗重大成就和历史经验的决议》对"中国式现代化"作出了进一步阐述,我们团队的部分科研人员即决定以《中国式现代化的政治经济学分析》为题申请新一轮创新项目。2022年1月,中国社会科学院经济研究所正式批准了该创新项目(项目编号为"2022JJSB01"),项目执行期为2022~2024年。三年来,课题组成员结合自身学术积累和专业优势,从不同角度不同层面对"中国式现代化"及其相关问题展开了政治经济学研究,并取得了一系列阶段性研究成果,本书主要是在这些阶段性成果的基础上形成的。从创新项目的角度,我们的研究工作已经接近尾声,但从理论经济学的角度,有关分析仍然略显松散。未来三年,课题组主要成员拟以"现代化视域下的理论经济学谱系"为题申请新一轮创新项目,着重从现代化的角度对整个理论经济学产生和发展过程中的若干基本概念、重要人物和理论体系等进行重新评估,并在此基础上进一步探讨"中国式现代化"的理论逻辑。

(执笔人:胡怀国)

参 考 文 献

[1] 胡怀国:《现代化视域下的亚当·斯密》,《河北经贸大学学报》2023年第5期,第21~25页(本书第一章)。

[2] 胡乐明、胡怀国:《中国式现代化的政治经济学解析》,《政治经济学评论》2023年第2期,第14~29页(本书第二章)。

[3] 胡怀国:《以新质生产力推进中国式现代化的政治经济学解析:基于"生产力-生产

---

① 习近平:《在庆祝中国共产党成立100周年大会上的讲话》,人民出版社2021年,第13~14页。

关系"框架的理论考察》,《山东师范大学学报(社会科学版)》2025年第2期,第77~86页(本书第三章)。

[4] 胡怀国:《高质量发展的政治经济学解析》,《山西师大学报(社会科学版)》2023年第6期,第44~53页(本书第四章)。

[5] 胡怀国:《以高质量发展推进中国式现代化的理论逻辑与实践路径》,《企业经济》2023年第6期,第5~11页(本书第五章)。

[6] 胡怀国:《以新质生产力推动高质量发展的政治经济学解析》,《亚太经济》2024年第3期,第12~18页(本书第六章)。

[7] 胡怀国:《马克思论资本的"伟大的文明作用"及其历史使命》,《武汉科技大学学报(社会科学版)》2022年第3期,第257~264页(本书第七章)。

[8] 胡怀国:《资本要素的特性及其在现代化进程中的地位和作用:一种政治经济学的理论梳理》,《当代经济研究》2022年第5期,第16~25页(本书第八章)。

[9] 胡怀国:《社会主义市场经济条件下的资本要素:特性、作用和行为规律》,《经济学动态》2022年第9期,第18~31页(本书第九章)。

[10] 胡怀国:《深刻认识进一步全面深化改革的理论逻辑》,《理论与评论》2024年第4期,第10~14页(本书第十章)。

[11] 胡怀国:《现代化视域下的所有制问题——兼论"两个毫不动摇"的理论逻辑》,《山东社会科学》2024年第2期,第95~106页(本书第十一章)。

[12]《"两个毫不动摇"的政治经济学解析》,《山西师大学报(社会科学版)》2024年第6期,第1~10页(本书第十二章)。

[13] 胡怀国:《现代化视域下的共同富裕:理论逻辑与物质基础》,《学术研究》2022年第4期,第78~86页(本书第十三章)。

[14] 胡怀国:《以高质量发展推进共同富裕的政治经济学解析》,《经济研究参考》2024年第1期,第5~15页(本书第十四章)。

[15] 陈雪娟、胡怀国:《中国式现代化与人的全面发展:基于马克思主义中国化时代化的研究》,《改革与战略》2024年第2期,第38~47页(本书第十五章)。

理 论 篇

第一章
现代化的早期框架：以斯密为例

摘要：作为苏格兰启蒙运动的重要代表人物，亚当·斯密在《道德情操论》中构建了一种同现代社会秩序相适应的道德哲学体系，不仅为英国工业革命及其开启的英国现代化进程奠定了思想基础，而且其关于政治修明、法律严正、社会包容和经济自由的学术思想对整个人类社会的现代化亦具有重要启发。作为古典经济学的奠基者，斯密在《国富论》中围绕劳动分工和市场交易、普遍勤劳和资本积累、有效市场和有为政府等，构建了一种同现代市场经济相适应的理论经济学体系，不仅为经济学所有之前和所有之后的发展提供了问题和尺度，而且对我们在中国式现代化进程中着力推动高质量发展、构建高水平社会主义市场经济体制等具有一定启发性。

关键词：亚当·斯密　苏格兰启蒙运动　现代化

党的二十大报告指出，"中国式现代化，是中国共产党领导的社会主义现代化，既有各国现代化的共同特征，更有基于自己国情的中国特色"[①]。在人类社会的发展历史上，英国工业革命率先开启了人类社会的现代化进程，作为苏格兰启蒙运动学者和古典经济学奠基者的亚当·斯密，更是在英国工业革命发轫之初，即尝试构建一种同现代社会秩序相适应的道德哲学体系和理论经济学体系，不仅对人类社会的现代化作出了极具历史穿透力的理论回应，而且在某种程度上揭示了"各国现代化的共同特征"。值斯密诞辰300周

---

① 习近平：《高举中国特色社会主义伟大旗帜　为全面建设社会主义现代化国家而团结奋斗》，人民出版社2022年，第22页。

年之际，在现代化视域下重新审视亚当·斯密的学术思想，不仅有助于我们更好地理解斯密的有关学说，而且有助于我们更为深刻地把握各国现代化的共同特征并为新时代新征程推进中国式现代化提供有益启发。

一、现代化的思想基础：亚当·斯密的道德哲学

至少就主要经济体而言，人类社会曾长期处于传统农业社会，人们的生产生活更多地是为了满足生存需要，整个社会带有明显的地域性限制、等级化特征和人身依附性，并渐次形成了与之相适应的"行政权支配社会"的传统社会秩序和治理模式，或如马克思总结的："小农人数众多，他们的生活条件相同，但是彼此间并没有发生多种多样的关系。……就像一袋马铃薯是由袋中的一个个马铃薯汇集而成的那样。……他们不能代表自己，一定要别人来代表他们。他们的代表一定要同时是他们的主宰，是高高站在他们上面的权威，是不受限制的政府权力，这种权力保护他们不受其它阶级侵犯，并从上面赐给他们雨水和阳光。所以，归根到底，小农的政治影响表现为行政权支配社会。"[①] 1453 年君士坦丁堡的陷落，率先打破了欧洲传统社会的中世纪沉寂，引发了欧洲特别是西欧社会的一系列连锁反应，特别是伴随着地理大发现和重商主义的兴盛、宗教改革和民族意识及民族国家的兴起，西欧主要国家率先在传统农业社会的夹缝中不断积累着现代性因素，并最终催生了直接面向现代社会秩序的 18 世纪启蒙运动。对于 18 世纪西欧各国的启蒙运动，胡怀国（1999）曾指出，"如果说，精神世界与世俗世界的冲突是宗教改革和文艺复兴的核心，那么启蒙运动则是在此基础之上，集中为世俗世界本身缔造现实的社会秩序。对我们而言，前者是近乎遥远的背景音乐，而后者则是对我们有着强烈震撼的现代摇滚。可以说，现代社会正是在启蒙运动的启发下不断发展而来的"[②]。从某种程度上讲，18 世纪盛行于西欧各国的启蒙

---

① 《马克思恩格斯文集》第 2 卷，人民出版社 2009 年，第 566~567 页。
② 胡怀国：《斯密思想体系及其经济理论》，北京大学博士学位论文 1999 年，第 13 页。

运动，尝试构建的是一种面向现代社会秩序的理论框架，同时也为各自国家开启现代化进程奠定了根本的思想基础。

具体而言，15世纪的地理大发现和重商主义的兴起，不断在边际上冲击着传统农业社会的相对封闭与相互隔离，同时也为重塑精神世界和世俗世界之间关系的宗教改革不断积累着物质要素；16世纪的宗教改革，不仅促进了民族意识和民族国家的崛起，而且推动了17世纪自然法的近现代转型，并最终孕育出了直接面向现代社会的18世纪启蒙运动。对于17世纪的自然法转型，美国政治思想史学者萨拜因曾指出："对17世纪的哲学来说，关系始终显得不及实体那么可靠；人是实体，而社会则是关系。正是这种假定的个人优先性成了自然法理论所具有的最显著且最持久的品格，也是现代理论区别于中世纪理论的最为明确的地方。"① 如果说，17世纪的自然法转型是人类社会开启现代化进程中的第一次理论飞跃，那么18世纪的启蒙运动则是人类社会开启现代化进程中的第二次理论飞跃，同时也是更为根本的一次飞跃，它们共同为人类社会成功开启现代化进程提供了理论滋养。特别是苏格兰启蒙运动、法国启蒙运动和德国启蒙运动，不仅分别为英国、法国和德国开启现代化进程奠定了思想基础，而且分别结出了英国古典经济学、法国空想社会主义和德国古典哲学的理论硕果。从某种程度上讲，正是结合西欧各国现代化特别是以工业革命率先开启现代化进程的英国现代化的经验教训，19世纪的马克思在批判继承西欧各国启蒙运动及其理论成果的基础上创立了马克思主义学说，实现了人类社会现代化进程中的新的理论飞跃，同时也为20世纪的中国成功开启和推进中国式现代化奠定了思想基础。

在这个过程中，18世纪苏格兰启蒙运动在人类社会现代化进程中具有相对独特和不可或缺的地位和作用。不同于更多承袭自然法的理性主义传统并倾向于通过自由民主平等等现代理念诱发激烈政治行动的法国启蒙运动，亦异于更多地强调"有勇气运用你自己的理智"②并倾向于借助于人的主体性、绝对精神和自由意志构建庞大抽象体系的德国启蒙运动，以1727年大学改

---

① 萨拜因：《政治学说史：民族国家》，上海人民出版社2015年，第142页。
② 康德：《历史理性批判文集》，商务印书馆1990年，第23页。

革后的大学教授为主体的苏格兰启蒙运动，更多的是在对自然法近现代转型成果进行个体心理经验主义的苏格兰式改造的基础上，构建一种极具理论弹性和张力并适应于现代社会秩序的学术性思考和整体性框架，并率先催生了一种以工业革命和经济现代化为基础的英国现代化进程。具体而言，按照格劳秀斯（1625）"上帝也不能使二加二不等于四"的自然法，人类社会必须按照"与合乎本性的理性相一致的行为"[1]重构现代社会秩序，格拉斯哥大学首任道德哲学教授卡迈克尔通过评注、英译和出版普芬道夫《人和公民的自然法义务》（1673），把自然法传统及其近现代转型成果引入了苏格兰学术界。格拉斯哥大学第二任道德哲学教授哈奇森利用沙夫茨伯利的情感主义对有关自然法传统进行了心理经验主义的苏格兰式改造，初步构建了一种"把人们引向最有效地倾向于促进其最大幸福和完善"[2]的道德哲学体系，并由此确立了其作为"苏格兰启蒙运动之父"的历史地位。作为哈奇森的学生和格拉斯哥大学第四任道德哲学教授，亚当·斯密在《道德情操论》（1759）中借助于"同情""设身处地的想象""公正的旁观者""合宜"等核心概念和分析工具，构建了一种逻辑更为严谨、体系更为完备并充满理论弹性和张力的道德哲学体系，为我们理解现代社会秩序乃至整个人类社会的现代化进程提供了更具历史穿透力的整体性框架。

按照斯密的看法，尽管每个人"生来首先和主要关心自己"[3]，但同时也拥有一种"设身处地想象的能力"；正是这种能力以及由此形成的根植于每个人内心深处的"公正的旁观者"，使得人们能够有力地"纠正自爱之心的天然曲解"并作出"合宜"的反应，而合宜的情感和行为就是道德哲学旨在探讨的"美德"。在《道德情操论》中，斯密分别从"对别人幸福的关心"和"对自己的幸福的关心"的角度进行了考察，其主要结论是："对自己幸福的关心，要求我们具有谨慎的美德；对别人幸福的关心，要求我们具有正义和仁慈的美德"[4]；其中，"行善犹如美化建筑物的装饰品，而不是支撑建筑

---

[1] 格劳秀斯：《战争与和平法》，上海人民出版社 2005 年，第 32 页。
[2] 哈奇森：《道德哲学体系》，浙江大学出版社 2010 年，第 3 页。
[3] 斯密：《道德情操论》，商务印书馆 2005 年，第 101~102 页。
[4] 斯密：《道德情操论》，商务印书馆 2005 年，第 342 页。

物的地基，因此作出劝戒已经足够，没有必要强加于人。相反，正义犹如支撑整个大厦的主要支柱。如果这根柱子松动的话，那么人类社会这个雄伟而巨大的建筑必然会在顷刻之间土崩瓦解"①。正是由于"正义"美德的极端重要性，现代社会一定是政治修明、法律严正的社会；正是由于"仁慈"美德对于别人幸福、"谨慎"美德对于自己幸福的重要性及其本身所具有的相对弹性，现代社会一定是社会包容、经济自由的社会。也就是说，按照斯密的道德哲学，现代社会必定是政治修明、法律严正、社会包容和经济自由的社会，它们互为条件、相互支撑、共同作用，推动整个社会逐渐演变为现代社会并形成一种与之相适应的"最明白最单纯的自然自由制度"②。从某种程度上讲，这就是作为苏格兰启蒙运动学者的亚当·斯密，以其道德哲学为人类社会现代化提供的思想基础。

二、现代化的物质基础：亚当·斯密的经济学说

德国学者雅斯贝尔斯曾指出，"世界史的轴心似乎是在公元前500年左右""人类靠当时所产生、所创造、所思考的一切生活到了今天。在人类每一新的飞跃之中，他们都会回忆起轴心时代，并在那里重燃火焰""轴心时代的观点为所有之前和所有之后的发展提供了问题和尺度。……从轴心时代起，世界史获得了唯一的结构和持续的、或者说持续到今天的统一性"。③ 如果说，公元前500年左右的轴心时代的观点为整个人类文明"所有之前和所有之后的发展提供了问题和尺度"，那么18世纪苏格兰启蒙运动学者亚当·斯密在《国富论》中系统阐述的经济学说，则为整个经济学"所有之前和所有之后的发展提供了问题和尺度"。对此，美国经济思想史学者海尔布罗纳评价说："只有18世纪，才能写出这样浩瀚而又深刻的作品。《国富论》和《道德情操

---

① 斯密：《道德情操论》，商务印书馆2005年，第106页。
② 斯密：《国民财富的性质和原因的研究》下卷，商务印书馆1996年，第252页。
③ 雅斯贝尔斯：《论历史的起源与目标》，华东师范大学出版社2018年，第8、14、15页。

论》以及其他少数论文所共同显示的是,斯密绝非只是经济学家。他是哲学家、心理学家、历史学家和社会学家的结合。在他的著作中包括人类动机、历史阶段和经济机制。……它是人类自身冒险的巨大概念的一部分。"①英国经济思想史学者罗尔在纪念《国富论》出版200周年时亦深刻地指出,"亚当·斯密是'现代历史的创造者之一'。他的书之所以值得人们注意,最重要的是由于它对当时'那些正在消亡的文明的原则'的批判,并制定了'正在出现的文明的原则'"。②

具体而言,按照斯密在《道德情操论》中的研究结论,现代社会应该是政治修明、法律严正、社会包容和经济自由的社会。如果我们把它视为斯密道德哲学体系的理论部分,那么同自己幸福密切相关的"谨慎"美德及其要求的经济自由与相应的经济学说,同别人幸福密切相关的"正义"美德及其要求的政治修明、法律严正与相应的政治法律学说,则构成了斯密道德哲学体系的应用部分。斯密的道德哲学体系的理论部分和应用部分,尽管是理性主义传统的欧陆学者特别是缺乏足够理论视野的德国历史学派学者所难以理解的,但其实是密不可分、相互支撑的关系,它们共同构成了亚当·斯密的完整的道德哲学体系。正因如此,在完成《道德情操论》后,斯密始终念念不忘他的政治法律学说,并在临终前修订出版的《道德情操论》第六版(1790)特别声明:"在本书第一版的最后一段中,我曾说过,我将在另一本论著中努力说明法律和政治的一般原理,以及它们在不同的社会时代和时期所经历过的不同革命;……在《国民财富的性质和原因的研究》中,我已部分地履行了这一诺言,至少在警察、国家岁入和军备问题上。我长期以来所计划的关于法学理论的部分,迄今由于现在还在阻止我修订本书的同样工作而无法完成。我承认,虽然我年事已高,很难指望如愿以偿地完成这个大事业,但我并没有完全放弃这个计划,从打算做到自己能做的事情这种责任感出发,我希望能继续完成它,因而我把30多年前写的这段话未加改动地放在

---

① 海尔布罗纳:《几位著名经济思想家的生平、时代和思想》,商务印书馆1994年,第64页。
② 外国经济学说研究会编:《现代国外经济学论文选》第4辑,商务印书馆1982年,第9页。

这里"①。从某种程度上讲，斯密的《国富论》就是他所计划的"这个大事业"的重要组成部分，不仅为整个经济学"所有之前和所有之后的发展提供了问题和尺度"，而且也为人类社会现代化的物质基础提供了系统的理论说明。

斯密在《国富论》正文的开篇指出，"劳动生产力上最大的增进，以及运用劳动时所表现的更大的熟练、技巧和判断力，似乎都是分工的结果"，并认为"在一个政治修明的社会里，造成普及到最下层人民的那种普遍富裕情况的，是各行各业的产量由于分工而大增"。②也就是说，现代社会的经济发展有赖于劳动生产力的提高，其原因主要在于劳动分工，而由此导致的产量大增能否"造成普及到最下层人民的那种普遍富裕情况"，则以政治是否修明为重要前提。由此出发，斯密围绕劳动分工和市场交易、普遍勤劳和资本积累、有效市场和有为政府等，构建了一种同现代社会相适应的理论经济学体系。首先，普遍的市场交易和自愿互惠的交易行为："一个动物，如果想由一个人或其他动物取得某物，除博得授与者的欢心外，不能有别种说服手段。……但人类几乎随时随地都需要同胞的协助，要想仅仅依赖他人的恩惠，那是一定不行的。他如果能够刺激他们的利己心，……他要达到目的就容易得多了。"③其次，经济发展有赖于人们普遍参与劳动分工和市场交易以促进普遍勤劳，而资本积累则为促进这种普遍勤劳提供了必不可少的物质条件：国民财富的增加"只有两个方法，一为增加生产性劳动者的数目，一为增进受雇劳动者的生产力。……但无论怎样，都有增加资本的必要"④。最后，以"正义的法律"为前提的有效市场和有为政府：一方面，"每一个人，在他不违反正义的法律时，都应听其完全自由，让他采用自己的方法，追求自己的利益"⑤；另一方面，政府至少应该承担下述义务："第一，保护社会，使不受其他独立社会的侵犯。第二，尽可能保护社会上各个人，使不受社会上任何其他人的侵害或压迫，这就是说，要设立严正的司法机关。第三，建设并维

---

① 斯密：《道德情操论》，商务印书馆2005年，第1~2页。
② 斯密：《国民财富的性质和原因的研究》上卷，商务印书馆1996年，第5、11页。
③ 斯密：《国民财富的性质和原因的研究》上卷，商务印书馆1996年，第13页。
④ 斯密：《国民财富的性质和原因的研究》上卷，商务印书馆1996年，第315~316页。
⑤ 斯密：《国民财富的性质和原因的研究》下卷，商务印书馆1996年，第252页。

持某些公共事业及某些公共设施"①。

三、从斯密到马克思及其对中国式现代化的启发

在纪念《国富论》出版200周年之际,美国经济思想史学者海尔布罗纳在《向亚当·斯密致敬》一文中曾指出,"只有一个经济学家,他的学说的广度、深度和光辉的成就能与斯密相比,这就是马克思。确实,这样一个比较能帮助我们对斯密有一个适当的初步的认识。正像马克思的情况一样,把斯密仅仅看作经济学家是不对的",并强调"试图在经济学家的先哲祠内,为斯密确立一个适当的地位是没有意义的。读《国富论》在某些方面像读莎士比亚的著作一样,因为我们会新发现,我们有多少共同的习惯用语来源于《国富论》,我们有多少基本短语来源于斯密的光辉的见解。亚当·斯密不只是第一个真正有哲学修养和能力的经济学家,他是我们知识遗产的一部分,对于他,我们怎样感谢也不过分"。②就斯密的经济学说而言,我们在某种程度上可以借鉴雅斯贝尔斯关于轴心时代的说法,对其简要评价如下:亚当·斯密的经济学说,为经济学所有之前和所有之后的发展提供了问题和尺度;从斯密开始,经济学获得了唯一的结构和持续到今天的统一性;在经济学的每一次新的飞跃中,人们都会回忆起亚当·斯密,并在他那里重燃火焰!

习近平总书记指出:"马克思的思想理论源于那个时代又超越了那个时代,既是那个时代精神的精华又是整个人类精神的精华。"③如果说,斯密为经济学的发展提供了问题和尺度,那么马克思则为马克思主义提供了问题和尺度,而马克思在创立马克思主义特别是马克思主义政治经济学的过程中,我们可以清晰地看到他在斯密那里重新燃起的火焰。例如,在马克思主义"真正诞生地和秘密"所在的《1844年经济学哲学手稿》中,马克思敏锐地

---

① 斯密:《国民财富的性质和原因的研究》上卷,商务印书馆1996年,第252~253页。
② 外国经济学说研究会编:《现代国外经济学论文选》第4辑,商务印书馆1982年,第34、43页。
③ 习近平:《在纪念马克思诞辰200周年大会上的讲话》,人民出版社2018年,第7页。

观察到，"分工提高劳动的生产力，增加社会的财富，促使社会精美完善，同时却使工人陷于贫困直到变为机器"①，这显然是对斯密劳动分工理论的批判继承和创新发展；在作为马克思主义政治经济学经典著作《资本论》初稿的《1857—1858 年经济学手稿》中，马克思明确指出，"资本作为孜孜不倦地追求财富的一般形式的欲望，驱使劳动超过自己自然需要的界限，来为发展丰富的个性创造出物质要素，……由此可见，资本是生产的，也就是说，是发展社会生产力的重要的关系"②，这显然是对斯密关于"无论怎样，都有增加资本的必要"的进一步阐发和理论发展。事实上，正是在批判继承和创新发展斯密及其追随者有关经济学说的过程中，马克思创立了马克思主义政治经济学并实现了经济学的新的飞跃。

党的二十大报告指出，"马克思主义是我们立党立国、兴党兴国的根本指导思想"③。在全面建设社会主义现代化国家、以中国式现代化全面推进中华民族伟大复兴的新时代新征程上，我们既要坚持马克思主义的根本指导，坚持以高质量发展推动人的全面发展、全体人民共同富裕，又有必要吸收借鉴斯密道德哲学及其经济学说的有益成果。一方面，"中国式现代化既是生产力的现代化又是生产关系的现代化，既是经济基础的现代化又是上层建筑的现代化，它本质上是社会主义生产方式迭代升级的历史过程"④，是一种涉及经济现代化、政治现代化、社会现代化乃至思想、文化、制度诸领域现代化的复杂现实运动，斯密关于政治修明、法律严正、社会包容、经济自由的道德哲学分析，无疑能为我们提供有益的启发；另一方面，正如习近平总书记强调的，"经济发展就是要提高资源尤其是稀缺资源的配置效率，以尽可能少的资源投入生产尽可能多的产品、获得尽可能大的效益。理论和实践都证明，市场配置资源是最有效率的形式。市场决定资源配置是市场经济的一般

---

① 《马克思恩格斯文集》第 1 卷，人民出版社 2009 年，第 123 页。
② 《马克思恩格斯全集》第 30 卷，人民出版社 1995 年，第 286 页。
③ 习近平：《高举中国特色社会主义伟大旗帜 为全面建设社会主义现代化国家而团结奋斗》，人民出版社 2022 年，第 16 页。
④ 胡乐明、胡怀国：《中国式现代化的政治经济学解析》，《政治经济学评论》2023 年第 2 期。

规律，市场经济本质上就是市场决定资源配置的经济"①，新时代新征程推动高质量发展这一"全面建设社会主义现代化国家的首要任务"②，必须坚持社会主义市场经济改革方向、加快构建高水平社会主义市场经济体制，而斯密关于现代市场经济的理论探讨，同样能为我们提供有益的启发。

（作者胡怀国，原题目为《现代化视域下的亚当·斯密》，发表于《河北经贸大学学报》2023年第5期，第21~25页。）

---

① 《习近平著作选读》第1卷，人民出版社2023年，第164页。
② 习近平：《高举中国特色社会主义伟大旗帜 为全面建设社会主义现代化国家而团结奋斗》，人民出版社2022年，第28页。

第二章
中国式现代化的政治经济学解析

摘要：中国式现代化是中国共产党领导的社会主义现代化。基于西方现代化历史经验总结抽象出来的西方现代化理论无法为中国式现代化提供科学解析。从马克思主义政治经济学视角而言，中国式现代化既是生产力的现代化又是生产关系的现代化，既是经济基础的现代化又是上层建筑的现代化，是社会主义生产方式迭代升级的历史过程，是社会主义生产力不断进步和社会主义制度不断完善的历史过程。

关键词：现代化　中国式现代化　社会主义生产方式

党的二十大报告指出："从现在起，中国共产党的中心任务就是团结带领全国各族人民全面建成社会主义现代化强国、实现第二个百年奋斗目标，以中国式现代化全面推进中华民族伟大复兴。"[1]中国式现代化是马克思主义基本原理同中国具体实际相结合、同中华优秀传统文化相结合的产物，不仅对我国全面建成社会主义现代化强国、全面推进中华民族伟大复兴具有决定性意义，而且是我国在社会主义发展过程中不断推进马克思主义中国化时代化的重大创新成果，具有深刻的理论逻辑、历史逻辑和实践逻辑。本文认为，就政治经济学的角度而言，中国式现代化既是生产力的现代化又是生产关系的现代化，既是经济基础的现代化又是上层建筑的现代化，本质上是社会主义生产方式迭代升级的历史过程。

---

[1] 习近平：《高举中国特色社会主义伟大旗帜　为全面建设社会主义现代化国家而团结奋斗》，人民出版社2022年，第21页。

一、引　言

现代化是一个涉及经济现代化、政治现代化、社会现代化乃至思想、文化和制度等诸领域现代化的复杂现实运动，同是也是一个涉及不同国家不同阶段的长期历史过程。马敏（2016）认为，现代化"是一个连续不断的长过程。大体说来，它发源于16世纪的欧洲，中经18世纪工业革命而向全世界传播，一直持续到今天也未停止"[①]。国际经验表明，任何国家的现代化都不是一件轻松的事情，而是充满巨大不确定性的长期历史过程。在人类社会的发展历史上，1453年君士坦丁堡的陷落率先打破了欧洲社会的中世纪沉寂，引发了欧洲特别是西欧社会的一系列连锁反应，并在其相对漫长的历史演进过程中，经由英国工业革命率先开辟了一种西方式现代化路径。然而，即便按照世界银行关于高收入经济体的划分标准，迄今也只不过12亿左右的人口大致沿着西方式现代化路径实现了经济现代化、跻身发达经济体之列。我国人口规模超过发达经济体现有人口的总和，如果我们成功地以中国式现代化实现了新时代新征程的预期目标，即到2035年基本实现社会主义现代化、到21世纪中叶全面建成社会主义现代化强国，那么我们将沿着社会主义性质和方向的现代化路径跻身于发达经济体之列，这无疑将从根本上改变世界上发达经济体的版图，并在人类社会发展史上开辟出一条全新的现代化路径。

罗荣渠（2004）指出，"现代化作为一个世界性的历史过程，是指人类社会从工业革命以来所经历的一场急剧变革，这一变革以工业化为推动力，导致传统的农业社会向现代工业社会的全球性的大转变过程，它使工业主义渗透到经济、政治、文化、思想各个领域，引起深刻的相应变化"[②]。就现代化理论而言，罗荣渠（1987）认为，"现代化研究是在五十年代末和六十年代中

[①] 马敏：《现代化的"中国道路"——中国现代化历史进程的若干思考》，《中国社会科学》2016年第9期。

[②] 罗荣渠：《现代化新论：世界与中国的现代化进程》，商务印书馆2004年，第17页。

迅速兴起的一门社会科学的边缘学科","这个理论所使用的一般命题、模式、观念等,都扎根于西方现代社会,是从西方现代化历史经验中抽象出来的发展图式"。① 但正如胡乐明等(2021)强调的,"不同国家实现现代化的具体路径并不相同,中国特色社会主义现代化道路与西方资本主义现代化道路有着本质区别,也和苏联模式的社会主义现代化道路有根本不同,这是一条既体现现代化建设一般规律又彰显中国特色的现代化道路"②,更多地从西方现代化历史经验中抽象出来的现代化理论,显然无法为中国式现代化提供理论说明。对此,习近平总书记强调说:"世界上既不存在定于一尊的现代化模式,也不存在放之四海而皆准的现代化标准。……我们所推进的现代化,既有各国现代化的共同特征,更有基于国情的中国特色。"③

党的二十大报告指出:"在新中国成立特别是改革开放以来长期探索和实践基础上,经过十八大以来在理论和实践上的创新突破,我们党成功推进和拓展了中国式现代化。"④ 中国式现代化是我国在社会主义发展过程中不断推进马克思主义中国化时代化的重大创新成果,"中国式现代化"一词更是新时代中国特色社会主义的重大创新突破。2020年10月29日,习近平总书记在党的十九届五中全会第二次全体会议上的讲话中首次提出并详细阐述了"中国式现代化"的基本内涵及其鲜明的中国特色,并强调"中国式现代化既切合中国实际,体现了社会主义建设规律,也体现了人类社会发展规律。我国要坚定不移推进中国式现代化,以中国式现代化推进中华民族伟大复兴,不断为人类作出新的更大贡献"⑤。2021年1月11日,习近平总书记在省部级主要领导干部学习贯彻党的十九届五中全会精神专题研讨班上的讲话中进一步指出:"我国现代化是人口规模巨大的现代化,是全体人民共同富裕

---

① 罗荣渠:《西方现代化史学思潮的来龙去脉》,《历史研究》1987年第1期。
② 胡乐明、宁阳:《中国现代化道路的百年探索及其世界意义》,《经济社会体制比较》2021年第6期。
③ 《习近平谈治国理政》第4卷,外文出版社2022年,第123页。
④ 习近平:《高举中国特色社会主义伟大旗帜 为全面建设社会主义现代化国家而团结奋斗》,人民出版社2022年,第22页。
⑤ 《习近平谈治国理政》第4卷,外文出版社2022年,第124页。

的现代化，是物质文明和精神文明相协调的现代化，是人与自然和谐共生的现代化，是走和平发展道路的现代化。"①2021年11月11日，党的十九届六中全会通过的《中共中央关于党的百年奋斗重大成就和历史经验的决议》进一步总结说："一百年来，……党领导人民成功走出中国式现代化道路，创造了人类文明新形态，拓展了发展中国家走向现代化的途径，给世界上那些既希望加快发展又希望保持自身独立性的国家和民族提供了全新选择。"②

正是党的十八大以来的一系列理论和实践上的创新突破，极大地深化了我们对中国式现代化的理论认识，党的二十大报告更是立足新时代新征程中国共产党的使命任务，对中国式现代化的中国特色、本质要求和重大原则等重大理论和实践问题进行了全面而又深刻的阐述。习近平总书记指出："只有聆听时代的声音，回应时代的呼唤，认真研究解决重大而紧迫的问题，才能真正把握住历史脉络、找到发展规律，推动理论创新。"③在全面建设社会主义现代化国家、以中国式现代化全面推进中华民族伟大复兴的新时代新征程上，"中国式现代化"无疑是时代的最强音，同时也是我国学术界当前的一个研究热点。就现有研究成果而言，一方面，不同学科的学者往往从不同角度展开分析，它有助于我们从不同方面深化对中国式现代化的理论认识，但也在一定程度上造成了理论分析上的某种碎片化；另一方面，也有不少文献重点围绕中国式现代化的"中国特色"展开相对全面的探讨，但往往局限于对现象的描述和政策的解读而难以充分揭示其深层的理论逻辑。党的二十大报告指出，"只有把马克思主义基本原理同中国具体实际相结合、同中华优秀传统文化相结合，坚持运用辩证唯物主义和历史唯物主义，才能正确回答时代和实践提出的重大问题"④。本文试图运用辩证唯物主义和历史唯物主义的立场观点方法，着重从生产力和生产关系及其上层建筑的维度，对中国式现代化进行政治经济学的解析。

---

① 习近平：《把握新发展阶段，贯彻新发展理念，构建新发展格局》，《求是》2021年第9期。
② 《中共中央关于党的百年奋斗重大成就和历史经验的决议》，人民出版社2021年，第64页。
③ 习近平：《在哲学社会科学工作座谈会上的讲话》，人民出版社2016年，第14页。
④ 习近平：《高举中国特色社会主义伟大旗帜 为全面建设社会主义现代化国家而团结奋斗》，人民出版社2022年，第17页。

二、中国式现代化的基本内涵

习近平总书记指出:"我们党领导人民不仅创造了世所罕见的经济快速发展和社会长期稳定两大奇迹,而且成功走出了中国式现代化道路,创造了人类文明新形态。这些前无古人的创举,破解了人类社会发展的诸多难题,摒弃了西方以资本为中心的现代化、两极分化的现代化、物质主义膨胀的现代化、对外扩张掠夺的现代化老路,拓展了发展中国家走向现代化的途径,为人类对更好社会制度的探索提供了中国方案。"① 中国式现代化是中国共产党领导的社会主义现代化,是破解人类社会发展的诸多难题的前无古人的创举,是对两极分化的、物质主义膨胀的西方现代化的摒弃和超越;"中国式现代化"一词中的"中国",既不是传统意义上的"中国",也不是西方话语体系下的"中国",而是中国共产党领导的社会主义国家,是人类文明新形态的现实载体。我们必须坚持马克思主义的立场观点方法,以辩证唯物主义和历史唯物主义突破西方话语体系,特别是要结合"两个关键词"和"两个参照系",着力从"两个维度"来准确把握中国式现代化的基本内涵。其中,"两个关键词"分别是中国和现代化,"两个参照系"分别是西方国家的现代化和中国传统的现代化,"两个维度"分别是生产力维度和生产关系维度。

理解中国式现代化的第一个关键词是"中国",即我们首先要弄清楚中国目前是一个什么样类型的国家,这是我们准确理解"中国式现代化"这样一个命题必须面对的基本问题。这个问题看似是一个简单的问题,但只要看一下当前学术界关于中国式现代化的讨论文献,我们就会发现很多学者自觉不自觉地陷入了西方现代化的某种话语体系之中。西方话语体系一般认为,所谓现代化就是从古代国家向现代国家、从传统社会向现代社会的转型过程。按照这样一种界定展开论述,必须首先回答这样一个问题或者预设其答案:中国是一个古代国家、一个传统社会吗?无论按照何种标准,正确的回

---

① 《习近平著作选读》第 2 卷,人民出版社 2023 年,第 553 页。

答很显然是否定的。那么，中国是一个现代国家、现代社会吗？显然，按照西方的话语体系，中国并不是西方意义上"标准"的现代国家和现代社会。因此，盲从西方话语体系讨论"中国式现代化"必然会误读"中国"。显然，"中国式现代化"一词中的"中国"，既不是传统意义上的"中国"，也不是西方话语体系中的"中国"，而是中国共产党领导的社会主义国家，是一种人类文明新形态的现实载体，是不同于西方国家的存在形态。具体而言，当下阶段的"中国"有两个基本特征：人口众多的发展中国家，处于初级阶段的社会主义国家。这是我们讨论"中国式现代化"的现实基础和理论基点。

理解中国式现代化的另一个关键词是"现代化"，而这又需要我们结合同现代化有关的"两个参照系"：一个是西方国家的现代化；另一个是中国传统的现代化。由于西方国家最早启动了现代化进程，不少学者就认为现代化就是从农业社会向工业社会的转型，其早期表现为私有化、市场化以及工业化和城市化，其实质就是资本主义化。马克思恩格斯曾借助于"现代工业""现代社会""现代生活方式"等范畴，对西方国家的现代化进行了广泛的讨论，但我们今天所谈的"中国式现代化"，显然不是西方国家早期的资本主义化，也不是当今一些发展中国家所追求的西方化和资本主义化。关于中国传统的现代化，我们可以把它划分为两个阶段：近代以来直至新中国成立以前的资本主义化和新中国成立之后的"四个现代化"。前一个阶段就是西方资本主义化的过程，它显然是失败的，同时也充分证明了西方资本主义现代化模式并不适用于中国。1949年新中国成立之后，我国开始在落后农业国的基础上探索独立自主的现代化道路，逐渐形成了以工业现代化、农业现代化、国防现代化和科学技术现代化为主要内容的"四个现代化"；改革开放以来，邓小平同志在"四个现代化"的基础上进一步提出了"中国式的现代化"。应该注意的是，尽管我们现在所讲的"中国式现代化"与"四个现代化""中国式的现代化"有一定的联系，但它们在基本内涵上仍然存在很大的不同，我们只有清晰地认识到这种不同，才能准确地理解"中国式现代化"。

具体而言，"四个现代化"是我国在落后农业国基础上如何建设社会主义国家的战略选择，它相对于工业化来讲虽然是一个进步，但仍然偏重经济现代化，仍然更多地属于一种生产力视角下的传统现代化概念。邓小平同志在"四个现代化"基础上进一步提出的"中国式的现代化"，则更多地立足于社会主义初级阶段的具体国情，强调的是在社会生产力相对落后情况下我国应该追求什么样的现代化目标，特别是在人口多、底子薄的具体国情下，我国现代化目标应该遵循某种相对较低的人均标准。例如，邓小平同志在1979年10月4日的讲话中明确指出，"经济工作是当前最大的政治，经济问题是压倒一切的政治问题。……所谓政治，就是四个现代化。我们开了大口，本世纪末实现四个现代化。后来改了个口，叫中国式的现代化，就是把标准放低一点。特别是国民生产总值，按人口平均来说不会很高"①。与之不同，我们现在所说的中国式现代化是在我国创造的经济快速发展奇迹和社会长期稳定奇迹的基础上，是在我国大踏步赶上了时代、中华民族伟大复兴进入了不可逆转的历史进程之际，针对新时代新征程全面建设社会主义现代化国家、全面推进中华民族伟大复兴提出的概念，它既是对"四个现代化"和"中国式的现代化"的继承和发展，更是新时代以来我国在现代化理论和实践上的重大创新突破。

中国式现代化研究课题组（2022）指出，"中国式现代化是中国共产党领导中国人民以实现中华民族伟大复兴为目标的社会主义现代化，既有国家社会经济发展状况和发达水平达到世界先进和前沿、世界各国现代化共同的量的规定，又有符合人口规模巨大国情、实现全体人民共同富裕、物质文明与精神文明相协调、人与自然和谐共生、走和平发展道路等中国自身特色的质的特性。中国式现代化，是中国共产党的领导、社会主义的性质、中国国情的要求和世界先进水平的目标这四方面要素不可分割的有机整体"②。今天我们所讲的"中国式现代化"，既不是西方话语体系下的现代化和资本主义化，也不是过去所讲的"四个现代化"，而是有着更加丰富的时代内涵。它既是物的现代化也是人的现代化，是经济、政治、社会、文化、生态"五位

---

① 《邓小平文选》第2卷，人民出版社1994年，第194页。
② 中国式现代化研究课题组：《中国式现代化的理论认识、经济前景与战略任务》，《经济研究》2022年第8期。

一体"的现代化，是一种人类文明的新形态。就政治经济学的角度而言，中国式现代化既是生产力的现代化也是生产关系的现代化，既是经济基础的现代化也是上层建筑的现代化，它本质上是社会主义生产方式迭代升级的历史过程。因此，我们理解"中国式现代化"应有两个基本维度：一个是生产力维度，另一个是生产关系及其上层建筑的维度。从生产力维度来说，中国式现代化是社会主义生产力不断发展的历史过程；从生产关系及其上层建筑的维度来说，中国式现代化是社会主义制度不断完善的历史过程。

三、中国式现代化是社会主义生产力不断发展的历史过程

中国式现代化是新时代中国特色社会主义在理论和实践上的重大创新突破，是我国在社会主义发展过程中不断推进马克思主义中国化时代化的创新成果。正如习近平总书记强调的，"马克思主义为中国革命、建设、改革提供了强大思想武器，使中国这个古老的东方大国创造了人类历史上前所未有的发展奇迹"[①]，同时也为我们深刻认识中国式现代化的理论逻辑提供了根本指导。对中国式现代化进行政治经济学解析，必须坚持马克思主义的立场观点方法和马克思主义政治经济学的分析框架。马克思总结道："我所得到的，并且一经得到就用于指导我的研究工作的总的结果，可以简要地表述如下：人们在自己生活的社会生产中发生一定的、必然的、不以他们的意志为转移的关系，即同他们的物质生产力的一定发展阶段相适合的生产关系。这些生产关系的总和构成社会的经济结构，即有法律的和政治的上层建筑竖立其上并有一定的社会意识形式与之相适应的现实基础。物质生活的生产方式制约着整个社会生活、政治生活和精神生活的过程。"[②]也就是说，马克思主义政治经济学是在辩证唯物主义和历史唯物主义的哲学基础上系统探讨生产力和生产关系、经济基础和上层建筑之间矛盾运动的整体性框架，是以人们

[①] 习近平：《在纪念马克思诞辰 200 周年大会上的讲话》，人民出版社 2018 年，第 14 页。
[②] 《马克思恩格斯文集》第 2 卷，人民出版社 2009 年，第 591 页。

的物质生活的生产方式为基础对整个社会生活、政治生活和精神生活的全面考察。

特别地，针对自由资本主义时代以资本为中心的、两极分化的、物质主义膨胀的西方国家的现代化，马克思恩格斯提出了在生产力高度发达的基础上实现人的自由而全面发展的未来社会的理论构想，明确指出"共产主义是对私有财产即人的自我异化的积极的扬弃，因而是通过人并且为了人而对人的本质的真正占有；因此，它是人向自身、也就是向社会的即合乎人性的人的复归，这种复归是完全的复归，是自觉实现并在以往发展的全部财富的范围内实现的复归"①。按照马克思的看法，"人的发展"是经济发展的目的和归宿，而经济发展则是"人的发展"的现实前提和根本手段："生产力的巨大增长和高度发展……之所以是绝对必需的实际前提，还因为如果没有这种发展，那就只会有贫穷、极端贫困的普遍化；而在极端贫困的情况下，必须重新开始争取必需品的斗争，全部陈腐污浊的东西又要死灰复燃。"②马克思和恩格斯特别强调："共产主义对我们来说不是应当确立的状况，不是现实应当与之相适应的理想。我们所称为共产主义的是那种消灭现存状况的现实的运动。这个运动的条件是由现有的前提产生的。"③也就是说，不论是经济发展还是人的发展，不论是人们的物质生活还是社会生活、政治生活和精神生活，都是生产力和生产关系、经济基础和上层建筑之间矛盾运动的结果，而生产力发展状况则构成了这一切现实运动的前提条件。正因如此，按照马克思主义的立场观点方法对中国式现代化进行政治经济学解析，必须从生产力维度入手，即首先把中国式现代化视为社会主义生产力不断发展的历史过程。

习近平总书记指出："我们党在运用马克思主义基本原理解决中国实际问题的实践中逐步认识到，发展社会主义不仅是一个长期历史过程，而且是需要划分为不同历史阶段的过程。"④新中国成立前夕，"中国还有大约百分

---

① 《马克思恩格斯文集》第1卷，人民出版社2009年，第185页。
② 《马克思恩格斯文集》第1卷，人民出版社2009年，第538页。
③ 《马克思恩格斯文集》第1卷，人民出版社2009年，第539页。
④ 习近平：《把握新发展阶段，贯彻新发展理念，构建新发展格局》，《求是》2021年第9期。

之九十左右的分散的个体的农业经济和手工业经济，这是落后的，这是和古代没有多大区别的，我们还有百分之九十左右的经济生活停留在古代"①，我们推进社会主义建设，必须首先提高我国社会主义生产力水平，并以此实现满足人民需要的社会主义生产目的。正是在这种情况下，新中国成立不久，"党提出努力把我国逐步建设成为一个具有现代农业、现代工业、现代国防和现代科学技术的社会主义强国，领导人民开展全面的大规模的社会主义建设。经过实施几个五年计划，我国建立起独立的比较完整的工业体系和国民经济体系，农业生产条件显著改变，教育、科学、文化、卫生、体育事业有很大发展"②，不仅在短短二十多年时间里实现了从落后农业国向工业部门占国民经济主导地位的转变，而且为在新的历史时期开创中国特色社会主义提供了宝贵经验、理论准备和物质基础。改革开放以来，我国成功地开辟了中国特色社会主义道路，创造性地提出了社会主义初级阶段理论，深刻地认识到"社会主义的本质，是解放生产力，发展生产力，消灭剥削，消除两极分化，最终达到共同富裕"③，并通过破除阻碍国家发展的一切思想和体制障碍，极大地解放和发展了生产力，不仅创造了经济快速发展奇迹和社会长期稳定奇迹、实现了从生产力相对落后的状况到经济总量跃居世界第二的历史性突破，而且实现了中华民族从站起来到富起来的伟大飞跃，为以中国式现代化推进中华民族伟大复兴提供了充满新的活力的体制保证和快速发展的物质条件。

党的十八大以来，中国特色社会主义进入了新时代，其基本依据是新中国成立特别是改革开放以来我国创造的经济快速发展奇迹和社会长期稳定奇迹，极大地提高了我国社会主义生产力水平并引起了我国社会主要矛盾的转化，发展的不平衡不充分已经成为满足人民日益增长的美好生活需要的主要制约因素。党的十九大紧紧围绕新时代"人民日益增长的美好生活需要和不平衡不充分的发展"之间的社会主要矛盾和"实现社会主义现代化和中华民

---

① 《毛泽东选集》第4卷，人民出版社1991年，第1430页。
② 《中共中央关于党的百年奋斗重大成就和历史经验的决议》，人民出版社2021年，第11页。
③ 《邓小平文选》第3卷，人民出版社1993年，第373页。

族伟大复兴"的总任务,系统阐述了新时代坚持和发展什么样的中国特色社会主义、怎样坚持和发展中国特色社会主义等重大时代课题,明确了分两个阶段全面建成社会主义现代化强国、实现第二个百年奋斗目标的战略安排。党的二十大报告进一步围绕新时代新征程中国共产党的使命任务,特别是全面建成社会主义现代化强国、以中国式现代化推进中华民族伟大复兴的中心任务,对中国式现代化的本质要求和重大原则等重大理论和实践问题进行了全面阐述。由此可见,我们现在所讲的中国式现代化是党的十八大以来我们党在理论和实践上的重大突破,它以新中国成立特别是改革开放以来我国社会主义生产力的不断发展为基础,以新时代人民日益增长的美好生活需要和不平衡不充分发展之间的社会主要矛盾为总依据,以新征程全面建设社会主义现代化国家、全面推进中华民族伟大复兴为总任务,并集中表现为社会主义生产力不断发展的历史过程。

从社会主义生产力的维度来讲,在全面建设社会主义现代化国家、全面推进中华民族伟大复兴的新时代新征程上,不平衡不充分的发展是满足人民日益增长的美好生活需要的主要制约因素。"不平衡不充分的发展就是发展质量不高的表现。解决我国社会的主要矛盾,必须推动高质量发展。"①高质量发展不仅是中国式现代化的本质要求,而且是新时代我国经济发展的鲜明主题和新征程我国发展的首要任务。党的十九大紧扣新时代我国社会主要矛盾变化,对我国经济发展的阶段性特征作出了新的重大论断,指出"我国经济已由高速增长阶段转向高质量发展阶段,正处在转变发展方式、优化经济结构、转换增长动力的攻关期"②;党的二十大报告更是围绕全面建成社会主义现代化强国、以中国式现代化全面推进中华民族伟大复兴的中心任务,明确指出"高质量发展是全面建设社会主义现代化国家的首要任务"③。新时代

---

① 习近平:《论把握新发展阶段、贯彻新发展理念、构建新发展格局》,中央文献出版社2021年,第215页。

② 习近平:《决胜全面建成小康社会 夺取新时代中国特色社会主义伟大胜利》,人民出版社2017年,第30页。

③ 习近平:《高举中国特色社会主义伟大旗帜 为全面建设社会主义现代化国家而团结奋斗》,人民出版社2022年,第28页。

新征程推动高质量发展，一方面要把实施扩大内需战略同深化供给侧结构性改革有机结合起来，增强国内大循环内生动力和可靠性、提升国际循环质量和水平，推动经济实现质的有效提升和量的合理增长；另一方面要"坚持科技是第一生产力、人才是第一资源、创新是第一动力，深入实施科教兴国战略、人才强国战略、创新驱动发展战略，开辟发展新领域新赛道，不断塑造发展新动能新优势"①。在这个过程中，我们必须充分认识到，我们在中国式现代化语境下谈到的生产力是社会主义的生产力，而发展社会主义生产力必须坚持以人民为中心的发展思想，必须摆脱资本逻辑的统摄。就此而言，不能简单认为所有技术创新都等于技术进步，我们需要的是能够促进人的全面发展、推进共同富裕、实现人与自然和谐共生的技术创新，而不是仅仅满足资本追逐利润最大化的技术创新。

四、中国式现代化是社会主义制度不断完善的历史过程

习近平总书记指出："马克思、恩格斯根据辩证唯物主义和历史唯物主义的世界观和方法论，批判继承历史上经济学特别是英国古典政治经济学的思想成果，通过对人类经济活动的深入研究，创立了马克思主义政治经济学，揭示了人类社会特别是资本主义社会经济运动规律。"② 中国式现代化是马克思主义中国化时代化的重大创新成果，是在坚持马克思主义政治经济学揭示的人类社会发展的一般规律和资本主义运行的特殊规律的基础上，根据我国社会主义发展过程中的理论和实践上的长期探索和创新突破，进一步探索人类社会发展的一般规律和社会主义建设的具体规律。按照马克思主义基本原理，"生产力和生产关系、经济基础和上层建筑相互作用、相互制约，支配着整个社会发展进程。生产关系一定要适合生产力状况，上层建筑一定要

---

① 习近平：《高举中国特色社会主义伟大旗帜 为全面建设社会主义现代化国家而团结奋斗》，人民出版社 2022 年，第 33 页。

② 习近平：《不断开拓当代中国马克思主义政治经济学新境界》，《求是》2020 年第 16 期。

适合经济基础状况,它们的共同作用构成整个社会的矛盾运动"①。这意味着中国式现代化不仅是社会主义生产力的现代化,更是社会主义生产关系及其上层建筑的现代化。就生产关系及其上层建筑而言,中国式现代化必然要求我们要"根据我国生产力发展的要求,在每一个阶段上创造出与之相适应和便于继续前进的生产关系的具体形式"②,特别是要"以坚持和完善中国特色社会主义制度、推进国家治理体系和治理能力现代化为主轴,深刻把握我国发展要求和时代潮流,把制度建设和治理能力建设摆到更加突出的位置,继续深化各领域各方面体制机制改革,推动各方面制度更加成熟更加定型,推进国家治理体系和治理能力现代化"③。

习近平强调指出,"一个国家选择什么样的国家制度和国家治理体系,是由这个国家的历史文化、社会性质、经济发展水平决定的。中国特色社会主义制度和国家治理体系不是从天上掉下来的,而是在中国的社会土壤中生长起来的,是经过革命、建设、改革长期实践形成的,是马克思主义基本原理同中国具体实际相结合的产物,是理论创新、实践创新、制度创新相统一的成果"④。新中国成立以来,我们党团结带领人民完成社会主义革命,确立社会主义基本制度,推进社会主义建设,为实现中华民族伟大复兴奠定了根本政治前提和制度基础。改革开放以来,我国成功开辟了中国特色社会主义道路,确立了中国特色社会主义制度,创造了经济快速发展奇迹和社会长期稳定奇迹,为实现中华民族伟大复兴提供了充满新的活力的体制保证和快速发展的物质条件。党的十八大以来,"随着中国特色社会主义进入新时代,我国发展处于新的历史方位,我国社会主要矛盾已经转化为人民日益增长的美好生活需要和不平衡不充分的发展之间的矛盾,我国国家治理面临许多新任务新要求,必然要求中国特色社会主义制度和国家治理体系更加完善、不断发

---

① 习近平:《坚持历史唯物主义不断开辟当代中国马克思主义发展新境界》,《求是》2020年第2期。
② 《改革开放三十年重要文献选编》,中央文献出版社2008年,第213页。
③ 《中共中央关于坚持和完善中国特色社会主义制度、推进国家治理体系和治理能力现代化若干重大问题的决定》,人民出版社2019年,第49页。
④ 习近平:《坚持和完善中国特色社会主义制度推进国家治理体系和治理能力现代化》,《求是》2020年第1期。

展"①。党的十八届三中全会明确了"完善和发展中国特色社会主义制度，推进国家治理体系和治理能力现代化"的全面深化改革的总目标，党的十九届四中全会对新时代如何坚持和完善中国特色社会主义制度、推进国家治理体系和治理能力现代化进行了全面阐述，特别是对新时代如何坚持和完善中国特色社会主义制度中的根本制度、基本制度、重要制度作出了全面部署，为新时代新征程以中国式现代化全面推进中华民族伟大复兴提供了更为完善的制度保证、更为坚实的物质基础、更为主动的精神力量。

2019年10月31日，习近平总书记在党的十九届四中全会第二次全体会议上的讲话中，对新时代如何坚持和完善中国特色社会主义制度进行了全面阐述，并特别强调指出，"中国特色社会主义制度是一个严密完整的科学制度体系，起四梁八柱作用的是根本制度、基本制度、重要制度，其中具有统领地位的是党的领导制度"②。中国共产党领导是中国特色社会主义最本质的特征，是中国特色社会主义制度的最大优势。中国式现代化是中国共产党领导的社会主义现代化，坚持中国共产党的领导是中国式现代化的本质要求，只有坚持中国共产党的领导，才能始终保持中国式现代化的社会主义方向。与此同时，人民性是马克思主义的本质属性，人民立场是马克思主义政党的根本政治立场，"中国共产党始终代表最广大人民根本利益，与人民休戚与共、生死相依，没有任何自己特殊的利益，从来不代表任何利益集团、任何权势团体、任何特权阶层的利益"③，只有坚持中国共产党的领导，才能坚持"人民至上"，才能最大程度地凝聚起推动中国式现代化的最大共识、集聚起推动中国式现代化的磅礴力量。中国共产党是中国特色社会主义事业的坚强领导核心，是中国式现代化的谋划者、组织者和领导者，新时代新征程全面建设社会主义现代化国家、以中国式现代化全面推进中华民族伟大复兴，必须坚持和加强党的全面领导，特别是要"坚决维护党中央权威和集中统一领导，把党的领导落实到党和国家事业各领域各方面各环节，使党始终成为风

---

①② 习近平：《坚持和完善中国特色社会主义制度 推进国家治理体系和治理能力现代化》，《求是》2020年第1期。

③ 习近平：《在庆祝中国共产党成立100周年大会上的讲话》，人民出版社2021年，第11~12页。

雨来袭时全体人民最可靠的主心骨，确保我国社会主义现代化建设正确方向，确保拥有团结奋斗的强大政治凝聚力、发展自信心，集聚起万众一心、共克时艰的磅礴力量"①。

2020年8月24日，习近平总书记在经济社会领域专家座谈会上的讲话中指出，"一个现代化的社会，应该既充满活力又拥有良好秩序，呈现出活力和秩序有机统一""社会是不断发展的，调节社会关系和社会活动的体制机制随之不断完善，才能不断适应解放和发展社会生产力的要求。"②中国式现代化既是生产力的现代化又是生产关系及其上层建筑的现代化，我们必须在坚持中国特色社会主义的根本制度和基本制度的基础上，不断完善中国特色社会主义的各种重要制度和具体的体制机制，以适应解放和发展我国社会生产力的要求，这意味着中国式现代化必然是中国特色社会主义制度不断完善的历史过程。其中，社会主义基本经济制度既体现了社会主义制度的优越性，又同我国社会生产力发展水平相适应，新时代新征程坚持和完善中国特色社会主义制度，必须坚持公有制为主体、多种所有制经济共同发展，按劳分配为主体、多种分配方式并存，社会主义市场经济体制等社会主义基本经济制度，并以此"实现创新成为第一动力、协调成为内生特点、绿色成为普遍形态、开放成为必由之路、共享成为根本目的的高质量发展，推动经济发展质量变革、效率变革、动力变革"③。为此，我们必须毫不动摇巩固和发展公有制经济，毫不动摇鼓励、支持、引导非公有制经济发展，充分发挥市场在资源配置中的决定性作用，更好发挥政府作用，在坚持按劳分配为主体、努力提高劳动报酬在初次分配中的比重的同时，进一步健全劳动、资本、土地、知识、技术、管理、数据等生产要素由市场评价贡献、按贡献决定报酬的机制。这就要求我们坚持社会主义市场经济改革方向，坚持以供给侧结构性改革为主线，加快构建以国内大循环为主体、国内国际双循环相互促进的新发展格局，着力构建高水平社会主义市场经济体制，为以中国式现

---

① 习近平：《高举中国特色社会主义伟大旗帜 为全面建设社会主义现代化国家而团结奋斗》，人民出版社2022年，第26~27页。
② 习近平：《在经济社会领域专家座谈会上的讲话》，人民出版社2020年，第9、7页。
③ 《中共中央关于党的百年奋斗重大成就和历史经验的决议》，人民出版社2021年，第34页。

代化全面推进中华民族伟大复兴提供更为坚实的物质基础、更为完善的制度保证。

习近平总书记指出:"我国国家制度和国家治理体系之所以具有多方面的显著优势,很重要的一点就在于我们党在长期实践探索中,坚持把马克思主义基本原理同中国具体实际相结合,把开拓正确道路、发展科学理论、建设有效制度有机统一起来,用中国化的马克思主义、发展着的马克思主义指导国家制度和国家治理体系建设,不断深化对共产党执政规律、社会主义建设规律、人类社会发展规律的认识,及时把成功的实践经验转化为制度成果,使我国国家制度和国家治理体系既体现了科学社会主义基本原则,又具有鲜明的中国特色、民族特色、时代特色。"① 中国特色社会主义制度是马克思主义中国化时代化的制度性成果,中国式现代化是社会主义制度不断完善的历史过程,新时代新征程坚持和完善中国特色社会主义制度,必须始终牢固确立社会主义生产关系的主体地位,既不走封闭僵化的老路,也不走改旗易帜的邪路,而是坚定不移走中国特色社会主义道路。20世纪60年代苏联的生产力现代化程度已经达到了很高的水平,但就是这样一个强大国家的社会主义现代化进程却被无情逆转,我们必须认真汲取其失败的深刻教训。党的二十大报告指出:"中国式现代化的本质要求是:坚持中国共产党领导,坚持中国特色社会主义,实现高质量发展,发展全过程人民民主,丰富人民精神世界,实现全体人民共同富裕,促进人与自然和谐共生,推动构建人类命运共同体,创造人类文明新形态。"② 中国式现代化是中国共产党领导的社会主义现代化,是社会主义制度不断完善的历史过程,新时代新征程全面建设社会主义现代化国家、以中国式现代化全面推进中华民族伟大复兴,必须坚持和加强中国共产党的全面领导,并通过党的自我革命不断完善党的领导;必须坚持中国特色社会主义道路,坚持深化改革开放,特别是要坚持和完善中国特色社会主义制度;必须坚持以人民为中心的发展思想,让现代化

---

① 习近平:《坚持和完善中国特色社会主义制度推进国家治理体系和治理能力现代化》,《求是》2020年第1期。

② 习近平:《高举中国特色社会主义伟大旗帜 为全面建设社会主义现代化国家而团结奋斗》,人民出版社2022年,第23~24页。

建设成果更多更公平惠及全体人民，不断推动人的全面发展、全体人民共同富裕取得更为明显的实质性进展。

五、结　　语

党的二十大在我国迈上全面建设社会主义现代化国家新征程、以中国式现代化全面推进中华民族伟大复兴的关键时刻，对中国式现代化的中国特色、本质要求和重大原则进行了全面阐述并作出了科学概括，"这个概括是党深刻总结我国和世界其他国家现代化建设的历史经验，对我国这样一个东方大国如何加快实现现代化在认识上不断深入、战略上不断完善、实践上不断丰富而形成的思想理论结晶。"①正如胡乐明、宁阳（2021）指出的："中国现代化建设从最初学习西方到以苏为师，再到最终形成独具特色的社会主义现代化道路，走过了非同寻常的现代化探索之路。中国特色社会主义现代化道路超越了西方现代化的理论逻辑和苏联现代化模式的严重弊端，具有鲜明的中国特色。"②中国式现代化是中国共产党领导的社会主义现代化，既有各国现代化的共同特征，更有基于自己国情的中国特色，只有从生产力和生产关系及其上层建筑两个维度，我们才能准确把握中国式现代化的理论逻辑和时代内涵。正是从这个角度，我们说中国式现代化既是社会主义生产力不断发展的历史过程，又是社会主义制度不断完善的历史过程，它本质上是社会主义生产方式迭代升级的历史过程，并在这一过程中开辟了马克思主义中国化时代化新境界、创造了人类文明新形态。

应该指出的是，发展社会主义是一个长期历史过程，社会主义生产力的不断发展和社会主义生产关系的不断完善同样是一个长期的、必然划分为不同阶段的历史过程，这意味着中国式现代化的展开过程与中国特色社会主义

---

① 习近平：《为实现党的二十大确定的目标任务而团结奋斗》，《求是》2023年第1期。
② 胡乐明、宁阳：《中国现代化道路的百年探索及其世界意义》，《经济社会体制比较》2021年第6期。

的发展阶段必定是紧密相连的。对此,习近平强调指出:"全面建设社会主义现代化国家、基本实现社会主义现代化,既是社会主义初级阶段我国发展的要求,也是我国社会主义从初级阶段向更高阶段迈进的要求。"① 在全面建设社会主义现代化国家、以中国式现代化全面推进中华民族伟大复兴的新征程上,我们必须深刻认识到,"社会主义初级阶段不是一个静态、一成不变、停滞不前的阶段,也不是一个自发、被动、不用费多大气力自然而然就可以跨过的阶段,而是一个动态、积极有为、始终洋溢着蓬勃生机活力的过程,是一个阶梯式递进、不断发展进步、日益接近质的飞跃的量的积累和发展变化的过程。"② 可以预计,随着我国社会主义发展的量的积累并日益接近质的飞跃,到21世纪中叶我国全面建成社会主义现代化强国,中国式现代化必将跨越新的发展阶段、迈上新的征程,中国特色社会主义生产方式也必将进入新的阶段。

(作者胡乐明、胡怀国,原题目为《中国式现代化的政治经济学解析》,发表于《政治经济学评论》2023年第2期,第14~29页。)

---

①② 习近平:《把握新发展阶段,贯彻新发展理念,构建新发展格局》,《求是》2021年第9期。

第三章
以新质生产力推进中国式现代化

摘要：中国式现代化是中国共产党领导的社会主义现代化，是以马克思主义为根本指导的现代化，同时也是我国在社会主义发展过程中不断推进马克思主义中国化时代化的历史过程。新质生产力是以习近平同志为核心的党中央在推进中国式现代化进程中不断推进马克思主义中国化时代化的最新成果，发展新质生产力是推动高质量发展的重要着力点和推进中国式现代化的重要战略举措。新时代新征程以新质生产力推进中国式现代化必须进一步全面深化改革，加快形成同新质生产力更相适应的生产关系。

关键词：新质生产力　中国式现代化　全面深化改革

党的二十大报告指出："从现在起，中国共产党的中心任务就是团结带领全国各族人民全面建成社会主义现代化强国、实现第二个百年奋斗目标，以中国式现代化全面推进中华民族伟大复兴。"[①] 中国式现代化是中国共产党领导的社会主义现代化，是以马克思主义为根本指导的现代化，同时也是我国在社会主义发展过程中不断推进马克思主义中国化时代化的历史过程。党的二十届三中全会紧紧围绕推进中国式现代化，对新时代新征程如何进一步全面深化改革作出了顶层设计和战略部署，明确指出要"加快形成同新质生

---

① 习近平：《高举中国特色社会主义伟大旗帜　为全面建设社会主义现代化国家而团结奋斗》，人民出版社2022年，第21页。

产力更相适应的生产关系"。① 新质生产力是以习近平同志为核心的党中央在推进中国式现代化进程中不断推进马克思主义中国化时代化的最新成果，发展新质生产力是推动高质量发展的重要着力点和推进中国式现代化的重要战略举措，本文试图结合马克思主义的历史生成及其中国化时代化的历史过程，在马克思主义"生产力–生产关系"框架下探讨以新质生产力推进中国式现代化的政治经济学逻辑。

一、引 言

马克思主义认为，物质生产力是全部社会生活的物质前提，生产力是推动社会进步的最活跃、最革命的要素，生产力发展是衡量社会发展的带有根本性的标准。在人类社会的发展历史上，发轫于18世纪中叶的英国工业革命率先开启了人类社会的现代化进程，它极大地提高了社会生产力水平并推动了经济发展和物质财富的积累，但却造成了较为严重的人的不发展。在马克思看来，以英国工业革命为典型的早期西方国家现代化或资本主义现代化，既是"资本作为孜孜不倦地追求财富的一般形式的欲望，驱使劳动超过自己自然需要的界限，来为发展丰富的个性创造出物质要素"②的经济发展过程，又是人们"在自己的劳动中不是肯定自己，而是否定自己，不是感到幸福，而是感到不幸，不是自由地发挥自己的体力和智力，而是使自己的肉体受折磨、精神遭摧残"③的人的不发展过程。马克思认为，人是人的最高本质，人类社会必将在生产力高度发达的基础上，经由生产关系变革实现人的自由而全面发展："在那里，每个人的自由发展是一切人的自由发展的条件"④。

---

① 《中共中央关于进一步全面深化改革 推进中国式现代化的决定》，人民出版社2024年，第11页。
② 《马克思恩格斯全集》第30卷，人民出版社1995年，第286页。
③ 《马克思恩格斯文集》第1卷，人民出版社2009年，第159页。
④ 《马克思恩格斯文集》第2卷，人民出版社2009年，第53页。

为了深入分析人类社会发展的一般规律和资本主义运行的特殊规律，马克思在对早期西方国家现代化及其理论回应进行批判性反思的基础上创立了马克思主义学说，特别是借助于"生产力–生产关系"框架构建起了相对完备的马克思主义政治经济学体系，或按照马克思本人的回忆，"我在巴黎开始研究政治经济学，后来因基佐先生下令驱逐而移居布鲁塞尔，在那里继续进行研究。我所得到的，并且一经得到就用于指导我的研究工作的总的结果，可以简要地表述如下：人们在自己生活的社会生产中发生一定的、必然的、不以他们的意志为转移的关系，即同他们的物质生产力的一定发展阶段相适合的生产关系。这些生产关系的总和构成社会的经济结构，即有法律的和政治的上层建筑竖立其上并有一定的社会意识形式与之相适应的现实基础。物质生活的生产方式制约着整个社会生活、政治生活和精神生活的过程"，并强调我们判断一个时代"不能以它的意识为根据；相反，这个意识必须从物质生活的矛盾中，从社会生产力和生产关系之间的现存冲突中去解释"。①

从某种程度上讲，正是通过对以英国工业革命为典型的早期西方国家现代化及其理论回应的批判性反思，马克思创立了旨在实现每个人自由而全面发展的马克思主义学说以及基于"生产力–生产关系"框架的马克思主义政治经济学体系，不仅为人类社会开辟一种以经济发展推动人的发展的现代化路径提供了理论可能，而且为我国在不断推进马克思主义中国化时代化的历史过程中成功开启和推进中国式现代化提供了根本指导。对此，《中共中央关于党的百年奋斗重大成就和历史经验的决议》深刻地总结说，"一百年来，党坚持把马克思主义写在自己的旗帜上，不断推进马克思主义中国化时代化，用博大胸怀吸收人类创造的一切优秀文明成果，用马克思主义中国化的科学理论引领伟大实践"，并以此"领导人民成功走出中国式现代化道路，创造了人类文明新形态"。②中国式现代化是以马克思主义为根本指导的现代化，这意味着它既是生产力的现代化又是生产关系的现代化，本质上是以经济现

---

① 《马克思恩格斯文集》第2卷，人民出版社2009年，第591、592页。
② 《中共中央关于党的百年奋斗重大成就和历史经验的决议》，人民出版社2021年，第63、64页。

代化为基础的人的现代化,同时也是我国在社会主义发展过程中不断推进马克思主义中国化时代化的历史过程。

特别是党的十八大以来,中国特色社会主义进入了新时代,以习近平同志为核心的党中央顺应我国社会主要矛盾发展变化带来的新特征新要求、错综复杂的国际环境变化带来的新矛盾新挑战、新一轮科技革命和产业变革带来的新挑战新机遇,创造性地提出了贯彻新发展理念、构建新发展格局、推动高质量发展、推进中国式现代化、发展新质生产力等一系列新理念新思想新战略,不仅推动我国成功迈上全面建设社会主义现代化国家新征程,而且实现了马克思主义中国化时代化新的飞跃。新质生产力是创新起主导作用并符合新发展理念的先进生产力,发展新质生产力是推动高质量发展的重要着力点和推进中国式现代化的重要战略举措,习近平总书记首次正式提出并系统阐述的新质生产力概念和新质生产力理论,是我们党在推进中国式现代化进程中不断推进马克思主义中国化时代化的最新成果,有必要结合马克思主义的历史生成及其中国化时代化的历史过程,在马克思主义政治经济学"生产力－生产关系"框架下,探讨新时代新征程以新质生产力推进中国式现代化的理论逻辑和实践路径。

二、现代化视域下的"生产力－生产关系":兼论马克思主义政治经济学的历史生成

马克思主义认为:"生产力和生产关系、经济基础和上层建筑相互作用、相互制约,支配着整个社会发展进程。生产关系一定要适合生产力状况,上层建筑一定要适合经济基础状况,它们的共同作用构成整个社会的矛盾运动。只有把生产力和生产关系的矛盾运动同经济基础和上层建筑的矛盾运动结合起来观察,把社会基本矛盾作为一个整体来观察,才能全面把握整个社会的基本面貌和发展方向。"① 其中,生产力是起着决定性作用的关键因素,

---

① 习近平:《坚持历史唯物主义不断开辟当代中国马克思主义发展新境界》,《求是》2020年第2期。

"随着新生产力的获得，人们改变自己的生产方式，随着生产方式即谋生的方式的改变，人们也就会改变自己的一切社会关系"①。在人类社会的发展历史上，1453年君士坦丁堡的陷落率先打破了欧洲社会的中世纪沉寂，引发了欧洲特别是西欧社会的一系列连锁反应，特别是15世纪的地理大发现和重商主义的兴起、16世纪的宗教改革和民族国家的兴盛、17世纪的科学革命和近现代自然法转型，最终在18世纪率先开启了以启蒙运动为思想基础、以英国工业革命为典型的早期西方国家现代化或资本主义现代化，不仅极大地提高了社会生产力水平，而且深刻地改变了人们的生产方式乃至一切社会关系。

就政治经济学而言，作为苏格兰启蒙运动重要代表人物和古典经济学奠基者的亚当·斯密，早在英国工业革命发轫之初即尝试构建一种同现代社会秩序相适应的政治经济学体系，生产力特别是劳动生产力则是其中的一个重要范畴，如斯密在《国富论》正文的开篇即指出，"劳动生产力上最大的增进，以及运用劳动时所表现的更大的熟练、技巧和判断力，似乎都是分工的结果"②，并认为"在一个政治修明的社会里，造成普及到最下层人民的那种普遍富裕情况的，是各行各业的产量由于分工而大增"③。按照斯密的看法，"劳动的生产力的改进，取决于：（一）劳动者能力的改进；（二）他工作所用的机械的改进"④，而资本特别是"固定资本的目标，在于增加劳动生产力，换言之，在于使同一数目的工人能够完成多得多的工作"⑤，这意味着"无论怎样，都有增加资本的必要"⑥。从某种程度上讲，正是从"劳动生产力"入手，斯密对劳动分工、市场交换和资本积累等政治经济学的基本问题进行了深刻阐述，并以此初步构建了人类社会第一个相对完备的政治经济学体系。

以英国工业革命为典型的早期西方国家现代化或资本主义现代化极大地提高了社会生产力水平，或如马克思和恩格斯在《共产党宣言》中指出的，

---

① 《马克思恩格斯文集》第1卷，人民出版社2009年，第602页。
② 斯密：《国民财富的性质和原因的研究》上卷，商务印书馆1996年，第5页。
③ 斯密：《国民财富的性质和原因的研究》上卷，商务印书馆1996年，第11页。
④ 斯密：《国民财富的性质和原因的研究》下卷，商务印书馆1996年，第243页。
⑤ 斯密：《国民财富的性质和原因的研究》上卷，商务印书馆1996年，第263页。
⑥ 斯密：《国民财富的性质和原因的研究》上卷，商务印书馆1996年，第316页。

"资产阶级在它的不到一百年的阶级统治中所创造的生产力,比过去一切世代创造的全部生产力还要多,还要大"①,但同时也引发了一系列新问题新矛盾,特别是"社会生产力的一切增长,也可以说劳动本身的生产力的一切增长,如科学、发明、劳动的分工和结合、交通工具的改善、世界市场的开辟、机器等等所产生的结果,都不会使工人致富,而只会使资本致富"②,并由此造成了较为严重的人的不发展。为了深入分析人类社会发展的一般规律和资本主义运行的特殊规律,马克思在对以英国工业革命为典型的早期西方国家现代化及其理论回应进行批判性反思的基础上创立了马克思主义学说,深刻揭示了人类社会必将在资本主义创造的高度发达的生产力的基础上经由生产关系变革实现人的自由而全面发展的历史必然性。正是在这一过程中,马克思构建了一种基于"生产力 – 生产关系"框架的更为完备的政治经济学体系。

具体而言,马克思是在巴黎正式开始政治经济学研究的,其间撰写的《1844年经济学哲学手稿》更是对英国古典经济学、德国古典哲学和法国空想社会主义等早期西方国家现代化的理论回应进行了系统的理论考察和批判性反思,特别是从斯密的劳动分工理论和劳动生产力概念入手,深刻认识到资本主义生产关系下的"分工提高劳动的生产力,增加社会的财富,促使社会精美完善,同时却使工人陷于贫困直到变为机器"③。在此基础上,通过以"现实的人"的实践活动代替德国古典哲学中"抽象的人"的精神运动,马克思初步勾勒了一种涵盖马克思主义哲学、政治经济学和科学社会主义整体图景的整体性框架,并在深刻反思早期西方国家现代化或资本主义现代化的基础上,对旨在实现人的自由而全面发展的共产主义(未来社会)进行了理论探讨,明确指出共产主义"是通过人并且为了人而对人的本质的真正占有;因此,它是人向自身、也就是向社会的即合乎人性的人的复归,这种复归是完全的复归,是自觉实现并在以往发展的全部财富的范围内实现的复归"④,本质上是以经济发展推动人的发展、以经济现代化推动人的现代化的

---

① 《马克思恩格斯文集》第2卷,人民出版社2009年,第36页。
② 《马克思恩格斯全集》第30卷,人民出版社1995年,第267页。
③ 《马克思恩格斯文集》第1卷,人民出版社2009年,第123页。
④ 《马克思恩格斯文集》第1卷,人民出版社2009年,第185页。

现实运动。

1845年移居布鲁塞尔后,马克思继续进行政治经济学研究,其间最为重要的理论突破是形成了相对完备的"生产力-生产关系"框架并牢固确立了马克思主义唯物史观,不仅从人类社会发展的角度对生产力问题进行了整体性分析,而且为后来从政治经济学角度深入探讨生产力问题提供了整体性框架。按照马克思的分析,"全部人类历史的第一个前提无疑是有生命的个人的存在",而"生命的生产,无论是通过劳动而生产自己的生命,还是通过生育而生产他人的生命,就立即表现为双重关系:一方面是自然关系,另一方面是社会关系;……由此可见,一定的生产方式或一定的工业阶段始终是与一定的共同活动方式或一定的社会阶段联系着的,而这种共同活动方式本身就是'生产力';由此可见,人们所达到的生产力的总和决定着社会状况"。① 在马克思看来,旨在实现人的自由而全面发展的共产主义,必然以生产力的普遍发展和世界性的普遍交往为前提,并预期它必然是生产力高度发达的各民族的同时行动:"共产主义只有作为占统治地位的各民族'一下子'同时发生的行动,在经验上才是可能的,而这是以生产力的普遍发展和与此相联系的世界交往为前提的。"②

1850年,马克思在伦敦重新开始政治经济学研究,或按照马克思的说法,"1848年和1849年《新莱茵报》的出版以及随后发生的一些事变,打断了我的经济研究工作,到1850年我才能在伦敦重新进行这一工作",特别是利用"英国博物馆中堆积着政治经济学史的大量资料"③,对以英国工业革命为典型的早期资本主义现代化进行了系统而又深入的政治经济学考察,最终完成了"主要用英国作为例证"并深刻阐述"资本主义生产方式以及和它相适应的生产关系和交换关系"的《资本论》(第1卷)④。在马克思主义政治经济学的这部经典著作中,生产力同样是一个核心范畴。例如,马克思不仅在第一篇"商品"部分进一步把生产力界定为劳动生产力并系统探讨了其决定

---

① 《马克思恩格斯文集》第1卷,人民出版社2009年,第519页、第532~533页。
② 《马克思恩格斯文集》第1卷,人民出版社2009年,第538~539页。
③ 《马克思恩格斯文集》第2卷,人民出版社2009年,第593页。
④ 《马克思恩格斯文集》第5卷,人民出版社2009年,第8页。

因素，指出"劳动生产力是由多种情况决定的，其中包括：工人的平均熟练程度，科学的发展水平和它在工艺上应用的程度，生产过程的社会结合，生产资料的规模和效能，以及自然条件"①，而且在第三篇"劳动过程"部分对劳动者、劳动资料和劳动对象等生产力诸要素及其相互关系进行了系统考察，并强调"各种经济时代的区别，不在于生产什么，而在于怎样生产，用什么劳动资料生产。劳动资料不仅是人类劳动力发展的测量器，而且是劳动借以进行的社会关系的指示器。"②。

习近平总书记指出，"马克思主义深刻揭示了自然界、人类社会、人类思维发展的普遍规律，为人类社会发展进步指明了方向""在人类思想史上，还没有一种理论像马克思主义那样对人类文明进步产生了如此广泛而巨大的影响"。③从某种程度上讲，马克思创立的包括马克思主义政治经济学在内的马克思主义学说，是在对以英国工业革命为典型的早期西方国家现代化及其理论回应进行批判性反思的基础上实现的理论超越，是借助于"生产力－生产关系"框架深入探讨人类社会如何在生产力高度发达的基础上经由生产关系变革实现人的自由而全面发展的思想体系。当然，正如恩格斯强调的，马克思主义"是一种历史的产物，它在不同的时代具有完全不同的形式，同时具有完全不同的内容"④，马克思在运用"生产力－生产关系"框架深入考察早期西方国家现代化或资本主义现代化的过程中，发现其极大地提高了社会生产力水平但造成了较为严重的人的不发展，而这种人的不发展反过来又会严重阻碍社会生产力的进一步发展，其根本原因在于资本主义生产关系不能适应社会化生产的要求，并随着社会生产力发展逐渐由生产力的促进因素变为阻碍因素，最终必然被旨在实现人的自由而全面发展并有助于进一步促进生产力发展的共产主义（未来社会）所取代。

在这种情况下，尽管马克思一再强调生产力的决定性作用，明确指出

---

① 《马克思恩格斯文集》第5卷，人民出版社2009年，第53页。
② 《马克思恩格斯文集》第5卷，人民出版社2009年，第210页。
③ 习近平：《在哲学社会科学工作座谈会上的讲话》，人民出版社2016年，第8、9页。
④ 《马克思恩格斯文集》第9卷，人民出版社2009年，第436页。

"无论哪一个社会形态,在它所能容纳的全部生产力发挥出来以前,是决不会灭亡的;而新的更高的生产关系,在它的物质存在条件在旧社会的胎胞里成熟以前,是决不会出现的"①,但在运用"生产力-生产关系"框架深入分析以英国工业革命为典型的早期资本主义现代化时,还是更多地把生产力作为既定前提,而把严重制约人的发展并阻碍社会生产力进一步发展的资本主义生产关系作为分析重点。与马克思和恩格斯的最初理论设想不同,社会主义并不是在生产力高度发达的主要资本主义国家同时取得胜利的,而是最早发生在生产力相对落后的资本主义的薄弱环节,这就使得我们在运用"生产力-生产关系"框架分析社会主义现代化时不得不面临新情况新挑战:与生产力高度发达但生产关系存在严重问题的早期资本主义现代化不同,社会主义现代化以更为适应社会化生产的社会主义生产关系为既定前提,而相对落后的生产力则是其面临的主要制约因素,这意味着社会主义现代化既是不断推动生产力发展以实现生产力现代化的历史过程,又是为适应不断发展的生产力的发展要求而不断完善和发展社会主义生产关系以实现生产关系现代化的历史过程,并要求我们在社会主义现代化的实践探索中不断推进马克思主义及其政治经济学说的创新发展,以更好地适应新情况、指导新实践。

三、中国式现代化进程中的"生产力-生产关系":理论创新与实践探索

习近平总书记指出:"生产力和生产关系、经济基础和上层建筑之间有着十分复杂的关系,有着作用和反作用的现实过程,并不是单线式的简单决定和被决定逻辑。"② 马克思和恩格斯在《德意志意识形态》等早期著述中牢固确立了马克思主义唯物史观并为基于"生产力-生产关系"框架的政治经济学分析奠定了坚实的哲学基础,其后更是借助于"生产力-生产关系"框

---

① 《马克思恩格斯文集》第2卷,人民出版社2009年,第592页。
② 习近平:《坚持历史唯物主义不断开辟当代中国马克思主义发展新境界》,《求是》2020年第2期。

架特别是生产力的决定性作用和生产关系的反作用,深刻揭示了人类社会发展的一般规律和资本主义运行的特殊规律,但正如恩格斯强调的,"经济的前提和条件归根到底是决定性的。但是政治等等的前提和条件,甚至那些萦回于人们头脑中的传统,也起着一定的作用",我们不能僵化地看待生产力和生产关系、经济基础和上层建筑之间的作用与反作用,"否则把理论应用于任何历史时期,就会比解一个简单的一次方程式更容易了"。① 按照马克思主义唯物史观,生产力和生产关系、经济基础和上层建筑之间的矛盾运动支配着整个社会的发展进程,但这种矛盾运动同时也是一种复杂的、非线性的动态过程,其具体表现形式更是更多地取决于"物质生产力的一定发展阶段",我们既不能孤立地看待生产力或生产关系,又不能把生产力和生产关系之间的矛盾运动教条式地理解为"解一个简单的一次方程式"的线性过程。

作为人类社会第一个社会主义国家,苏联在社会主义革命和建设过程中形成的社会主义传统模式,某种程度上就是把生产力和生产关系之间的矛盾运动教条式地理解为"解一个简单的一次方程式"的线性过程,不仅认为"在社会主义社会中,生产关系与生产力完全适合"②,进而从理论上排除了为适应不断发展的生产力发展要求而不断完善和发展社会主义生产关系的可能性,并且简单地把生产关系视为马克思主义政治经济学的研究对象,明确指出马克思主义"政治经济学的对象是人们的生产关系",甚至认为"把经济政策的问题堆压在政治经济学上,就是葬送这门科学"③。我国在社会主义建设时期较多地借鉴了苏联经验,但同时也对其理论上的教条主义保持了高度警觉,如毛泽东在谈及苏联《政治经济学教科书》时指出,"政治经济学研究的对象主要是生产关系,但是要研究清楚生产关系,就必须一方面联系研究生产力,另一方面联系研究上层建筑对生产关系的积极作用和消极作用"④,并认为我国的"社会主义生产关系已经建立起来,它是和生产力的发展相适应的;但是,它又还很不完善,这些不完善的方面和生产力的发展又是相矛

---

① 《马克思恩格斯文集》第 10 卷,人民出版社 2009 年,第 592 页。
② 苏联科学院经济研究所:《政治经济学教科书》,人民出版社 1955 年,第 433 页。
③ 斯大林:《苏联社会主义经济问题》,人民出版社 1971 年,第 58 页。
④ 《毛泽东文集》第 8 卷,人民出版社 2009 年,第 131 页。

盾的"①。这意味着我们必须联系生产力来研究生产关系、联系生产关系来研究生产力，必须在生产力和生产关系的矛盾运动中不断深化对社会主义建设规律的理论认识并以此不断推进马克思主义中国化时代化。

这是一个艰辛的理论创新和实践探索过程。早在新民主主义革命时期，毛泽东就深刻认识到："诚然，生产力、实践、经济基础，一般地表现为主要的决定的作用，谁不承认这一点，谁就不是唯物论者。然而，生产关系、理论、上层建筑这些方面，在一定条件之下，又转过来表现其为主要的决定的作用，这也是必须承认的。当着不变更生产关系，生产力就不能发展的时候，生产关系的变更就起了主要的决定的作用。"②近代中国之所以迟迟难以成功开启现代化进程，一个重要因素就是同时面临着封建主义生产关系的内部制约和生产力相对发达的资本主义国家的外部压力，并逐渐陷入了内忧外患的半殖民地半封建社会的悲惨境地。对此，毛泽东深刻地指出："一个不是贫弱的而是富强的中国，是和一个不是殖民地半殖民地的而是独立的，不是半封建的而是自由的、民主的，不是分裂的而是统一的中国，相联结的。……解放中国人民的生产力，使之获得充分发展的可能性，有待于新民主主义的政治条件在全中国境内的实现。"③1949年，我国完成了新民主主义革命，建立了中华人民共和国，实现了民族独立和国家解放，为解放中国人民的生产力并使之获得充分发展的可能性创造了根本的社会条件，同时也为开启社会主义性质和方向的中国式现代化创造了根本的社会条件。

1956年底，我国基本完成了社会主义改造、确立了社会主义基本制度，为当代中国一切发展进步奠定了根本的政治前提和制度基础，同时也为大规模推进社会主义建设、开启社会主义性质和方向的中国式现代化奠定了根本的政治前提和制度基础。对此，党的八大明确指出："我国国内的主要矛盾，已经是人民对于建立先进的工业国的要求同落后的农业国的现实之间的矛盾，已经是人民对于经济文化迅速发展的需要同当前经济文化不能满足人民

---

① 《毛泽东文集》第7卷，人民出版社2009年，第215页。
② 《毛泽东选集》第1卷，人民出版社1991年，第325~326页。
③ 《毛泽东选集》第3卷，人民出版社1991年，第1080~1081页。

需要的状况之间的矛盾。这一矛盾的实质，在我国社会主义制度已经建立的情况下，也就是先进的社会主义制度同落后的社会生产力之间的矛盾。"① 正是基于这一认识，毛泽东深刻地指出，"社会主义革命的目的是为了解放生产力"②，而在完成社会主义革命、确立社会主义基本制度之后，"我们的根本任务已经由解放生产力变为在新的生产关系下面保护和发展生产力"③。从某种程度上讲，正是借助于这一系列理论突破，我国成功完成了社会主义革命并推进了社会主义建设，不仅实现了马克思主义中国化的历史性飞跃，而且开启了社会主义性质和方向的中国式现代化进程。然而，由于我们在社会主义建设方面的经验还没有成熟到足以提出相对完备的社会主义初级阶段理论的程度，特别是对"生产力－生产关系"框架下生产力的决定性作用缺乏深刻理解、对我国发展的阶段和历史方位缺乏准确把握，一度令我国在社会主义建设时期经历严重曲折。

"改革开放是我们党的一次伟大觉醒，正是这个伟大觉醒孕育了我们党从理论到实践的伟大创造。"④ 党的十一届三中全会作出了实行改革开放的历史性决策，成功开启了改革开放和社会主义现代化建设新时期。特别地，我们党依据马克思主义基本原理和中国具体实际，创造性地提出了社会主义初级阶段理论，明确指出"我国从五十年代生产资料私有制的社会主义改造基本完成，到社会主义现代化的基本实现，至少需要上百年时间，都属于社会主义初级阶段"，并强调"我们在现阶段所面临的主要矛盾，是人民日益增长的物质文化需要同落后的社会生产之间的矛盾"，这意味着"是否有利于发展生产力，应当成为我们考虑一切问题的出发点和检验一切工作的根本标准"⑤。对此，邓小平深刻地总结说："过去，只讲在社会主义条件下发展生产力，没有讲还要通过改革解放生产力，不完全。应该把解放生产力和发展生

---

① 《中国共产党第八次全国代表大会文件》，人民出版社 1956 年，第 82 页。
② 《毛泽东文集》第 7 卷，人民出版社 2009 年，第 1 页。
③ 《毛泽东文集》第 7 卷，人民出版社 2009 年，第 218 页。
④ 习近平：《在庆祝改革开放 40 周年大会上的讲话》，人民出版社 2018 年，第 4 页。
⑤ 《改革开放三十年重要文献选编》，中央文献出版社 2008 年，第 476 页。

产力两个讲全了。"①按照社会主义初级阶段理论，社会主义的根本任务是解放和发展生产力，我们必须把发展生产力作为全部工作的中心，并"根据我国生产力发展的要求，在每一个阶段上创造出与之相适应和便于继续前进的生产关系的具体形式"②，"这是改革，所以改革也是解放生产力"③。改革是社会主义生产关系及其上层建筑的自我完善，是为适应生产力发展要求而对生产关系及其上层建筑的坚持、完善和发展，同时是社会主义初级阶段我国一切发展的根本动力。

党的十八大以来，"经过长期努力，中国特色社会主义进入了新时代，这是我国发展新的历史方位"④，其基本依据是新中国成立特别是改革开放以来我国创造的经济快速发展奇迹和社会长期稳定奇迹，极大地提高了社会生产力水平并引起我国社会主要矛盾发生了转化，不平衡不充分的发展已经成为满足人民日益增长的美好生活需要的主要制约因素。新时代仍然属于社会主义初级阶段，这意味着是否有利于发展生产力仍然是我们考虑一切问题的出发点，发展仍然是解决我国一切问题的基础和关键，但我国社会主要矛盾发生了转化并对我国发展提出了新的要求，特别是"要在继续推动发展的基础上，着力解决好发展不平衡不充分问题，大力提升发展质量和效益，更好满足人民在经济、政治、文化、社会、生态等方面日益增长的需要，更好推动人的全面发展、社会全面进步"⑤。从某种程度上讲，正是为了顺应我国社会主要矛盾发展变化带来的新特征新要求，党的十八大以来，以习近平同志为核心的党中央创造性地提出了立足新发展阶段、贯彻新发展理念、构建新发展格局、推动高质量发展、推进中国式现代化、发展新质生产力等一系列新理念新思想新战略，不仅实现了马克思主义中国化时代化新的飞跃，而且推

---

① 《邓小平文选》第3卷，人民出版社1993年，第370页。
② 《改革开放三十年重要文献选编》，中央文献出版社2008年，第213页。
③ 《邓小平文选》第3卷，人民出版社1993年，第370页。
④ 习近平：《决胜全面建成小康社会 夺取新时代中国特色社会主义伟大胜利》，人民出版社2017年，第10页。
⑤ 习近平：《决胜全面建成小康社会 夺取新时代中国特色社会主义伟大胜利》，人民出版社2017年，第11~12页。

动我国成功迈上了全面建设社会主义现代化国家的新征程。

党的二十届三中全会深刻地指出："党的十一届三中全会是划时代的，开启了改革开放和社会主义现代化建设新时期。党的十八届三中全会也是划时代的，开启了新时代全面深化改革、系统整体设计推进改革新征程，开创了我国改革开放全新局面。"① 党的十八届三中全会顺应我国社会主要矛盾变化带来的新特征新要求作出了"全面深化改革"的决定，党的十九大紧扣新时代我国社会主要矛盾变化作出了分两个阶段全面建设社会主义现代化国家的战略安排，党的二十大站在全面建设社会主义现代化国家新征程的新的历史起点上对推进中国式现代化作出了顶层设计和战略部署，党的二十届三中全会紧紧围绕推进中国式现代化作出了"进一步全面深化改革"的决定；从党的十一届三中全会到十八届三中全会再到二十届三中全会，从"改革"到"全面深化改革"再到"进一步全面深化改革"，既一脉相承又与时俱进，不仅开辟了马克思主义中国化时代化新境界并赋予了"生产力－生产关系"框架以更具时代精神和中国特色的更为丰富的具体内容，而且为推进中国式现代化提供了根本的理论指导和行动指南。对此，习近平总书记深刻地总结说，"改革开放是当代中国大踏步赶上时代的重要法宝，是决定中国式现代化成败的关键一招。推进中国式现代化，必须进一步全面深化改革开放，不断解放和发展社会生产力、解放和增强社会活力"。②

四、进一步全面深化改革，加快形成同新质生产力更相适应的生产关系

党的二十大报告指出："在新中国成立特别是改革开放以来长期探索和实践基础上，经过十八大以来在理论和实践上的创新突破，我们党成功推进

---

① 《中共中央关于进一步全面深化改革 推进中国式现代化的决定》，人民出版社2024年，第1~2页。

② 习近平：《全面深化改革开放，为中国式现代化持续注入强劲动力》，《求是》2024年第10期。

和拓展了中国式现代化。"①特别是党的十八大以来，中国特色社会主义进入了新时代，我国社会主要矛盾发生了转化。习近平总书记指出，"我国社会主要矛盾发生了重大变化，我国经济发展阶段也在发生历史性变化，不平衡不充分的发展就是发展质量不高的表现。解决我国社会的主要矛盾，必须推动高质量发展"，并强调"高质量发展，就是能够很好满足人民日益增长的美好生活需要的发展，是体现新发展理念的发展，是创新成为第一动力、协调成为内生特点、绿色成为普遍形态、开放成为必由之路、共享成为根本目的的发展"②。党的二十大站在全面建设社会主义现代化国家新征程的新的历史起点上，对新时代新征程如何推进中国式现代化作出了顶层设计和战略部署，明确指出"高质量发展是全面建设社会主义现代化国家的首要任务"③。高质量发展是适应新时代我国社会主要矛盾变化的必然要求和新征程全面建设社会主义现代化国家的首要任务，发展新质生产力不仅是推动高质量发展的内在要求和重要着力点，而且是推进中国式现代化的新动能和重要战略举措。新时代新征程推进中国式现代化，必须进一步全面深化改革、加快形成同新质生产力更相适应的生产关系，以进一步发展新质生产力并以新质生产力推进中国式现代化。

从某种程度上讲，新质生产力是以习近平同志为核心的党中央顺应我国社会主要矛盾变化带来的新特征新要求、新一轮科技革命和产业变革带来的新挑战新机遇而创造性地提出来的一个全新概念，是我们党在推进中国式现代化进程中不断推进马克思主义中国化时代化的最新成果。马克思在创立马克思主义政治经济学的过程中曾对生产力特别是劳动生产力进行过系统阐述，并深刻预见了科学水平和技术进步及其在生产上的应用的重要性，明确指出："随着大工业的发展，现实财富的创造较少地取决于劳动时间和已耗费的劳动量，较多地取决于在劳动时间内所运用的作用物的力量，而这种作

---

① 习近平：《高举中国特色社会主义伟大旗帜 为全面建设社会主义现代化国家而团结奋斗》，人民出版社 2022 年，第 22 页。

② 《习近平著作选读》第 2 卷，人民出版社 2023 年，第 67 页。

③ 习近平：《高举中国特色社会主义伟大旗帜 为全面建设社会主义现代化国家而团结奋斗》，人民出版社 2022 年，第 28 页。

用物自身——它们的巨大效率——又和生产它们所花费的直接劳动时间不成比例，而是取决于科学的一般水平和技术进步，或者说取决于这种科学在生产上的应用"。[1] 党的十八大以来，习近平总书记高度重视创新在我国现代化建设全局中的核心地位并视之为引领我国发展的第一动力，明确指出"纵观人类发展历史，创新始终是推动一个国家、一个民族向前发展的重要力量，也是推动整个人类社会向前发展的重要力量"[2]，并强调"21世纪以来，全球科技创新进入空前密集活跃的时期，新一轮科技革命和产业变革正在重构全球创新版图、重塑全球经济结构""我们迎来了世界新一轮科技革命和产业变革同我国转变发展方式的历史性交汇期，既面临着千载难逢的历史机遇，又面临着差距拉大的严峻挑战"[3]。新时代新征程推动高质量发展、推进中国式现代化"必须继续做好创新这篇大文章，推动新质生产力加快发展"[4]。

新质生产力是创新起主导作用的先进生产力。2024年1月31日，习近平总书记在主持中央政治局第十一次集体学习时系统阐述了新质生产力问题，指出新质生产力"由技术革命性突破、生产要素创新性配置、产业深度转型升级而催生，以劳动者、劳动资料、劳动对象及其优化组合的跃升为基本内涵，以全要素生产率大幅提升为核心标志，特点是创新，关键在质优，本质是先进生产力"，并强调"高质量发展需要新的生产力理论来指导，而新质生产力已经在实践中形成并展示出对高质量发展的强劲推动力、支撑力，需要我们从理论上进行总结、概括，用以指导新的发展实践"[5]。发展新质生产力是推动高质量发展的重要着力点和推进中国式现代化的重要战略举措，我们必须紧紧围绕推进中国式现代化并结合马克思主义"生产力－生产关系"框架，深刻理解并准确把握新质生产力以及以新质生产力推进中国式现代化的基本逻辑。按照社会主义初级阶段理论，社会主义的根本任务是解放和发展生产力，其根本途径是通过改革来坚持和完善社会主义生产关系及其上层

---

[1]《马克思恩格斯全集》第31卷，人民出版社1998年，第100页。
[2]《习近平关于科技创新论述摘编》，中央文献出版社2016年，第4页。
[3] 习近平：《努力成为世界主要科学中心和创新高地》，《求是》2021年第6期。
[4][5] 习近平：《发展新质生产力是推动高质量发展的内在要求和重要着力点》，《求是》2024年第11期。

建筑以适应不断发展的生产力的发展要求，并以此为我国一切发展提供根本动力；相应地，新时代新征程发展新质生产力并以此推进中国式现代化，其根本途径是通过进一步全面深化改革来坚持和完善社会主义生产关系及其上层建筑以适应新质生产力的发展要求，并以此为包括推进中国式现代化在内的我国一切发展提供根本动力。

正是在这个意义上，习近平总书记深刻地指出，"实现新时代新征程的目标任务，要把全面深化改革作为推进中国式现代化的根本动力"①。全面深化改革既是推进中国式现代化的根本动力，又是发展新质生产力的根本动力，同时也是以新质生产力推进中国式现代化的根本动力。早在社会主义革命和建设时期，毛泽东就曾深刻地指出："从世界的历史来看，资产阶级工业革命，不是在资产阶级建立自己的国家以前，而是在这以后；资本主义的生产关系的大发展，也不是在上层建筑革命以前，而是在这以后。都是先把上层建筑改变了，生产关系搞好了，上了轨道了，才为生产力的大发展开辟了道路，为物质基础的增强准备了条件。当然，生产关系的革命，是生产力的一定发展所引起的。但是，生产力的大发展，总是在生产关系改变以后。"②从某种程度上讲，目前已经在实践中形成的新质生产力是在现有生产关系下初步发展起来的先进生产力，但它的"大发展"则有赖于形成与之相适应的生产关系。也就是说，新时代新征程发展新质生产力并以之推进中国式现代化的根本途径是进一步全面深化改革、加快形成同新质生产力更相适应的生产关系。正是在这个意义上，党的二十届三中全会明确提出，新时代新征程要"健全因地制宜发展新质生产力体制机制""加快形成同新质生产力更相适应的生产关系，促进各类先进生产要素向发展新质生产力集聚"③。

在这一过程中，我们必须深刻认识到，中国式现代化是以马克思主义为根本指导的社会主义现代化，是在生产力和生产关系的矛盾运动中不断推动以经济现代化为基础的人的现代化的历史过程。新时代新征程以新质生产力

---

① 习近平：《全面深化改革开放，为中国式现代化持续注入强劲动力》，《求是》2024年第10期。
② 《毛泽东文集》第8卷，人民出版社2009年，第131~132页。
③ 《中共中央关于进一步全面深化改革 推进中国式现代化的决定》，人民出版社2024年，第10、11页。

推进中国式现代化，一方面要进一步全面深化改革，加快形成适应新质生产力发展要求并有助于推动新质生产力"大发展"的生产关系；另一方面要进一步全面深化改革，加快形成适应新质生产力发展要求并有助于推动"人的发展"的生产关系。就前者而言，正如习近平总书记强调的，"在社会主义条件下发展市场经济，是我们党的一个伟大创举"①，新时代新征程必须"聚焦构建高水平社会主义市场经济体制，充分发挥市场在资源配置中的决定性作用，更好发挥政府作用，坚持和完善社会主义基本经济制度"，特别是要"保证各种所有制经济依法平等使用生产要素、公平参与市场竞争、同等受到法律保护，促进各种所有制经济优势互补、共同发展"②；就后者而言，马克思主义"以实现人的自由而全面的发展和全人类解放为己任"③，以马克思主义为根本指导的中国式现代化本质上是以经济现代化为基础的人的现代化，新时代新征程进一步全面深化改革必须坚持以人民为中心的原则，"做到改革为了人民、改革依靠人民、改革成果由人民共享"，并"聚焦提高人民生活品质，完善收入分配和就业制度，健全社会保障体系，增强基本公共服务均衡性和可及性，推动人的全面发展、全体人民共同富裕取得更为明显的实质性进展"④。

特别地，正如习近平总书记强调的，"近年来，互联网、大数据、云计算、人工智能、区块链等技术加速创新，日益融入经济社会发展各领域全过程"⑤，"世界正在进入以信息产业为主导的经济发展时期"⑥，"以信息技术、人工智能为代表的新兴科技快速发展，大大拓展了时间、空间和人们认知范围，人类正在进入一个'人机物'三元融合的万物智能互联时代"⑦。从农业

---

① 习近平：《不断开拓当代中国马克思主义政治经济学新境界》，《求是》2020年第16期。
② 《中共中央关于进一步全面深化改革 推进中国式现代化的决定》，人民出版社2024年，第4、7页。
③ 习近平：《在哲学社会科学工作座谈会上的讲话》，人民出版社2016年，第9页。
④ 《中共中央关于进一步全面深化改革 推进中国式现代化的决定》，人民出版社2024年，第6、5页。
⑤ 习近平：《不断做强做优做大我国数字经济》，《求是》2022年第2期。
⑥ 习近平：《努力成为世界主要科学中心和创新高地》，《求是》2021年第6期。
⑦ 习近平：《加快建设科技强国实现高水平科技自立自强》，《求是》2022年第9期。

革命、工业革命再到信息革命引发的万物智能互联的数字经济时代,人们的生活方式和生产方式发生了巨大变化,同时也为劳动者、劳动资料、劳动对象及其优化组合的跃升提供了无限可能。新时代新征程以新质生产力推进中国式现代化,一方面"要把握数字化、网络化、智能化融合发展的契机,以信息化、智能化为杠杆培育新动能"[①],推动互联网、大数据、人工智能和实体经济深度融合,不断催生新产业新业态新模式,不断塑造我国发展的新动能新优势;另一方面要坚持以人民为中心的发展思想,"在培育新产业新业态新模式过程中注意创造新的就业机会"[②]并加强对新就业形态特别是灵活就业群体的劳动保护和社会保障,同时要前瞻性地"研判科技发展带来的规则冲突、社会风险、伦理挑战"[③],推动数字经济时代的科技进步和经济发展更好地服务于人的发展,以更好地满足人民日益增长的美好生活需要并不断推动人的全面发展。

五、结　　语

2023年7月以来,习近平总书记在四川、黑龙江、浙江、广西等地考察调研时首次提出并多次论及"新质生产力"。此后,特别是2024年1月31日习近平总书记在主持中央政治局第十一次集体学习时系统阐述了新质生产力问题以来,"新质生产力"迅即引起了社会各界的普遍关注并涌现了大量学术文献。不过,现有文献更多地在技术或产业层面对新质生产力展开分析,不少文献甚至单纯地就新质生产力论新质生产力,至少从政治经济学的角度是存在不足的。对此,毛泽东曾特别提醒说,"在政治经济学的研究中,生产力和上层建筑这两方面的研究不能太发展了。生产力的研究太发展了,就成为自然科学、技术科学了;上层建筑的研究太发展了,就成为阶级斗争论、国家论了"[④]。马克思更是对"处处为了生产力本身而关心生产力"的李斯特

---

① 习近平:《努力成为世界主要科学中心和创新高地》,《求是》2021年第6期。
② 《习近平著作选读》第1卷,人民出版社2023年,第557页。
③ 习近平:《加快建设科技强国实现高水平科技自立自强》,《求是》2022年第9期。
④ 《毛泽东文集》第8卷,人民出版社2009年,第131页。

作出过严厉批评，并辛辣地讽刺说："如果弯腰驼背，四肢畸形，某些肌肉的片面发展和加强等，使你更有生产能力（更有劳动能力），那么你的弯腰驼背，你的四肢畸形，你的片面的肌肉运动，就是一种生产力。如果你精神空虚比你充沛的精神活动更富有生产能力，那么你的精神空虚就是一种生产力，等等，等等。如果一种职业的单调使你更有能力从事这项职业，那么单调就是一种生产力。"①

显然，我们不能单纯地就新质生产力论新质生产力，而必须借助于马克思主义"生产力－生产关系"框架并紧紧围绕推进中国式现代化，更为深刻地理解新质生产力及其推进中国式现代化的基本逻辑。按照马克思的看法，生产力发展有助于推动经济发展并为人的发展提供物质基础，但它本身并不必然推动人的发展，其能否推动人的发展更多地取决于生产关系及其上层建筑；相应地，新质生产力有助于推动高质量发展并为人的全面发展提供更为坚实的物质基础，但能否推动人的全面发展并以此推进以经济现代化为基础的人的现代化的中国式现代化，则有赖于我们进一步坚持和完善适应新质生产力发展要求并有助于推动人的全面发展的社会主义生产关系及其上层建筑。正是在这个意义上，党的二十届三中全会指出，新时代新征程进一步全面深化改革、推进中国式现代化，必须坚持以人民为中心的原则，坚持"以经济体制改革为牵引，以促进社会公平正义、增进人民福祉为出发点和落脚点，更加注重系统集成，更加注重突出重点，更加注重改革实效，推动生产关系和生产力、上层建筑和经济基础、国家治理和社会发展更好相适应，为中国式现代化提供强大动力和制度保障"②。

（作者胡怀国，原题目为《以新质生产力推进中国式现代化的政治经济学解析：基于"生产力－生产关系"框架的理论考察》，发表于《山东师范大学学报（社会科学版）》2025年第2期，第77~86页，发表时有删减。）

---

① 《马克思恩格斯全集》第42卷，人民出版社1979年，第263页、第261~262页。
② 《中共中央关于进一步全面深化改革 推进中国式现代化的决定》，人民出版社2024年，第3~4页。

任务篇

第四章
高质量发展的政治经济学解析

摘要：高质量发展是适应新时代我国社会主要矛盾变化的必然要求，是新征程全面建设社会主义现代化国家的首要任务，同时也是我国在社会主义发展过程中不断推进马克思主义中国化时代化的重大创新成果，我们必须紧扣新时代我国社会主要矛盾变化特别是不平衡不充分的发展这一我国社会主要矛盾的主要方面，深刻理解和准确把握高质量发展的理论逻辑。在全面建设社会主义现代化国家、以中国式现代化全面推进中华民族伟大复兴的新时代新征程上，我们必须以改革创新为根本动力，以社会主义基本经济制度为制度基础，以加快构建新发展格局为战略基点，以科教兴国战略、人才强国战略和创新驱动发展战略为战略支撑，全面贯彻新发展理念，着力推动高质量发展，为全面建设社会主义现代化国家提供更为充分的制度保证、更为坚实的物质基础。

关键词：高质量发展　主要矛盾　改革创新

党的二十大报告指出："高质量发展是全面建设社会主义现代化国家的首要任务。"[①] 目前，我国已经迈上全面建设社会主义现代化国家、以中国式现代化全面推进中华民族伟大复兴的新时代新征程，高质量发展不仅是新时代我国经济发展的鲜明主题和新征程全面建设社会主义现代化国家的首要任务，而且是我国在社会主义发展过程中不断推进马克思主义中国化时代化的

---

① 习近平：《高举中国特色社会主义伟大旗帜　为全面建设社会主义现代化国家而团结奋斗》，人民出版社2022年，第28页。

重大创新成果，具有深刻的历史逻辑、理论逻辑和实践逻辑。本文试图从马克思主义中国化时代化的角度，对高质量发展的理论逻辑予以政治经济学的解析。

一、引　言

《中共中央关于党的百年奋斗重大成就和历史经验的决议》指出："马克思主义是我们立党立国、兴党强国的根本指导思想。马克思主义理论不是教条而是行动指南，必须随着实践发展而发展，必须中国化才能落地生根、本土化才能深入人心。党之所以能够领导人民在一次次求索、一次次挫折、一次次开拓中完成中国其他各种政治力量不可能完成的艰巨任务，根本在于坚持解放思想、实事求是、与时俱进、求真务实，坚持把马克思主义基本原理同中国具体实际相结合、同中华优秀传统文化相结合，坚持实践是检验真理的唯一标准，坚持一切从实际出发，及时回答时代之问、人民之问，不断推进马克思主义中国化时代化。"[1]事实上，正是在不断推进马克思主义中国化时代化的历史过程中，我们党领导人民完成了新民主主义革命，实现了民族独立和人民解放，为我国发展创造了根本的社会条件；完成了社会主义革命，确立了社会主义基本制度并推进社会主义建设，为我国发展奠定了根本的政治前提和制度基础；开启了改革开放和社会主义现代化建设新时期，成功开辟了中国特色社会主义道路并极大地解放和发展了社会生产力，为我国发展提供了充满新的活力的体制保证和快速发展的物质条件。

党的十八大以来，"经过长期努力，中国特色社会主义进入了新时代，这是我国发展新的历史方位"[2]，其基本依据是新中国成立特别是改革开放以来我国创造的经济快速发展奇迹和社会长期稳定奇迹，极大地提高了社会生产

---

[1] 《中共中央关于党的百年奋斗重大成就和历史经验的决议》，人民出版社2021年，第66~67页。
[2] 习近平：《决胜全面建成小康社会 夺取新时代中国特色社会主义伟大胜利》，人民出版社2017年，第10页。

力水平并引起我国社会主要矛盾发生了转化,不平衡不充分的发展已经成为满足人民日益增长的美好生活需要的主要制约因素。党的十九大紧扣新时代我国社会主要矛盾变化并立足我国发展新的历史方位,系统回答了新时代坚持和发展什么样的中国特色社会主义、怎样坚持和发展中国特色社会主义等重大时代课题,明确了分两个阶段到2035年基本实现社会主义现代化、到21世纪中叶全面建成社会主义现代化国家的战略安排,并作出了"我国经济已由高速增长阶段转向高质量发展阶段"的重大论断。在我国迈上全面建设社会主义现代化国家新征程、向第二个百年奋斗目标进军的关键时刻,党的二十大对全面建设社会主义现代化国家新征程各领域各方面工作作出了全面阐述和战略部署,明确指出:"发展是党执政兴国的第一要务。没有坚实的物质技术基础,就不可能全面建成社会主义现代化强国",并强调"高质量发展是全面建设社会主义现代化国家的首要任务。"①

高质量发展是我们党在新时代经济发展实践中适应新形势、解决新问题、应对新挑战的过程中不断深化认识的理论结晶,是根据我国发展阶段、环境和条件变化作出的重大论断,它不仅是适应新时代我国社会主要矛盾变化的必然要求和新征程全面建设社会主义现代化国家的首要任务,而且是新时代不断推进马克思主义中国化时代化的重大创新成果。就学术研究而言,自2017年党的十九大报告正式提出"高质量发展"一词以来,"高质量发展"迅即引起了学术界的普遍关注并涌现了大量学术文献。以"中国知网"收录的学术论义为例,篇名中含有"高质量发展"一词的期刊论文,2016年只有9篇,2017年和2018年迅速增至69篇和3855篇,2019年和2020年进一步增加到6963篇和7765篇,2021年和2022年更是大幅提高到1.12万篇和1.34万篇。从某种程度上讲,"高质量发展"已经成为我国学术界特别是经济学界的一个研究热点,并持续涌现出越来越多的学术文献。有关文献从不同角度不同层面对"高质量发展"展开的理论探讨,有助于深化和拓展我们对高质量发展的理论认识,但同时也存在着一定的概念误用滥用问题,而这又

---

① 习近平:《高举中国特色社会主义伟大旗帜 为全面建设社会主义现代化国家而团结奋斗》,人民出版社2022年,第28页。

同理论逻辑的不清晰和理论分析的碎片化有关,有必要从马克思主义中国化时代化的角度,对高质量发展的理论逻辑予以政治经济学的解析。

二、高质量发展是马克思主义中国化时代化的重大创新成果

马克思主义认为:"一切社会变迁和政治变革的终极原因,不应当到人们的头脑中,到人们对永恒的真理和正义的日益增进的认识中去寻找,而应当到生产方式和交换方式的变更中去寻找;不应当到有关时代的哲学中去寻找,而应当到有关时代的经济中去寻找。"[1] 人类社会的物质生活制约着全部的社会生活、精神生活和政治生活,生产力决定生产关系,生产力和生产关系、经济基础和上层建筑之间的矛盾运动支配着整个社会的发展进程。18世纪中叶发轫于英国的工业革命,率先开启了人类社会的现代化进程,它极大地提高了社会生产力水平并引起了生产关系及其上层建筑的一系列新变化。马克思对以英国工业革命为典型的资本主义生产方式进行了深入分析,发现它极大地促进了经济发展但同时也造成了较为严重的人的不发展:一方面,"资产阶级在它的不到一百年的阶级统治中所创造的生产力,比过去一切世代创造的全部生产力还要多,还要大"[2];另一方面,"资本主义生产的始终不变的目的,是用最小限度的预付资本生产最大限度的剩余价值或剩余产品"[3],人们"在自己的劳动中不是肯定自己,而是否定自己,不是感到幸福,而是感到不幸,不是自由地发挥自己的体力和智力,而是使自己的肉体受折磨、精神遭摧残。……只要肉体的强制或其他强制一停止,人们就会像逃避瘟疫那样逃避劳动"[4]。

---

[1] 《马克思恩格斯文集》第9卷,人民出版社2009年,第284页。
[2] 《马克思恩格斯文集》第2卷,人民出版社2009年,第36页。
[3] 《马克思恩格斯全集》第26卷第2册,人民出版社1973年,第625页。
[4] 《马克思恩格斯文集》第1卷,人民出版社2009年,第159页。

在马克思看来,"人是人的最高本质",伴随着英国工业革命而发生发展的资本主义生产方式"提高劳动的生产力,增加社会的财富,促使社会精美完善,同时却使工人陷于贫困直到变为机器"①,其根本原因在于资本主义生产关系难以适应社会生产力发展的要求:它有助于推动经济发展但严重抑制了人的发展,而人的不发展反过来又会影响经济发展并最终导致整个资本主义体系的崩溃,人类社会必将在资本主义创造的高度发达的社会生产力的基础上,经由生产关系变革和生产方式变迁,实现人的自由而全面的发展:"在那里,每个人的自由发展是一切人的自由发展的条件。"②从某种程度上讲,正是通过对资本主义生产方式的深入剖析,马克思深刻揭示了人类社会发展的一般规律和资本主义运行的特殊规律,不仅创立了旨在实现每个人自由而全面发展的马克思主义学说,而且为科学社会主义的现实运动奠定了根本的思想基础,同时也为我国在社会主义发展过程中不断推进马克思主义中国化时代化、成功开启和推进中国式现代化提供了根本指导。按照马克思的设想,未来社会是经济发展和人的发展有机统一、相互促进的社会:"社会生产力的发展将如此迅速,以致尽管生产将以所有的人富裕为目的,所有的人的可以自由支配的时间还是会增加。"③或按照恩格斯的说法:"我们的目的是要建立社会主义制度,这种制度将给所有的人提供健康而有益的工作,给所有的人提供充裕的物质生活和闲暇时间,给所有的人提供真正的充分的自由。"④

然而,正如马克思强调的:"理论在一个国家实现的程度,总是取决于理论满足这个国家的需要的程度。"⑤与马克思恩格斯的理论设想不同,社会主义并不是在生产力高度发达的主要资本主义国家同时取得胜利的,而是最早发生在生产力相对落后的资本主义的"薄弱环节"。作为人类社会第一个建立起社会主义制度的国家,苏联在建立和建设社会主义过程中形成的社会

---

① 《马克思恩格斯文集》第1卷,人民出版社2009年,第123页。
② 《马克思恩格斯文集》第2卷,人民出版社2009年,第53页。
③ 《马克思恩格斯全集》第31卷,人民出版社1998年,第104页。
④ 《马克思恩格斯全集》第21卷,人民出版社1965年,第570页。
⑤ 《马克思恩格斯文集》第1卷,人民出版社2009年,第12页。

主义传统模式，既有对马克思主义的创新发展，又存在不少教条式理解和僵化特征：一方面，它深刻认识到社会主义和资本主义的不同生产目的，指出"资本主义生产的目的是取得利润"，"社会主义生产的目的不是利润，而是人及其需要，即满足人的物质和文化的需要"，并把社会主义基本经济规律概括为"用在高度技术基础上使社会主义生产不断增长和不断完善的办法，来保证最大限度地满足整个社会经常增长的物质和文化的需要"①；另一方面，片面地认为"社会主义和共产主义是同一个共产主义社会经济形态的两个阶段"，"在社会主义社会中，生产关系与生产力完全适合"②，这就为混淆社会主义和共产主义的区别而高估社会主义阶段的生产力水平以及与之相适应的生产关系埋下了伏笔，同时也由于对生产力和生产关系之间的矛盾运动的教条式理解，排除了为适应不断发展的生产力的发展要求而不断调整生产关系的理论可能性，进而使得社会主义传统模式几乎始终带有某种冒进倾向和僵化特征。

我国是在落后农业国的特殊国情下开启社会主义革命和建设的。对此，列宁曾特别提醒说："东方大多数民族的处境比欧洲最落后的国家俄国还要坏。……你们面临着全世界共产党人所没有遇到过的一个任务，就是你们必须以共产主义的一般理论和实践为依据，适应欧洲各国所没有的特殊条件，善于把这种理论和实践运用于主要群众是农民、需要解决的斗争任务不是反对资本而是反对中世纪残余这样的条件。"③面对落后农业国的特殊国情和近代以来的内忧外患，"一百年来，党坚持把马克思主义写在自己的旗帜上，不断推进马克思主义中国化时代化，用博大胸怀吸收人类创造的一切优秀文明成果，用马克思主义中国化的科学理论引领伟大实践"④，并在不断推进马克思主义中国化时代化的历史过程中形成了一系列重大理论创新成果。特别地，依据马克思创立的关于人类自身解放的马克思主义学说并借鉴苏联社会主义建设时期创新发展的社会主义生产目的论，明确了社会主义的生产目的

---

① 斯大林：《苏联社会主义经济问题》，人民出版社1971年，第61、62、31页。
② 苏联科学院经济研究所：《政治经济学教科书》，人民出版社1955年，第403、433页。
③ 《列宁全集》第37卷，人民出版社1986年，第323页。
④ 《中共中央关于党的百年奋斗重大成就和历史经验的决议》，人民出版社2021年，第63页。

是满足人民需要；依据马克思主义唯物辩证法并结合我国具体实际，创造性地提出了马克思主义主要矛盾论，深刻认识到"事物的性质主要地是由取得支配地位的矛盾的主要方面所规定的"①；依据马克思主义唯物史观并结合我国具体国情，创造性地提出了社会主义初级阶段理论，并深刻认识到我国在社会主义初级阶段"面临的主要矛盾，是人民日益增长的物质文化需要同落后的社会生产之间的矛盾"②。这些重大理论创新极大地深化了我们党和国家对人类社会发展规律、社会主义建设规律的理论认识，同时也为我国成功开辟中国特色社会主义道路提供了理论依据。

党的十八大以来，经过长期努力，中国特色社会主义进入了新时代，其基本依据是新中国成立特别是改革开放以来我国创造的经济快速发展奇迹和社会长期稳定奇迹，极大地提高了社会生产力水平并引起我国社会主要矛盾发生了转化，"人民日益增长的美好生活需要和不平衡不充分的发展之间的矛盾"已经成为我国社会主要矛盾。党的十九大紧扣我国社会主要矛盾变化，系统回答了新时代坚持和发展什么样的中国特色社会主义、怎样坚持和发展中国特色社会主义等重大时代课题，并深刻认识到"我国社会主要矛盾的变化是关系全局的历史性变化，对党和国家工作提出了许多新要求。我们要在继续推动发展的基础上，着力解决好发展不平衡不充分问题，大力提升发展质量和效益，更好满足人民在经济、政治、文化、社会、生态等方面日益增长的需要，更好推动人的全面发展、社会全面进步"③。从某种程度上讲，正是依据新时代我国社会主要矛盾变化，党的十九大正式作出了"我国经济已由高速增长阶段转向高质量发展阶段"的重大论断。对此，习近平总书记明确指出："我国社会主要矛盾发生了重大变化，我国经济发展阶段也在发生历史性变化，不平衡不充分的发展就是发展质量不高的表现。解决我国社会的主要矛盾，必须推动高质量发展。"④高质量发展是马克思主义中国化时代

---

① 《毛泽东选集》第 1 卷，人民出版社 1991 年，第 323 页。
② 《改革开放三十年重要文献选编》，中央文献出版社 2008 年，第 476 页。
③ 习近平：《决胜全面建成小康社会 夺取新时代中国特色社会主义伟大胜利》，人民出版社 2017 年，第 11~12 页。
④ 习近平：《习近平著作选读》第 2 卷，人民出版社 2023 年，第 67 页。

化的重大创新成果，同时也是适应我国社会主要矛盾变化的必然要求，我们必须结合新时代我国社会主要矛盾变化来深刻理解和准确把握高质量发展的理论逻辑。

三、高质量发展的理论逻辑：基于
我国社会主要矛盾的解析

习近平总书记指出，"理论的生命力在于不断创新，推动马克思主义不断发展是中国共产党人的神圣职责。我们要坚持用马克思主义观察时代、解读时代、引领时代，用鲜活丰富的当代中国实践来推动马克思主义发展，用宽广视野吸收人类创造的一切优秀文明成果，……不断深化对共产党执政规律、社会主义建设规律、人类社会发展规律的认识"①。党的十八大以来，我们党在推进马克思主义中国化时代化的过程中进一步认识到："社会主义初级阶段不是一个静态、一成不变、停滞不前的阶段，也不是一个自发、被动、不用费多大气力自然而然就可以跨过的阶段，而是一个动态、积极有为、始终洋溢着蓬勃生机活力的过程，是一个阶梯式递进、不断发展进步、日益接近质的飞跃的量的积累和发展变化的过程。"②正是基于这一认识，我们党在新时代经济发展实践中深刻认识到，一方面，新时代仍然属于社会主义初级阶段，发展仍然是解决我国一切问题的基础和关键，"全党要牢牢把握社会主义初级阶段这个基本国情，牢牢立足社会主义初级阶段这个最大实际"③；另一方面，新时代我国社会主要矛盾发生了转化，不平衡不充分的发展已经成为满足人民日益增长的美好生活需要的主要制约因素，我们必须紧扣我国社会主要矛盾变化来深刻理解和准确把握高质量发展的理论逻辑。

---

① 习近平：《在纪念马克思诞辰 200 周年大会上的讲话》，人民出版社 2018 年，第 27 页。
② 习近平：《把握新发展阶段，贯彻新发展理念，构建新发展格局》，《求是》2021 年第 9 期。
③ 习近平：《决胜全面建成小康社会 夺取新时代中国特色社会主义伟大胜利》，人民出版社 2017 年，第 12 页。

首先，按照马克思主义唯物辩证法，"在复杂的事物的发展过程中，有许多的矛盾存在，其中必有一种是主要的矛盾，由于它的存在和发展规定或影响着其他矛盾的存在和发展"①。我国社会主要矛盾变化是关系全局的历史性变化，适应我国社会主要矛盾变化必然要求的高质量发展同样是关系全局的历史性要求，我们必须紧扣我国社会主要矛盾变化从整体上把握高质量发展的理论逻辑。一方面，社会主义的生产目的是满足人民需要，我国社会主要矛盾变化意味着新时代的发展必须是能够更好满足人民日益增长的美好生活需要的发展，这就要求我们必须坚持以人民为中心的发展思想，"坚持人民主体地位，顺应人民群众对美好生活的向往，不断实现好、维护好、发展好最广大人民根本利益，做到发展为了人民、发展依靠人民、发展成果由人民共享"②；另一方面，社会主义的根本任务是解放和发展生产力，发展是解决我国一切问题的基础和关键，我国社会主要矛盾变化意味着新时代的发展必须是能够解决不平衡不充分发展问题的发展，这就要求我们"要在继续推动发展的基础上，着力解决好发展不平衡不充分问题，大力提升发展质量和效益"③，特别是要以经济发展的质量变革、效率变革和动力变革推动我国经济实现质的有效提升和量的合理增长。

其次，按照马克思主义主要矛盾论，"事物的性质主要地是由取得支配地位的矛盾的主要方面所规定的。取得支配地位的矛盾的主要方面起了变化，事物的性质也就随着起变化"④，我国社会主要矛盾变化意味着"不平衡不充分的发展"不仅是满足人民日益增长的美好生活需要的主要制约因素，而且是规定了新时代发展的性质的我国社会主要矛盾的主要方面，我们必须紧紧围绕"不平衡不充分的发展"这一我国社会主要矛盾的主要方面，更为准确地把握新时代我国发展的性质并以此更为深刻地理解高质量发展的理论

---

① 《毛泽东选集》第1卷，人民出版社1991年，第320页。
② 习近平：《在省部级主要领导干部学习贯彻党的十八届五中全会精神专题研讨班上的讲话》，人民出版社2016年，第24~25页。
③ 习近平：《决胜全面建成小康社会 夺取新时代中国特色社会主义伟大胜利》，人民出版社2017年，第11页。
④ 《毛泽东选集》第1卷，人民出版社1991年，第323页。

逻辑。一方面，正如习近平总书记强调的，"虽然我国经济总量跃居世界第二，但大而不强、臃肿虚胖体弱问题相当突出，主要体现在创新能力不强"，特别是"关键核心技术受制于人的局面尚未根本改变，创造新产业、引领未来发展的科技储备远远不够"①，我们必须坚持创新在我国现代化建设全局中的核心地位，"深入实施科教兴国战略、人才强国战略、创新驱动发展战略，完善国家创新体系"②，不断塑造我国发展的新动能新优势；另一方面，"我国发展最大的不平衡是城乡发展不平衡，最大的不充分是农村发展不充分"③，我们必须深入实施乡村振兴战略、区域协调发展战略，大力提高发展的平衡性、协调性和包容性，着力推进城乡融合和区域协调发展。

最后，按照马克思主义世界观和方法论，"万事万物是相互联系、相互依存的。只有用普遍联系的、全面系统的、发展变化的观点观察事物，才能把握事物发展规律"④。我们必须结合新时代我国发展的历史方位和新征程全面建成社会主义现代化强国的中心任务，深刻理解高质量发展的理论逻辑和时代内涵。特别地，党的十八届五中全会提出的创新发展、协调发展、绿色发展、开放发展、共享发展的新发展理念，系统回答了我国发展的目的、动力、方式、路径等一系列理论和实践问题，充分体现了人民美好生活需要和不平衡不充分发展的有机统一，不仅是马克思主义中国化时代化的重大理论创新成果，而且是新时代新征程推动高质量发展的指导原则和行动指南。对此，习近平总书记强调说，"党的十八大以来我们对经济社会发展提出了许多重大理论和理念，其中新发展理念是最重要、最主要的"⑤，我们必须把新发展理念贯穿到发展的全过程和各领域。正是在这个意义上，习近平总书记

---

① 习近平：《在省部级主要领导干部学习贯彻党的十八届五中全会精神专题研讨班上的讲话》，人民出版社 2016 年，第 11 页。
② 《中共中央关于制定国民经济和社会发展第十四个五年规划和二〇三五年远景目标的建议》，人民出版社 2020 年，第 10 页。
③ 习近平：《把乡村振兴战略作为新时代"三农"工作总抓手》，《求是》2019 年第 11 期。
④ 习近平：《高举中国特色社会主义伟大旗帜 为全面建设社会主义现代化国家而团结奋斗》，人民出版社 2022 年，第 20 页。
⑤ 习近平：《把握新发展阶段，贯彻新发展理念，构建新发展格局》，《求是》2021 年第 9 期。

明确指出："高质量发展，就是能够很好满足人民日益增长的美好生活需要的发展，是体现新发展理念的发展，是创新成为第一动力、协调成为内生特点、绿色成为普遍形态、开放成为必由之路、共享成为根本目的的发展。"[①]

四、高质量发展的根本动力与制度基础

马克思主义认为："生产力和生产关系、经济基础和上层建筑相互作用、相互制约，支配着整个社会发展进程。生产关系一定要适合生产力状况，上层建筑一定要适合经济基础状况，它们的共同作用构成整个社会的矛盾运动。"[②]事实上，正是依据解放和发展生产力的根本任务以及为适应不断发展的生产力的发展要求而不断完善社会主义生产关系的具体形式的要求，新中国成立特别是改革开放以来，我们党在社会主义发展过程中不断推进马克思主义中国化时代化，不仅创造性地提出了社会主义初级阶段理论、成功地开辟了中国特色社会主义道路，而且依据我国在社会主义初级阶段的社会主要矛盾变化作出了"中国特色社会主义进入了新时代"的重大政治判断和"我国经济已经转向高质量发展阶段"的重大经济论断，我们必须结合马克思主义基本原理及其中国化时代化的最新成果，探讨新时代新征程着力推动高质量发展的根本动力和制度基础。

（一）高质量发展的根本动力：改革创新

马克思主义认为："物质生产力是全部社会生活的物质前提，同生产力发展一定阶段相适应的生产关系的总和构成社会经济基础。生产力是推动社会进步的最活跃、最革命的要素，生产力发展是衡量社会发展的带有根本性

---

① 《习近平著作选读》第 2 卷，人民出版社 2023 年，第 67 页。
② 习近平：《坚持历史唯物主义不断开辟当代中国马克思主义发展新境界》，《求是》2020 年第 2 期。

的标准。"① 社会主义的根本任务是解放和发展生产力，而生产力的发展又必然会对生产关系提出新的要求。按照生产关系一定要适合生产力状况的马克思主义基本原理，"社会主义生产关系的发展并不存在一套固定的模式，我们的任务是要根据我国生产力发展的要求，在每一个阶段上创造出与之相适应和便于继续前进的生产关系的具体形式"②，或如邓小平强调的："社会主义基本制度确立以后，还要从根本上改变束缚生产力发展的经济体制，建立起充满生机和活力的社会主义经济体制，促进生产力的发展，这是改革，所以改革也是解放生产力。"③ 改革是社会主义的自我完善，是为了适应生产力发展要求而对生产关系的适应性调整，它必然是一个随着生产力水平不断提高而持续进行的动态过程。正是在这个意义上，习近平总书记强调指出，"社会是不断发展的，调节社会关系和社会活动的体制机制随之不断完善，才能不断适应解放和发展社会生产力的要求"，"改革是解放和发展社会生产力的关键，是推动国家发展的根本动力"④，同时也是新时代新征程推动高质量发展的根本动力。

与此同时，正如习近平总书记强调的："纵观人类发展历史，创新始终是推动一个国家、一个民族向前发展的重要力量，也是推动整个人类社会向前发展的重要力量。"⑤ 早在《1857—1858 年经济学手稿》中，马克思就深刻认识到："随着大工业的发展，现实财富的创造较少地取决于劳动时间和已耗费的劳动量，较多地取决于在劳动时间内所运用的作用物的力量，而这种作用物自身——它们的巨大效率——又和生产它们所花费的直接劳动时间不成比例，而是取决于科学的一般水平和技术进步，或者说取决于这种科学在生产上的应用。"⑥ 对此，邓小平同志进一步提出："马克思讲过科学技术是生

---

① 习近平：《坚持历史唯物主义不断开辟当代中国马克思主义发展新境界》，《求是》2020 年第 2 期。
② 《改革开放三十年重要文献选编》，中央文献出版社 2008 年，第 213 页。
③ 《邓小平文选》第 3 卷，人民出版社 1993 年，第 370 页。
④ 习近平：《正确认识和把握中长期经济社会发展重大问题》，《求是》2021 年第 2 期。
⑤ 《习近平关于科技创新论述摘编》，中央文献出版社 2016 年，第 4 页。
⑥ 《马克思恩格斯全集》第 31 卷，人民出版社 1998 年，第 100 页。

产力，这是非常正确的，现在看来这样说可能不够，恐怕是第一生产力。"①党的十八大以来，习近平总书记根据我国发展阶段、环境和条件变化，进一步提出"创新是引领发展的第一动力"，并强调"我们必须把创新作为引领发展的第一动力，把人才作为支撑发展的第一资源，把创新摆在国家发展全局的核心位置"。②从马克思阐述的"科学技术是生产力"到邓小平提出的"科学技术是第一生产力"再到习近平总书记强调的"创新是引领发展的第一动力"，我国在社会主义发展过程中不断推进马克思主义中国化时代化，不仅极大地深化了我们对发展动力问题的理论认识，而且为新时代如何推动高质量发展提供了根本指引。

如果说，把改革视为推动我国发展的根本动力，更多地反映了生产关系必须适应生产力发展要求的马克思主义基本原理，是改革开放以来我国推进马克思主义中国化时代化的重大理论创新、实践创新和制度创新；那么，把创新视为引领发展的第一动力，则更多地反映了新时代我国社会主要矛盾变化对我国生产力发展本身的要求，是新时代以来进一步推进马克思主义中国化时代化的重大创新成果。改革创新是新时代我国发展的根本动力，同时也是新时代新征程推动高质量发展的根本动力，它不仅是我国在社会主义发展过程中不断推进马克思主义中国化时代化的重大创新成果，而且极大地深化了我们对人类社会发展规律和社会主义建设规律的理论认识。正是在这个意义上，党的十九届五中全会在对全面建设社会主义现代化国家如何开局起步进行系统谋划和战略部署时强调，在"十四五"和未来更长时期，我国发展必须"以推动高质量发展为主题，以深化供给侧结构性改革为主线，以改革创新为根本动力，以满足人民日益增长的美好生活需要为根本目的"③。党的二十大对全面建设社会主义现代化国家各领域各方面工作进行了战略谋划，明确指出新时代新征程必须"深入推进改革创新，坚定不移扩大开放，着力破解深层次体制机制障碍，不断彰显中国特色社会主义制度优势，不断增强

---

① 《邓小平文选》第3卷，人民出版社1993年，第275页。
② 《习近平关于科技创新论述摘编》，中央文献出版社2016年，第7、9页。
③ 《中共中央关于制定国民经济和社会发展第十四个五年规划和二〇三五年远景目标的建议》，人民出版社2020年，第6页。

社会主义现代化建设的动力和活力"①,并以此为推动高质量发展提供更为完善的制度基础、更为充分的制度保证。

(二)高质量发展的制度基础:社会主义基本经济制度

《中共中央关于党的百年奋斗重大成就和历史经验的决议》指出:"党的十一届三中全会是划时代的,开启了改革开放和社会主义现代化建设新时期。党的十八届三中全会也是划时代的,实现改革由局部探索、破冰突围到系统集成、全面深化的转变,开创了我国改革开放新局面。"②具体而言,党的十一届三中全会作出了把党和国家的工作中心转移到经济建设上来、实行改革开放的历史性决策,成功开启了改革开放和社会主义现代化建设新时期;党的十八大顺应新时代我国社会主要矛盾变化的要求,作出了全面深化改革的战略部署,党的十八届三中全会则在此基础上进一步明确了全面深化改革的总目标是完善和发展中国特色社会主义制度、全面深化改革的重点是经济体制改革,并强调"全面深化改革,必须立足于我国长期处于社会主义初级阶段这个最大实际,坚持发展仍是解决我国所有问题的关键这个重大战略判断,以经济建设为中心,发挥经济体制改革牵引作用,推动生产关系同生产力、上层建筑同经济基础相适应",特别是要"处理好政府和市场的关系,使市场在资源配置中起决定性作用和更好发挥政府作用"③。党的十九届四中全会对新时代如何坚持和完善中国特色社会主义制度作出了全面部署,特别是对社会主义基本经济制度作出了新概括,指出"公有制为主体、多种所有制经济共同发展,按劳分配为主体、多种分配方式并存,社会主义市场经济体制等社会主义基本经济制度,既体现了社会主义制度优越性,又同我国社会主义初级阶段社会生产力发展水平相适应,是党和人民的伟大

---

① 习近平:《高举中国特色社会主义伟大旗帜 为全面建设社会主义现代化国家而团结奋斗》,人民出版社2022年,第27页。
② 《中共中央关于党的百年奋斗重大成就和历史经验的决议》,人民出版社2021年,第37页。
③ 《中共中央关于全面深化改革若干重大问题的决定》,人民出版社2013年,第5页。

创造"①。

公有制为主体、多种所有制经济共同发展，按劳分配为主体、多种分配方式并存，社会主义市场经济体制等社会主义基本经济制度，是我国在社会主义发展过程中不断推进马克思主义中国化时代化的重大创新成果，同时也为新时代新征程推动高质量发展提供了坚实的制度基础和制度保证。我们必须深刻认识到，中国特色社会主义制度是一个涵盖政治、经济、社会、文化等多个领域多个层次的一整套相互联系、相互衔接的制度体系，其中在经济领域内，经过实践检验并关乎全局和根本的社会主义基本经济制度具有长期性和稳定性，而各方面各领域的具体制度和体制机制则有随着社会生产力发展水平的提高而不断调整和完善的灵活性。特别地，正如习近平总书记强调的，"市场决定资源配置是市场经济的一般规律，市场经济本质上就是市场决定资源配置的经济""在社会主义条件下发展市场经济，是我们党的一个伟大创举。我国经济发展获得巨大成功的一个关键因素，就是我们既发挥了市场经济的长处，又发挥了社会主义制度的优越性"②，新时代新征程推动高质量发展，必须坚持和完善社会主义基本经济制度，毫不动摇巩固和发展公有制经济，毫不动摇鼓励、支持、引导非公有制经济发展，特别是要加快构建高水平社会主义市场经济体制，充分发挥市场在资源配置中的决定性作用和更好发挥政府作用，并积极探索公有制经济和非公有制经济、按劳分配和其他分配方式在社会主义市场经济条件下的有效实现形式。

五、高质量发展的实践路径与战略支撑

党的二十大报告指出，"从现在起，中国共产党的中心任务就是团结带领

---

① 《中共中央关于坚持和完善中国特色社会主义制度 推进国家治理体系和治理能力现代化若干重大问题的决定》，人民出版社 2019 年，第 18 页。

② 习近平：《论把握新发展阶段、贯彻新发展理念、构建新发展格局》，中央文献出版社 2021 年，第 26、64 页。

全国各族人民全面建成社会主义现代化强国、实现第二个百年奋斗目标,以中国式现代化全面推进中华民族伟大复兴",并强调"高质量发展是全面建设社会主义现代化国家的首要任务""教育、科技、人才是全面建设社会主义现代化国家的基础性、战略性支撑"①,我们必须结合新时代我国社会主要矛盾变化和新征程全面建成社会主义现代化强国的中心任务,探讨新时代新征程推动高质量发展的实践路径和战略支撑。

(一)新时代新征程推动高质量发展的实践路径

新时代新征程推动高质量发展,一方面要紧紧围绕新时代我国社会主要矛盾变化和新征程全面建成社会主义现代化强国的中心任务,坚持以改革创新为根本动力,以深化供给侧结构性改革为主线,加快构建高水平社会主义市场经济体制、加快建设现代化经济体系,推动我国经济发展的质量变革、效率变革和动力变革;另一方面要紧紧围绕我国社会主要矛盾变化特别是不平衡不充分的发展这一我国社会主要矛盾的主要方面,深入实施乡村振兴战略、区域协调发展战略,有效缩小城乡区域发展差距,不断提高发展的平衡性、协调性和包容性,着力解决好不平衡不充分的发展问题。

其一,坚持以深化供给侧结构性改革为主线,特别是要把扩大内需战略同深化供给侧结构性改革有机结合起来,进一步增强消费对经济发展的基础性作用和投资对优化供给结构的关键性作用,不断提高供给结构对需求变化的适应性,以更好地满足人民日益增长的美好生活需要。社会主义的生产目的是满足人民需要,"供给侧结构性改革的根本,是使我国供给能力更好满足广大人民日益增长、不断升级和个性化的物质文化和生态环境需要,从而实现社会主义生产目的"②。正是在这个意义上,习近平总书记明确指出,"供给侧结构性改革,重点是解放和发展社会生产力,用改革的办法推进结构调

---

① 习近平:《高举中国特色社会主义伟大旗帜 为全面建设社会主义现代化国家而团结奋斗》,人民出版社2022年,第21、28、33页。

② 习近平:《在省部级主要领导干部学习贯彻党的十八届五中全会精神专题研讨班上的讲话》,人民出版社2016年,第30页。

整，减少无效和低端供给，扩大有效和中高端供给，增强供给结构对需求变化的适应性和灵活性"①。对此，习近平总书记进一步强调说，"供给侧结构性改革，说到底最终目的是满足需求，主攻方向是提高供给质量，根本途径是深化改革"，而所谓"根本途径是深化改革，就是要完善市场在资源配置中起决定性作用的体制机制"②，加快构建高水平社会主义市场经济体制。

其二，构建高水平社会主义市场经济体制，加快建设现代化经济体系。习近平总书记指出，"经济发展就是要提高资源尤其是稀缺资源的配置效率，以尽可能少的资源投入生产尽可能多的产品、获得尽可能大的效益。理论和实践都证明，市场配置资源是最有效率的形式"③，新时代新征程推动高质量发展必须充分发挥市场配置资源这一最有效率的形式，加快构建高水平社会主义市场经济体制，特别是要"构建全国统一大市场，深化要素市场化改革，建设高标准市场体系。完善产权保护、市场准入、公平竞争、社会信用等市场经济基础制度"④。与此同时，习近平总书记明确指出，"建设现代化经济体系是我国发展的战略目标，也是转变经济发展方式、优化经济结构、转换经济增长动力的迫切要求"⑤，新时代新征程推动高质量发展，必须按照"创新引领、协同发展的产业体系""统一开放、竞争有序的市场体系""体现效率、促进公平的收入分配体系""彰显优势、协调联动的城乡区域发展体系""资源节约、环境友好的绿色发展体系""多元平衡、安全高效的全面开放体系"的要求⑥，加快建设现代化经济体系。

---

① 习近平：《在省部级主要领导干部学习贯彻党的十八届五中全会精神专题研讨班上的讲话》，人民出版社2016年，第29页。

② 习近平：《论把握新发展阶段、贯彻新发展理念、构建新发展格局》，中央文献出版社2021年，第137页。

③ 习近平：《论把握新发展阶段、贯彻新发展理念、构建新发展格局》，中央文献出版社2021年，第26页。

④ 习近平：《高举中国特色社会主义伟大旗帜 为全面建设社会主义现代化国家而团结奋斗》，人民出版社2022年，第29页。

⑤ 习近平：《论把握新发展阶段、贯彻新发展理念、构建新发展格局》，中央文献出版社2021年，第237页。

⑥ 习近平：《论把握新发展阶段、贯彻新发展理念、构建新发展格局》，中央文献出版社2021年，第238页。

其三，全面实施乡村振兴战略，深入实施区域协调发展战略，着力推进城乡融合和区域协调发展。不平衡不充分的发展是新时代我国社会主要矛盾的主要方面和满足人民日益增长的美好生活需要的主要制约因素，而我国发展的最大的不平衡是城乡发展的不平衡，最大的不充分是农村发展的不充分。党的十九大紧扣我国社会主要矛盾变化，作出了实施乡村振兴战略和区域协调发展战略的战略部署，党的二十大对新时代十年历史性变革进行了系统总结、对新征程我国发展的目标任务进行了战略谋划，明确指出目前我国"发展不平衡不充分问题仍然突出""城乡区域发展和收入分配差距仍然较大""全面建设社会主义现代化国家，最艰巨最繁重的任务仍然在农村"[①]。在全面建设社会主义现代化国家新征程上，一方面，我们必须按照产业兴旺、生态宜居、乡风文明、治理有效、生活富裕的总要求，全面实施乡村振兴战略，着力推进城乡融合发展；另一方面，充分发挥各地区比较优势，深入实施区域协调发展战略，促进区域协调发展和各类要素的合理流动、高效集聚，着力以城乡融合和区域协调发展推动高质量发展。

（二）新时代新征程推动高质量发展的战略支撑

习近平总书记指出："战略问题是一个政党、一个国家的根本性问题。"[②]党的十九大明确提出，新时代要"紧扣我国社会主要矛盾变化，统筹推进经济建设、政治建设、文化建设、社会建设、生态文明建设，坚定实施科教兴国战略、人才强国战略、创新驱动发展战略、乡村振兴战略、区域协调发展战略、可持续发展战略、军民融合发展战略"[③]。党的二十大对新时代新征程如何全面建设社会主义现代化国家进行了战略谋划并进一步深化了对高质量发展及其战略支撑的理论认识，特别是把推动高质量发展作为全面建设社会

---

① 习近平：《高举中国特色社会主义伟大旗帜 为全面建设社会主义现代化国家而团结奋斗》，人民出版社 2022 年，第 14 页、第 30~31 页。
② 习近平：《更好把握和运用党的百年奋斗历史经验》，《求是》2022 年第 13 期。
③ 习近平：《决胜全面建成小康社会 夺取新时代中国特色社会主义伟大胜利》，人民出版社 2017 年，第 27 页。

主义现代化国家的首要任务、把乡村振兴战略和区域协调发展战略作为推动高质量发展的重要组成部分，而把教育、科技和人才视为全面建设社会主义现代化国家的基础性、战略性支撑，这意味着我们已经在理论和实践的结合上把与教育、科技和人才直接相关的科教兴国战略、人才强国战略和创新驱动发展战略视为新时代新征程推动高质量发展的战略支撑，无疑进一步深化了我们对社会主义建设规律的理论认识。正是在这个意义上，党的二十大报告指出，新时代新征程"必须坚持科技是第一生产力、人才是第一资源、创新是第一动力，深入实施科教兴国战略、人才强国战略、创新驱动发展战略，开辟发展新领域新赛道，不断塑造发展新动能新优势"[1]，并以此为推动高质量发展提供坚实的战略支撑。

与此同时，正如习近平总书记强调的，"只有加快构建新发展格局，才能夯实我国经济发展的根基、增强发展的安全性稳定性，才能在各种可以预见和难以预见的狂风暴雨、惊涛骇浪中增强我国的生存力、竞争力、发展力、持续力，确保中华民族伟大复兴进程不被迟滞甚至中断"[2]，加快构建以国内大循环为主体、国内国际双循环相互促进的新发展格局，是以习近平同志为核心的党中央根据我国发展阶段、环境和条件变化，在深刻认识我国社会主要矛盾发展变化带来的新特征新要求、深刻认识错综复杂的国际环境带来的新矛盾新挑战的基础上，统筹国内和国际两个大局、发展和安全两件大事，为牢牢把握未来发展主动权而作出的战略部署。2023年3月5日，习近平总书记在参加十四届全国人大一次会议江苏代表团审议时强调，"高质量发展是全面建设社会主义现代化国家的首要任务""加快构建新发展格局，是推动高质量发展的战略基点"[3]。新时代新征程推动高质量发展，必须以加快构建新发展格局为战略基点，"坚持社会主义市场经济改革方向，坚持高水平对外开放，加快构建以国内大循环为主体、国内国际双循环相互促进的新发展格

---

[1] 习近平：《高举中国特色社会主义伟大旗帜 为全面建设社会主义现代化国家而团结奋斗》，人民出版社2022年，第33页。
[2] 习近平：《加快构建新发展格局 把握未来发展主动权》，《求是》，2023年第8期。
[3] 《牢牢把握高质量发展这个首要任务》，《人民日报》2023年3月6日第1版。

局"①,并以此实现更高质量、更有效率、更加公平、更可持续、更为安全的发展。

六、结　语

《中共中央关于党的百年奋斗重大成就和历史经验的决议》指出:"今天,我们比历史上任何时期都更接近、更有信心和能力实现中华民族伟大复兴的目标。同时,全党必须清醒认识到,中华民族伟大复兴绝不是轻轻松松、敲锣打鼓就能实现的,前进道路上仍然存在可以预料和难以预料的各种风险挑战;必须清醒认识到,我国仍处于并将长期处于社会主义初级阶段,我国仍然是世界最大的发展中国家,社会主要矛盾是人民日益增长的美好生活需要和不平衡不充分的发展之间的矛盾。"②目前,我国已经迈上了全面建设社会主义现代化国家、全面推进中华民族伟大复兴的新时代新征程,适应新时代我国社会主要矛盾变化要求的高质量发展是新征程全面建设社会主义现代化国家的首要任务,我们必须紧扣新时代我国社会主要矛盾变化特别是不平衡不充分的发展这一我国社会主要矛盾的主要方面来深刻理解和准确把握高质量发展的理论逻辑,并依据高质量发展的理论逻辑,坚持"以深化供给侧结构性改革为主线,以改革创新为根本动力,以满足人民日益增长的美好生活需要为根本目的,统筹发展和安全,加快建设现代化经济体系,加快构建以国内大循环为主体、国内国际双循环相互促进的新发展格局"③,不断"提升产业链供应链韧性和安全水平,着力推进城乡融合和区域协调发展,

---

① 习近平:《高举中国特色社会主义伟大旗帜　为全面建设社会主义现代化国家而团结奋斗》,人民出版社 2022 年,第 28 页。
② 《中共中央关于党的百年奋斗重大成就和历史经验的决议》,人民出版社 2021 年,第 72 页。
③ 《中共中央关于制定国民经济和社会发展第十四个五年规划和二〇三五年远景目标的建议》,人民出版社 2020 年,第 6 页。

推动经济实现质的有效提升和量的合理增长"①，为新时代新征程全面建设社会主义现代化国家提供更为充分的制度保证、更为坚实的物质基础。

（作者胡怀国，原题目为《高质量发展的政治经济学解析》，发表于《山西师大学报（社会科学版）》2023年第6期，第44~53页。）

---

① 习近平：《高举中国特色社会主义伟大旗帜 为全面建设社会主义现代化国家而团结奋斗》，人民出版社2022年，第28~29页。

第五章
以高质量发展推进中国式现代化

摘要：高质量发展是适应新时代我国社会主要矛盾变化的必然要求，是新征程全面建设社会主义现代化国家的首要任务。本文试图结合新时代我国社会主要矛盾变化和新征程全面建设社会主义现代化国家的中心任务，探讨新时代新征程以高质量发展推进中国式现代化的理论逻辑和实践路径。本文认为，中国式现代化是社会主义性质和方向的现代化，解放和发展生产力是社会主义的根本任务；在全面建设社会主义现代化国家、以中国式现代化全面推进中华民族伟大复兴的新时代新征程上，必须根据解放和发展生产力的根本任务并适应我国社会主要矛盾变化的要求，坚持和完善社会主义基本经济制度，全面贯彻新发展理念，加快构建新发展格局、着力推动高质量发展。

关键词：高质量发展　中国式现代化　社会主要矛盾

党的二十大报告指出："从现在起，中国共产党的中心任务就是团结带领全国各族人民全面建成社会主义现代化强国、实现第二个百年奋斗目标，以中国式现代化全面推进中华民族伟大复兴。"[①] 高质量发展不仅是适应我国社会主要矛盾变化的必然要求和新时代我国经济发展的鲜明主题，而且是中国式现代化的本质要求和新征程全面建设社会主义现代化国家的首要任务。本文试图结合新时代我国社会主要矛盾的变化和新征程全面建成社会主义现

---

① 习近平：《高举中国特色社会主义伟大旗帜　为全面建设社会主义现代化国家而团结奋斗》，人民出版社2022年，第21页。

代化强国的中心任务，探讨新时代新征程以高质量发展推进中国式现代化的理论逻辑和实践路径。

一、引　言

至少就主要经济体而言，人类社会曾长期处于传统农业社会，人们的生产生活主要是为了满足生存需要，整个社会带有明显的等级化特征、人身性依附和地域性限制，并往往受困于"马尔萨斯陷阱"而陷入某种治乱循环或相对停滞。对此，宏观经济学奠基者凯恩斯曾总结说："从公元前2000年开始，到18世纪初期，生活在世界各个文明中心的人们的生活水平，并没有发生多大的变化。当然中间是时有起伏的。瘟疫、饥荒、战争等天灾人祸时有发生，其间还有若干短暂的繁荣时期，但总的来看，不存在渐进或激进的变化。一直到公元1700年为止的4000年间，某些时期的生活水平也许比别的时期要高上50%，但不会超过100%。"①在这种情况下，如何突破人类发展的人身性依附和地域性限制以提高社会活力，如何促进普遍勤劳和资本积累以推动经济发展，就成为任何一个大的农业社会突破"马尔萨斯陷阱"、开启现代化进程的基本问题。在人类社会的发展历史上，1453年君士坦丁堡的陷落率先打破了欧洲社会的中世纪沉寂，引发了欧洲特别是西欧社会的一系列连锁反应，并在其相对漫长的历史演进过程中，经由英国工业革命开辟了一种西方式现代化路径。

西方式现代化极大地促进了经济发展和物质财富的积累，但无法从根本上解决经济发展与人的发展之间的内在冲突。马克思在对早期西方式现代化及其理论回应进行批判性反思的基础上实现了理论超越，为人类社会开辟一种以经济发展推动人的发展的现代化路径提供了理论可能，同时也为我国成功开启和推进社会主义性质和方向的中国式现代化提供了根本指导。习近平总书记指出："世界上既不存在定于一尊的现代化模式，也不存在放之四海

---

① 凯恩斯：《凯恩斯文集·预言与劝说》，江苏人民出版社1998年，第353页。

而皆准的现代化标准。"① 中国式现代化是社会主义性质和方向的现代化,是以马克思主义为根本指导的现代化,同时也是我国在社会主义发展进程中不断推进马克思主义中国化时代化的历史过程。事实上,正是在不断推进马克思主义中国化时代化的过程中,"我们党领导人民不仅创造了世所罕见的经济快速发展和社会长期稳定两大奇迹,而且成功走出了中国式现代化道路,创造了人类文明新形态。这些前无古人的创举,破解了人类社会发展的诸多难题,摒弃了西方以资本为中心的现代化、两极分化的现代化、物质主义膨胀的现代化、对外扩张掠夺的现代化老路,拓展了发展中国家走向现代化的途径,为人类对更好社会制度的探索提供了中国方案"②。

特别是改革开放以来,我国成功开辟了中国特色社会主义道路,创造性地提出了社会主义初级阶段理论,"实现了从生产力相对落后的状况到经济总量跃居世界第二的历史性突破,实现了人民生活从温饱不足到总体小康、奔向全面小康的历史性跨越,推进了中华民族从站起来到富起来的伟大飞跃"③,为中国式现代化提供了充满新的活力的体制保证和快速发展的物质条件。党的十八大以来,"经过长期努力,中国特色社会主义进入了新时代,这是我国发展新的历史方位"④,其基本依据是新中国成立特别是改革开放以来我国创造的经济快速发展奇迹和社会长期稳定奇迹,极大地提高了社会生产力水平并引起我国社会主要矛盾发生了转化,不平衡不充分的发展已经成为满足人民日益增长的美好生活需要的主要制约因素。从某种程度上讲,正是紧紧围绕新时代我国社会主要矛盾变化和我国发展新的历史方位,党的十八大以来我们"采取一系列战略性举措,推进一系列变革性实践,实现一系列突破性进展,取得一系列标志性成果,经受住了来自政治、经济、意识形态、自然界等方面的风险挑战考验,党和国家事业取得历史性成就、发生历

---

① 《习近平谈治国理政》第 4 卷,外文出版社 2022 年,第 123~124 页。
② 《习近平著作选读》第 2 卷,人民出版社 2023 年,第 553 页。
③ 《中共中央关于党的百年奋斗重大成就和历史经验的决议》,人民出版社 2021 年,第 22 页。
④ 习近平:《决胜全面建成小康社会 夺取新时代中国特色社会主义伟大胜利》,人民出版社 2017 年,第 10 页。

史性变革，推动我国迈上全面建设社会主义现代化国家新征程"①。

在这一过程中，党的十九大紧扣我国社会主要矛盾变化，系统回答了新时代坚持和发展什么样的中国特色社会主义、怎样坚持和发展中国特色社会主义等重大时代课题，不仅明确了分两个阶段到2035年基本实现社会主义现代化、到21世纪中叶全面建成社会主义现代化国家的战略安排，而且作出了"我国经济已由高速增长阶段转向高质量发展阶段"②的重大论断。在我国迈上全面建设社会主义现代化国家新征程、向第二个百年奋斗目标进军的关键时刻，党的二十大对新时代十年伟大变革进行了系统总结、对全面建设社会主义现代化国家新征程各领域各方面工作作出了战略部署，不仅全面阐述了中国式现代化的中国特色、本质要求和重大原则，而且明确指出"高质量发展是全面建设社会主义现代化国家的首要任务"③。正如党的二十大报告强调的，"没有坚实的物质技术基础，就不可能全面建成社会主义现代化强国"④，高质量发展不仅是适应我国社会主要矛盾变化的必然要求和新时代我国经济发展的鲜明主题，而且是中国式现代化的本质要求和新征程全面建设社会主义现代化国家的首要任务，有必要结合新时代我国社会主要矛盾变化和新征程全面建设社会主义国家的中心任务，探讨新时代新征程以高质量发展推进中国式现代化的理论逻辑和实践路径。

二、高质量发展是适应新时代我国社会主要矛盾变化的必然要求

马克思主义认为："物质生产力是全部社会生活的物质前提，同生产力

---

① 习近平：《高举中国特色社会主义伟大旗帜 为全面建设社会主义现代化国家而团结奋斗》，人民出版社2022年，第6页。

② 习近平：《决胜全面建成小康社会 夺取新时代中国特色社会主义伟大胜利》，人民出版社2017年，第30页。

③④ 习近平：《高举中国特色社会主义伟大旗帜 为全面建设社会主义现代化国家而团结奋斗》，人民出版社2022年，第28页。

发展一定阶段相适应的生产关系的总和构成社会经济基础。生产力是推动社会进步的最活跃、最革命的要素，生产力发展是衡量社会发展的带有根本性的标准。"① 从某种程度上讲，正是在马克思主义的指导下，正是在不断推进马克思主义中国化时代化的历史过程中，"新中国成立以来特别是改革开放以来，在不到 70 年的时间内，我们党带领人民坚定不移解放和发展社会生产力，走完了西方几百年的发展历程，推动我国快速成为世界第二大经济体"②，创造了经济快速发展奇迹和社会长期稳定奇迹，并推动我国社会主要矛盾发生了转化，中国特色社会主义进入了新时代。党的十九大紧扣新时代我国社会主要矛盾变化，对我国经济发展的阶段性特征作出了新的重大论断，指出"我国经济已由高速增长阶段转向高质量发展阶段，正处在转变发展方式、优化经济结构、转换增长动力的攻关期，建设现代化经济体系是跨越关口的迫切要求和我国发展的战略目标。必须坚持质量第一、效益优先，以供给侧结构性改革为主线，推动经济发展质量变革、效率变革、动力变革"③。高质量发展是根据我国发展阶段、环境和条件变化作出的重大论断，是我国在社会主义发展过程中不断推进马克思主义中国化时代化的重大创新成果，它不仅是适应新时代我国社会主要矛盾变化的必然要求，而且是新征程全面建设社会主义现代化国家的首要任务，具有深刻的历史逻辑、理论逻辑和实践逻辑。

首先，高质量发展是根据我国发展阶段、环境和条件变化作出的重大论断，是新时代以来我们党在适应新形势、解决新问题、应对新挑战的过程中不断深化认识而取得的创新性成果。党的十八大以来，以习近平同志为核心的党中央依据我国经济发展面临的新形势新问题新挑战，作出了我国经济发展正处于增长速度换挡期、结构调整阵痛期、前期刺激政策消化期"三期叠加"阶段的重要判断，并在此基础上作出了我国经济发展进入了以速度变

---

① 习近平：《坚持历史唯物主义不断开辟当代中国马克思主义发展新境界》，《求是》2020 年第 2 期。
② 习近平：《在纪念马克思诞辰 200 周年大会上的讲话》，人民出版社 2018 年，第 18 页。
③ 习近平：《决胜全面建成小康社会 夺取新时代中国特色社会主义伟大胜利》，人民出版社 2017 年，第 30 页。

化、结构优化、动力转换为特点的新常态的重大判断,指出"新常态下,我国经济发展的主要特点是:增长速度要从高速转向中高速,发展方式要从规模速度型转向质量效率型,经济结构调整要从增量扩能为主转向调整存量、做优增量并举,发展动力要从主要依靠资源和低成本劳动力等要素投入转向创新驱动。"① 正是基于对我国经济发展的阶段性特征和趋势性变化的准确把握,我们党在新时代经济发展实践中不断深化对我国经济发展阶段和经济发展规律的理论认识,并在党的十九大报告中依据我国社会主要矛盾变化,作出了我国经济已由高速增长阶段转向高质量发展阶段的重大论断。这是事关我国社会主义现代化建设全局的重大论断,同时也为我们准确把握新时代我国经济发展的阶段性特征并深化我们对经济发展规律特别是社会主义经济建设规律的认识提供了根本遵循。

其次,高质量发展是适应新时代我国社会主要矛盾变化的必然要求,是解决不平衡不充分发展问题、更好满足人民日益增长的美好生活需要的根本途径。党的十八大以来,随着我国经济社会快速发展和人民生活水平不断提高,一方面,人民美好生活需要日益广泛,如"期盼有更好的教育、更稳定的工作、更满意的收入、更可靠的社会保障、更高水平的医疗卫生服务、更舒适的居住条件、更优美的环境"② 等,更多依赖要素投入和投资驱动的粗放型发展方式,不仅面临着日益增加的资源环境压力,而且难以有效满足人民日益增长的美好生活需要;另一方面,尽管我国社会生产力水平总体上显著提高,但发展的不平衡不充分仍然十分突出,我国发展不仅面临着劳动力成本上升、资源环境压力增大等一系列新的约束,而且低成本资源和要素投入形成的驱动力明显减弱,创新引领和驱动发展已经成为我国发展的迫切要求。社会主义的生产目的是满足人民需要,新时代我国社会主要矛盾变化意味着不平衡不充分的发展已经成为满足人民日益增长的美好生活需要的主要制约因素。习近平总书记强调指出:"不平衡不充分的发展就是发展质量不

---

① 习近平:《在省部级主要领导干部学习贯彻党的十八届五中全会精神专题研讨班上的讲话》,人民出版社2016年,第2页。
② 《习近平关于社会主义经济建设论述摘编》,中央文献出版社2017年,第19页。

高的表现。解决我国社会的主要矛盾，必须推动高质量发展。"①我国社会主要矛盾变化是关系全局的历史性变化，高质量发展是适应新时代我国社会主要矛盾变化的必然要求，新时代新征程必须坚持以推动高质量发展为主题，把实施扩大内需战略同深化供给侧结构性改革有机结合起来，不断增强供给体系对国内需求的适配性，以更好地满足人民多样化、个性化和不断升级的美好生活需要。

最后，高质量发展是遵循经济规律发展的必然要求和中国式现代化的本质要求，某种程度上反映了现代化进程中经济发展必须实现从"量的积累"转向"质的提升"的一般性规律。国际经验表明，至少就大国而言，只有以资本积累为前提的大规模工业化，才能有效突破传统农业社会的"马尔萨斯陷阱"，而只有以人力资本积累和要素升级为前提的产业结构升级和经济结构高端化，才能有效突破"中等收入陷阱"、跻身发达经济体之列。对此，习近平总书记总结说："上世纪六十年代以来，全球一百多个中等收入经济体中只有十几个成功进入高收入经济体。那些取得成功的国家，就是在经历高速增长阶段后实现了经济发展从量的扩张转向质的提高。那些徘徊不前甚至倒退的国家，就是没有实现这种根本性转变。经济发展是一个螺旋式上升的过程，上升不是线性的，量积累到一定阶段，必须转向质的提升，我国经济发展也要遵循这一规律。"②党的二十大报告指出，"中国式现代化，是中国共产党领导的社会主义现代化，既有各国现代化的共同特征，更有基于自己国情的中国特色"③，而经济发展从量的扩张转向质的提高，某种程度上就是各国现代化的一个重要共同特征，同时也是中国式现代化的本质要求。在全面建设社会主义现代化国家、以中国式现代化全面推进中华民族伟大复兴的新时代新征程上，我们必须紧紧围绕我国社会主要矛盾变化，坚持以高质量发展推进中国式现代化。

---

①② 习近平：《论把握新发展阶段、贯彻新发展理念、构建新发展格局》，中央文献出版社2021年，第215页。

③ 习近平：《高举中国特色社会主义伟大旗帜 为全面建设社会主义现代化国家而团结奋斗》，人民出版社2022年，第22页。

三、高质量发展是新征程全面建设社会主义现代化国家的首要任务

目前，我国已经迈上了全面建设社会主义现代化国家、向第二个百年奋斗目标进军的新征程。党的二十大站在全党全国各族人民迈上全面建设社会主义现代化国家新征程的关键时刻，对全面建成社会主义现代化国家、全面推进中华民族伟大复兴作出了全局性谋划和战略性部署，不仅深刻阐述了中国式现代化的中国特色、本质要求和重大原则，而且明确指出高质量发展是全面建设社会主义现代化国家的首要任务。习近平总书记指出："党的二十大对中国式现代化的本质要求作出科学概括。这个概括是党深刻总结我国和世界其他国家现代化建设的历史经验，对我国这样一个东方大国如何加快实现现代化在认识上不断深入、战略上不断完善、实践上不断丰富而形成的思想理论结晶。"[①] 由此也可以看出，我们目前所谈的"中国式现代化"是在深刻总结我国和世界其他国家现代化建设经验的基础上，经过党的十八大以来一系列理论和实践上的创新突破所取得的创新性成果，它既不同于西方国家在现代化进程中形成的"西方式现代化"，也不同于我国在社会主义建设时期形成的"四个现代化"。只有结合我国现代化的历史经验并准确把握"中国式现代化"的时代内涵，我们才能更为深刻地认识以高质量发展推进中国式现代化的理论逻辑和实践路径。

正如党的十九大报告强调的，新中国成立以来，"我们党团结带领人民完成社会主义革命，确立社会主义基本制度，推进社会主义建设，完成了中华民族有史以来最为广泛而深刻的社会变革，为当代中国一切发展进步奠定了根本政治前提和制度基础"[②]，并在这一过程中围绕如何建设一个伟大的社

---

① 习近平：《为实现党的二十大确定的目标任务而团结奋斗》，《求是》2023年第1期。
② 习近平：《决胜全面建成小康社会 夺取新时代中国特色社会主义伟大胜利》，人民出版社2017年，第14页。

会主义国家,逐渐形成了"四个现代化"战略。例如,在1954年9月召开的一届全国人大一次会议上,毛泽东在开幕词中指出,"我们的总任务是:团结全国人民,争取一切国际朋友的支援,为了建设一个伟大的社会主义国家而奋斗,……准备在几个五年计划之内,将我们现在这样一个经济上文化上落后的国家,建设成为一个工业化的具有高度现代文化程度的伟大的国家"[①];周恩来在政府工作报告中进一步指出,"如果我们不建设起强大的现代化的工业、现代化的农业、现代化的交通运输业和现代化的国防,我们就不能摆脱落后和贫困"[②]。1964年12月,周恩来在三届全国人大一次会议上的政府工作报告中进一步强调:"关于今后发展国民经济的主要任务,总的说来,就是要在不太长的历史时期内,把我国建设成为一个具有现代农业、现代工业、现代国防和现代科学技术的社会主义强国,赶上和超过世界先进水平。"[③] 显然,"四个现代化"是结合我国落后农业国的具体国情对马克思主义的重大创新发展,不仅符合以工业化开启现代化进程的大国经济发展规律,而且在一定程度上突破了单纯以工业化论现代化的传统观点,但同时也含有较为明显的赶超思想和冒进倾向,如"几个五年计划之内""不太长的历史时期""赶上和超过世界先进水平"等等。从某种程度上讲,正是这种过于急切的赶超思想和冒进倾向,使得我国在社会主义建设时期取得巨大发展成就的同时,也多次经历了较为严重的曲折。

"改革开放是我们党的一次伟大觉醒,正是这个伟大觉醒孕育了我们党从理论到实践的伟大创造。"[④] 改革开放成功开辟了中国特色社会主义道路,创造性地提出了社会主义初级阶段理论,党的十三大更是明确指出:"我国从五十年代生产资料私有制的社会主义改造基本完成,到社会主义现代化的基本实现,至少需要上百年时间,都属于社会主义初级阶段。这个阶段,既不同于社会主义经济基础尚未奠定的过渡时期,又不同于已经实现社会主义

[①] 《建国以来重要文献选编》第5册,中央文献出版社1993年,第461页。
[②] 《建国以来重要文献选编》第5册,中央文献出版社1993年,第584页。
[③] 《建国以来重要文献选编》第19册,中央文献出版社1998年,第483页。
[④] 习近平:《在庆祝改革开放40周年大会上的讲话》,人民出版社2018年,第4页。

现代化的阶段。"①至少就理论逻辑而言，正是基于社会主义初级阶段理论以及我国正处于并将长期处于社会主义初级阶段的判断，邓小平在"四个现代化"的基础上提出了"中国式的四个现代化""中国式的现代化"等概念，明确指出"四个现代化这个目标是毛主席、周总理在世时确定的。所谓四个现代化，就是要改变中国贫穷落后的面貌，……我们要实现的四个现代化，是中国式的四个现代化"②，并强调"中国式的现代化，就是把标准放低一点。特别是国民生产总值，按人口平均来说不会很高"③。显然，"中国式的四个现代化""中国式的现代化"是对"四个现代化"的继承和发展，特别是根据社会主义初级阶段理论明确了"在初级阶段，为了摆脱贫穷和落后，尤其要把发展生产力作为全部工作的中心。是否有利于发展生产力，应当成为我们考虑一切问题的出发点和检验一切工作的根本标准"④，进而从根本上克服了"四个现代化"概念所隐含的冒进倾向。

党的十八大以来，中国特色社会主义进入了新时代，我国社会主要矛盾发生了转化，发展不平衡不充分问题已经成为满足人民日益增长的美好生活需要的主要制约因素。正是依据新时代我国社会主要矛盾变化和我国发展新的历史方位，党的十九大明确了新时代坚持和发展中国特色社会主义的"总任务是实现社会主义现代化和中华民族伟大复兴，在全面建成小康社会的基础上，分两步走在本世纪中叶建成富强民主文明和谐美丽的社会主义现代化强国"⑤，并作出了分两个阶段到2035年基本实现社会主义现代化、到21世纪中叶全面建成社会主义现代化国家的战略安排。此后，围绕新时代坚持和发展中国特色社会主义的总任务并紧扣我国社会主要矛盾变化，我们"全力推进全面建成小康社会进程，完整、准确、全面贯彻新发展理念，着力推动

---

① 《改革开放三十年重要文献选编》，中央文献出版社2008年，第476页。
② 《邓小平文选》第2卷，人民出版社1994年，第237页。
③ 《邓小平文选》第2卷，人民出版社1994年，第194页。
④ 《改革开放三十年重要文献选编》，中央文献出版社2008年，第476页。
⑤ 习近平：《决胜全面建成小康社会 夺取新时代中国特色社会主义伟大胜利》，人民出版社2017年，第19页。

高质量发展，主动构建新发展格局，蹄疾步稳推进改革"①，党和国家事业取得历史性成就、发生历史性变革，推动我国迈上全面建设社会主义现代化国家新征程。正是在这个意义上，党的二十大报告明确指出："在新中国成立特别是改革开放以来长期探索和实践基础上，经过十八大以来在理论和实践上的创新突破，我们党成功推进和拓展了中国式现代化。"②显然，"中国式现代化"是对"四个现代化""中国式的现代化"的继承发展和创新突破，是新时代以来推进马克思主义中国化时代化的重大创新成果，具有深刻的理论逻辑和丰富的时代内涵。

中国式现代化是社会主义性质和方向的现代化，同时也是社会主义初级阶段的现代化。习近平总书记指出："社会主义初级阶段不是一个静态、一成不变、停滞不前的阶段，也不是一个自发、被动、不用费多大气力自然而然就可以跨过的阶段，而是一个动态、积极有为、始终洋溢着蓬勃生机活力的过程，是一个阶梯式递进、不断发展进步、日益接近质的飞跃的量的积累和发展变化的过程。"③在全面建设社会主义现代化国家、以中国式现代化全面推进中华民族伟大复兴的新征程上，一方面，我国仍处于社会主义初级阶段，这意味着我们的根本任务仍然是解放和发展生产力，"是否有利于发展生产力，应当成为我们考虑一切问题的出发点和检验一切工作的根本标准"④；另一方面，正如毛泽东深刻指出的，"在复杂的事物的发展过程中，有许多的矛盾存在，其中必有一种是主要的矛盾，由于它的存在和发展规定或影响着其他矛盾的存在和发展""事物的性质，主要地是由取得支配地位的矛盾的主要方面所规定的"⑤，新时代我国社会主要矛盾已经转化为人民日益增长的美好生活需要和不平衡不充分的发展之间的矛盾，而"不平衡不充分的发展"

---

① 习近平：《高举中国特色社会主义伟大旗帜 为全面建设社会主义现代化国家而团结奋斗》，人民出版社2022年，第2页。
② 习近平：《高举中国特色社会主义伟大旗帜 为全面建设社会主义现代化国家而团结奋斗》，人民出版社2022年，第22页。
③ 习近平：《把握新发展阶段，贯彻新发展理念，构建新发展格局》，《求是》2021年第9期。
④ 《改革开放三十年重要文献选编》，中央文献出版社2008年，第476页。
⑤ 《毛泽东选集》第1卷，人民出版社1991年，第320、322页。

又是我国社会主要矛盾这一取得支配地位的矛盾的主要方面,它们共同规定了高质量发展是新时代我国经济发展的鲜明主题和新征程全面建设社会主义现代化国家的首要任务,我们必须紧扣新时代我国社会主要矛盾变化,全面贯彻创新、协调、绿色、开放、共享的新发展理念,加快构建以国内大循环为主体、国内国际双循环相互促进的新发展格局,着力以高质量发展推进中国式现代化。

四、新时代新征程以高质量发展推进中国式现代化的实践路径

正如习近平总书记强调的:"改革开放以来,我国经济社会发展取得了举世瞩目的成就,经济总量跃居世界第二,众多主要经济指标名列世界前列。同时,必须清醒地看到,我国经济规模很大、但依然大而不强,我国经济增速很快、但依然快而不优。主要依靠资源等要素投入推动经济增长和规模扩张的粗放型发展方式是不可持续的。现在,世界发达水平人口全部加起来是 10 亿人左右,而我国有 13 亿多人,全部进入现代化,那就意味着世界发达水平人口要翻一番多。不能想象我们能够以现有发达水平人口消耗资源的方式来生产生活,那全球现有资源都给我们也不够用!"[1]中国式现代化是人口规模巨大的现代化,更是社会主义性质和方向的现代化,而"社会主义的本质,是解放生产力,发展生产力,消灭剥削,消除两极分化,最终达到共同富裕"[2]。高质量发展是适应新时代我国社会主要矛盾变化的必然要求和新征程全面建设社会主义现代化国家的首要任务,在全面建设社会主义现代化国家、以中国式现代化全面推进中华民族伟大复兴的新时代新征程上,一方面,社会主义的根本任务是解放和发展生产力,我们必须根据解放和发展生产力的要求不断完善和发展社会主义生产关系及其上层建筑,特别是要坚

---

[1] 《习近平谈治国理政》,外文出版社 2014 年,第 120 页。
[2] 《邓小平文选》第 3 卷,人民出版社 1993 年,第 373 页。

持和完善社会主义基本经济制度、加快构建高水平社会主义市场经济体制；另一方面，我国社会主要矛盾变化是关系全局的历史性变化，我们必须紧扣新时代我国社会主要矛盾变化并根据我国发展阶段、环境和条件变化的要求，完整、准确、全面贯彻新发展理念，加快构建以国内大循环为主体、国内国际双循环相互促进的新发展格局，努力实现更高质量、更有效率、更加公平、更可持续、更为安全的发展。

第一，新时代新征程以高质量发展推进中国式现代化，必须坚持和完善社会主义基本经济制度，特别是要坚持社会主义市场经济改革方向、加快构建高水平社会主义市场经济体制。中国式现代化是社会主义性质和方向的现代化，"公有制为主体、多种所有制经济共同发展，按劳分配为主体、多种分配方式并存，社会主义市场经济体制等社会主义基本经济制度，既体现了社会主义制度优越性，又同我国社会主义初级阶段社会生产力发展水平相适应"[1]，新时代新征程以高质量发展推进中国式现代化，必须毫不动摇巩固和发展公有制经济，毫不动摇鼓励、支持、引导非公有制经济发展，并在坚持以按劳分配为主体以提高社会活力、促进普遍勤劳的同时，健全不同生产要素由市场评价贡献、按贡献决定报酬的体制机制。特别地，"在社会主义条件下发展市场经济，是我们党的一个伟大创举。我国经济发展获得巨大成功的一个关键因素，就是我们既发挥了市场经济的长处，又发挥了社会主义制度的优越性"[2]，我们必须加快构建高水平社会主义市场经济体制，充分发挥市场在资源配置中的决定性作用和更好发挥政府作用，这就要求我们进一步深化要素市场化改革，加快构建全国统一大市场，努力建设高标准市场体系和现代化产业体系，并积极探索公有制经济和非公有制经济、按劳分配和其他分配方式在社会主义市场经济条件下的有效实现形式，进而为新时代新征程全面建设社会主义现代化国家、以中国式现代化全面推进中华民族伟大复兴提供更为坚实的物质基础、更为完善的制度保证。

---

[1] 《中共中央关于坚持和完善中国特色社会主义制度 推进国家治理体系和治理能力现代化若干重大问题的决定》，人民出版社 2019 年，第 18 页。

[2] 习近平：《不断开拓当代中国马克思主义政治经济学新境界》，《求是》2020 年第 16 期。

第二，新时代新征程以高质量发展推进中国式现代化，必须紧扣我国社会主要矛盾变化，全面贯彻新发展理念，加快构建新发展格局。党的十九大报告指出："我国社会主要矛盾的变化是关系全局的历史性变化，对党和国家工作提出了许多新要求。我们要在继续推动发展的基础上，着力解决好发展不平衡不充分问题，大力提升发展质量和效益，更好满足人民在经济、政治、文化、社会、生态等方面日益增长的需要，更好推动人的全面发展、社会全面进步。"①社会主义的生产目的是满足人民需要，新时代我国社会主要矛盾变化意味着不平衡不充分的发展已经成为满足人民日益增长的美好生活需要的主要制约因素。在全面建设社会主义现代化国家的新征程上，新发展理念是我国现代化建设的指导原则，高质量发展是全面建设社会主义现代化国家的首要任务，而新发展格局不仅是我国经济现代化的路径选择，而且也是现代化进程中统筹中华民族伟大复兴战略全局和世界百年未有之大变局、牢牢把握发展主动权的战略选择，它们都是适应新时代我国社会主要矛盾变化的必然要求。特别地，正如习近平总书记强调的，"党的十八大以来我们对经济社会发展提出了许多重大理论和理念，其中新发展理念是最重要、最主要的"②，新发展理念系统回答了新时代我国发展的目的、动力、方式、路径等一系列理论和实践问题，不仅是适应新时代我国社会主要矛盾变化的必然要求，而且也是新征程全面建设社会主义现代化国家的指导原则。正是在这个意义上，习近平总书记明确指出："高质量发展，就是能够很好满足人民日益增长的美好生活需要的发展，是体现新发展理念的发展，是创新成为第一动力、协调成为内生特点、绿色成为普遍形态、开放成为必由之路、共享成为根本目的的发展。"③

第三，新时代新征程以高质量发展推进中国式现代化，必须紧紧围绕"不平衡不充分的发展"这一新时代我国社会主要矛盾的主要方面，深入实

---

① 习近平：《决胜全面建成小康社会 夺取新时代中国特色社会主义伟大胜利》，人民出版社2017年，第11~12页。

② 习近平：《把握新发展阶段，贯彻新发展理念，构建新发展格局》，《求是》2021年第9期。

③ 习近平：《论把握新发展阶段、贯彻新发展理念、构建新发展格局》，中央文献出版社2021年，第215页。

施科教兴国战略、人才强国战略、创新驱动发展战略、乡村振兴战略和区域协调发展战略，推动我国经济实现质的有效提升和量的合理增长。中国式现代化是一个有着丰富时代内涵的复杂现实运动，它不仅是经济现代化、政治现代化、文化现代化、社会现代化和生态文明现代化的有机统一，而且也是人口规模巨大的现代化、全体人民共同富裕的现代化、物质文明和精神文明相协调的现代化、人与自然和谐共生的现代化、走和平发展道路的现代化。按照马克思主义唯物辩证法，复杂事物的性质主要是由主要矛盾的主要方面规定的，而"不平衡不充分的发展"正是新时代我国社会主要矛盾的主要方面。至少从理论逻辑上讲，正是根据新时代我国社会主要矛盾变化和"不平衡不充分的发展"这一主要矛盾的主要方面，党的十九大明确提出新时代要"紧扣我国社会主要矛盾变化，统筹推进经济建设、政治建设、文化建设、社会建设、生态文明建设，坚定实施科教兴国战略、人才强国战略、创新驱动发展战略、乡村振兴战略、区域协调发展战略"①等七大战略；党的二十大围绕新时代新征程全面建成社会主义现代化强国、以中国式现代化全面推进中华民族伟大复兴的中心任务，不仅明确了"高质量发展是全面建设社会主义现代化国家的首要任务""教育、科技、人才是全面建设社会主义现代化国家的基础性、战略性支撑"，而且对如何以高质量发展推进中国式现代化作出了全面的战略部署，并特别强调新时代新征程"必须坚持科技是第一生产力、人才是第一资源、创新是第一动力，深入实施科教兴国战略、人才强国战略、创新驱动发展战略，开辟发展新领域新赛道，不断塑造发展新动能新优势"②。

五、结　　语

马克思主义认为，"一切社会变迁和政治变革的终极原因，不应当到人

---

① 习近平：《决胜全面建成小康社会　夺取新时代中国特色社会主义伟大胜利》，人民出版社2017年，第27页。

② 习近平：《高举中国特色社会主义伟大旗帜　为全面建设社会主义现代化国家而团结奋斗》，人民出版社2022年，第33页。

们的头脑中，到人们对永恒的真理和正义的日益增进的认识中去寻找，而应当到生产方式和交换方式的变更中去寻找；不应当到有关时代的哲学中去寻找，而应当到有关时代的经济中去寻找"①。中国式现代化是社会主义性质和方向的现代化，是以马克思主义为根本指导的现代化。马克思主义旨在实现每个人自由而全面发展，而高度发达的生产力则是实现每个人自由而全面发展的根本前提，或如马克思强调的，"生产力的巨大增长和高度发展……之所以是绝对必需的实际前提，还因为如果没有这种发展，那就只会有贫穷、极端贫困的普遍化；而在极端贫困的情况下，必须重新开始争取必需品的斗争，全部陈腐污浊的东西又要死灰复燃。"②习近平总书记指出："解放和发展社会生产力，增强社会主义国家的综合国力，是社会主义的本质要求和根本任务。只有牢牢扭住经济建设这个中心，毫不动摇坚持发展是硬道理、发展应该是科学发展和高质量发展的战略思想，推动经济社会持续健康发展，才能全面增强我国经济实力、科技实力、国防实力、综合国力，才能为坚持和发展中国特色社会主义、实现中华民族伟大复兴奠定雄厚物质基础。"③

《中共中央关于党的百年奋斗重大成就和历史经验的决议》指出："今天，我们比历史上任何时期都更接近、更有信心和能力实现中华民族伟大复兴的目标。同时，全党必须清醒认识到，中华民族伟大复兴绝不是轻轻松松、敲锣打鼓就能实现的，前进道路上仍然存在可以预料和难以预料的各种风险挑战；必须清醒认识到，我国仍处于并将长期处于社会主义初级阶段，我国仍然是世界最大的发展中国家，社会主要矛盾是人民日益增长的美好生活需要和不平衡不充分的发展之间的矛盾。"④中国式现代化是社会主义初级阶段的现代化，适应我国社会主要矛盾变化必然要求的高质量发展是全面建设社会主义现代化国家的首要任务。在全面建设社会主义现代化国家、以中国式现代化全面推进中华民族伟大复兴的新时代新征程上，我们必须统筹中华民族伟大复兴战略全局和世界百年未有之大变局，紧扣我国社会主要矛盾

---

① 《马克思恩格斯文集》第9卷，人民出版社2009年，第284页。
② 《马克思恩格斯文集》第1卷，人民出版社2009年，第538页。
③ 习近平：《在庆祝改革开放40周年大会上的讲话》，人民出版社2018年，第28页。
④ 《中共中央关于党的百年奋斗重大成就和历史经验的决议》，人民出版社2021年，第72页。

变化特别是"不平衡不充分的发展"这一主要矛盾的主要方面，完整、准确、全面贯彻新发展理念，加快构建以国内大循环为主体、国内国际双循环相互促进的新发展格局，深入实施科教兴国战略、人才强国战略、创新驱动发展战略、乡村振兴战略和区域协调发展战略，着力以高质量发展为推进中国式现代化提供更为完善的制度保证、更为坚实的物质基础。

（作者胡怀国，原题目为《以高质量发展推进中国式现代化的理论逻辑与实践路径》，发表于《企业经济》2023年第6期，第5~11页，发表时有删减。）

第六章
以新质生产力推动高质量发展

摘要：高质量发展是适应新时代我国社会主要矛盾变化的必然要求和新征程全面建设社会主义现代化国家的首要任务，新质生产力是创新起主导作用的先进生产力，发展新质生产力是推动高质量发展的内在要求和重要着力点。新时代新征程以新质生产力推动高质量发展，必须坚持以改革创新为根本动力，积极培育新型劳动者、新型劳动资料和新型劳动对象并推动其优化组合的跃升，特别是要以科技创新推动产业创新，着力改造提升传统产业、培育壮大新兴产业、布局建设未来产业，使科技创新成果更好更快地转化为现实生产力。

关键词：新质生产力　高质量发展　改革创新

党的二十大报告指出，"从现在起，中国共产党的中心任务就是团结带领全国各族人民全面建成社会主义现代化强国、实现第二个百年奋斗目标，以中国式现代化全面推进中华民族伟大复兴"，并强调"高质量发展是全面建设社会主义现代化国家的首要任务"。[1] 习近平总书记指出："高质量发展需要新的生产力理论来指导，而新质生产力已经在实践中形成并展示出对高质量发展的强劲推动力、支撑力，需要我们从理论上进行总结、概括，用以指导新的发展实践。"[2] 高质量发展是全面建设社会主义现代化国家的首要任务，发展新质生产力是推动高质量发展的内在要求，新时代新征程必须坚持以改

---

[1] 习近平：《高举中国特色社会主义伟大旗帜　为全面建设社会主义现代化国家而团结奋斗》，人民出版社2022年，第21、28页。

[2] 习近平：《发展新质生产力是推动高质量发展的内在要求和重要着力点》，《求是》2024年第11期。

革创新为根本动力,加快发展以科技创新为核心要素的新质生产力,推动我国经济实现质的有效提升和量的合理增长。

一、高质量发展是全面建设社会主义现代化国家的首要任务

党的二十大报告指出:"在新中国成立特别是改革开放以来长期探索和实践基础上,经过十八大以来在理论和实践上的创新突破,我们党成功推进和拓展了中国式现代化。"① 中国式现代化是社会主义性质和方向的现代化,是以马克思主义为根本指导的现代化,同时也是我国在社会主义发展过程中不断推进马克思主义中国化时代化的历史过程。特别是党的十八大以来,以习近平同志为核心的党中央顺应我国社会主要矛盾变化带来的新特征新要求、错综复杂的国际环境变化带来的新矛盾新挑战、新一轮科技革命和产业变革带来的新挑战新机遇,创造性地提出了贯彻新发展理念、构建新发展格局、推动高质量发展、建设现代化经济体系等一系列新理念新思想新战略,不仅推动我国成功迈上了全面建设社会主义现代化国家的新征程,而且实现了马克思主义中国化时代化新的飞跃。站在全面建设社会主义现代化国家新征程的新的历史起点上,我们必须深刻认识到,"当今世界正在经历百年未有之大变局,处在民族复兴关键时期的当代中国正在经历着有史以来最为广泛而深刻的社会变革,正在推进中国式现代化这一人类历史上非常宏大而独特的实践创新",我们必须"认清我国社会发展、人类社会发展的大逻辑大趋势,把握中国式现代化的历史沿革和实践要求,在新一轮科技革命、全球经济发展大格局和我国发展的阶段性特征中深化对推动高质量发展、构建新发展格局的规律性认识"②。

---

① 习近平:《高举中国特色社会主义伟大旗帜 为全面建设社会主义现代化国家而团结奋斗》,人民出版社2022年,第22页。
② 习近平:《开辟马克思主义中国化时代化新境界》,《求是》2023年第20期。

马克思主义认为："物质生产力是全部社会生活的物质前提，同生产力发展一定阶段相适应的生产关系的总和构成社会经济基础。生产力是推动社会进步的最活跃、最革命的要素，生产力发展是衡量社会发展的带有根本性的标准。"①在人类社会的发展历史上，发轫于18世纪中叶的英国工业革命率先开启了西方国家的现代化进程，它极大地提高了社会生产力水平并推动了经济发展和物质财富的积累，但却造成了较为严重的人的不发展：一方面，"资产阶级在它的不到一百年的阶级统治中所创造的生产力，比过去一切世代创造的全部生产力还要多，还要大"②；另一方面，人们"在自己的劳动中不是肯定自己，而是否定自己，不是感到幸福，而是感到不幸，不是自由地发挥自己的体力和智力，而是使自己的肉体受折磨、精神遭摧残"③。马克思认为，人是人的最高本质，人类社会必将在资本主义创造的高度发达的生产力的基础上，经由生产关系变革和生产方式变迁实现人的自由而全面的发展："在那里，每个人的自由发展是一切人的自由发展的条件。"④从某种程度上讲，正是通过对以英国工业革命为典型的西方国家现代化及其理论回应的批判性反思，马克思创立了旨在实现每个人自由而全面发展的马克思主义学说，不仅为人类社会开辟一种以经济发展推动人的发展的现代化路径提供了理论可能，而且为我国在不断推进马克思主义中国化时代化的历史过程中成功开启和推进中国式现代化提供了根本指导。

《中共中央关于党的百年奋斗重大成就和历史经验的决议》指出，"一百年来，党坚持把马克思主义写在自己的旗帜上，不断推进马克思主义中国化时代化，用博大胸怀吸收人类创造的一切优秀文明成果，用马克思主义中国化的科学理论引领伟大实践"，并以此"领导人民成功走出中国式现代化道路，创造了人类文明新形态，拓展了发展中国家走向现代化的途径，给世界上那些既希望加快发展又希望保持自身独立性的国家和民族提供了全新选

---

① 习近平：《坚持历史唯物主义不断开辟当代中国马克思主义发展新境界》，《求是》2020年第2期。
② 《马克思恩格斯文集》第2卷，人民出版社2009年，第36页。
③ 《马克思恩格斯文集》第1卷，人民出版社2009年，第159页。
④ 《马克思恩格斯文集》第2卷，人民出版社2009年，第53页。

择"。① 特别是改革开放以来，我们党坚持把马克思主义基本原理同中国具体实际相结合、同中华优秀传统文化相结合，创造性地提出了社会主义初级阶段理论，明确了社会主义的根本任务是解放和发展生产力，不仅成功开辟了中国特色社会主义道路，而且实现了从生产力相对落后的状况到经济总量跃居世界第二的历史性突破。党的十八大以来，经过长期努力，中国特色社会主义进入新时代，其基本依据是新中国成立特别是改革开放以来我国创造的经济快速发展奇迹和社会长期稳定奇迹，极大地提高了社会生产力水平并引起我国社会主要矛盾发生了转化，不平衡不充分的发展已经成为满足人民日益增长的美好生活需要的主要制约因素。习近平总书记指出："我国社会主要矛盾发生了重大变化，我国经济发展阶段也在发生历史性变化，不平衡不充分的发展就是发展质量不高的表现。解决我国社会的主要矛盾，必须推动高质量发展。"②

党的十九大紧扣我国社会主要矛盾变化，系统回答了新时代坚持和发展什么样的中国特色社会主义、怎样坚持和发展中国特色社会主义等重大时代课题，明确了分两个阶段到21世纪中叶全面建成社会主义现代化国家的战略安排，并作出了"我国经济已由高速增长阶段转向高质量发展阶段，正处在转变发展方式、优化经济结构、转换增长动力的攻关期"③的重大论断。党的二十大站在全面建设社会主义现代化国家、以中国式现代化全面推进中华民族伟大复兴的新的历史起点上，从理论和实践的结合上对新时代新征程如何推进马克思主义中国化时代化、如何推进和拓展中国式现代化等重大时代课题进行了深刻阐述和全面部署，明确提出"没有坚实的物质技术基础，就不可能全面建成社会主义现代化强国"，并强调"高质量发展是全面建设社会主义现代化国家的首要任务"。④ 高质量发展是适应新时代我国社会主要矛盾

---

① 《中共中央关于党的百年奋斗重大成就和历史经验的决议》，人民出版社2021年，第63、64页。
② 《习近平著作选读》第2卷，人民出版社2023年，第67页。
③ 习近平：《决胜全面建成小康社会 夺取新时代中国特色社会主义伟大胜利》，人民出版社2017年，第30页。
④ 习近平：《高举中国特色社会主义伟大旗帜 为全面建设社会主义现代化国家而团结奋斗》，人民出版社2022年，第28页。

变化的必然要求和新征程全面建设社会主义现代化国家的首要任务，"我们必须牢记高质量发展是新时代的硬道理，完整、准确、全面贯彻新发展理念，把加快建设现代化经济体系、推进高水平科技自立自强、加快构建新发展格局、统筹推进深层次改革和高水平开放、统筹高质量发展和高水平安全等战略任务落实到位，完善推动高质量发展的考核评价体系，为推动高质量发展打牢基础"①。

二、发展新质生产力是推动高质量发展的内在要求

习近平总书记指出，"新时代以来，党中央作出一系列重大决策部署，推动高质量发展成为全党全社会的共识和自觉行动，高质量发展成为主旋律""发展新质生产力是推动高质量发展的内在要求和重要着力点""必须继续做好创新这篇大文章，推动新质生产力加快发展"。② 新质生产力是创新起主导作用的先进生产力，是新时代新征程推动高质量发展这一首要任务的内在要求和重要着力点，是以习近平同志为核心的党中央根据我国发展阶段、环境和条件变化提出来的一个全新概念。2023 年 7 月以来，习近平总书记在四川、黑龙江、浙江、广西等地考察调研时提出，要整合科技创新资源，引领发展战略性新兴产业和未来产业，加快形成新质生产力。2024 年 1 月 31 日，习近平总书记在主持中央政治局就扎实推进高质量发展进行的第十一次集体学习的讲话中对新质生产力进行了系统阐述，指出"新质生产力是创新起主导作用，摆脱传统经济增长方式、生产力发展路径，具有高科技、高效能、高质量特征，符合新发展理念的先进生产力质态。它由技术革命性突破、生产要素创新性配置、产业深度转型升级而催生，以劳动者、劳动资料、劳动对象及其优化组合的跃升为基本内涵，以全要素生产率大幅提升为

---

①② 习近平：《发展新质生产力是推动高质量发展的内在要求和重要着力点》，《求是》2024 年第 11 期。

核心标志，特点是创新，关键在质优，本质是先进生产力"①。习近平总书记首次提出并系统阐述的"新质生产力"，是我们党在推进和拓展中国式现代化进程中不断推进马克思主义中国化时代化的最新成果，我们必须结合马克思主义基本原理并根据我国发展阶段、环境、条件变化，从理论和实践的结合上深刻认识新质生产力的时代内涵以及"以新质生产力推动高质量发展"的理论逻辑。

马克思认为，生产力是劳动者、劳动资料和劳动对象等要素构成的人类改造自然和征服自然的能力，"是为了人类的需要而对自然物的占有，是人和自然之间的物质变换的一般条件，是人类生活的永恒的自然条件"，并强调"各种经济时代的区别，不在于生产什么，而在于怎样生产，用什么劳动资料生产。劳动资料不仅是人类劳动力发展的测量器，而且是劳动借以进行的社会关系的指示器"②。生产力是马克思主义学说的一个核心概念，马克思在创立马克思主义的过程中曾对生产力问题进行过深刻阐述，明确指出"劳动生产力是由多种情况决定的，其中包括：工人的平均熟练程度，科学的发展水平和它在工艺上应用的程度，生产过程的社会结合，生产资料的规模和效能，以及自然条件"③。当然，马克思考察的重点是以英国为典型的早期西方国家现代化，它更多地以资本积累和雇佣劳动为前提、以劳动时间和劳动强度为重点，并通过"资本作为孜孜不倦地追求财富的一般形式的欲望，驱使劳动超过自己自然需要的界限"④的内在机制推动了经济发展却造成了人的不发展，但马克思也深刻预见到了科学水平和技术进步及其在生产上的应用的重要性，指出"随着大工业的发展，现实财富的创造较少地取决于劳动时间和已耗费的劳动量，较多地取决于在劳动时间内所运用的作用物的力量，而这种作用物自身——它们的巨大效率——又和生产它们所花费的直接劳动时间不成比例，而是取决于科学的一般水平和技术进步，或者说取决于这种科

---

① 习近平：《发展新质生产力是推动高质量发展的内在要求和重要着力点》，《求是》2024 年第 11 期。
② 《马克思恩格斯文集》第 5 卷，人民出版社 2009 年，第 215、210 页。
③ 《马克思恩格斯文集》第 5 卷，人民出版社 2009 年，第 53 页。
④ 《马克思恩格斯全集》第 30 卷，人民出版社 1995 年，第 286 页。

学在生产上的应用"①。

中国式现代化是以马克思主义为根本指导的社会主义现代化，我们必须根据我国发展阶段、环境和条件变化，在推进和拓展中国式现代化进程中不断推进马克思主义中国化时代化。特别是党的十八大以来，中国特色社会主义进入新时代，党的十九大对新时代我国社会主要矛盾变化作出了深刻阐述，并强调"我国社会主要矛盾的变化是关系全局的历史性变化，对党和国家工作提出了许多新要求。我们要在继续推动发展的基础上，着力解决好发展不平衡不充分问题，大力提升发展质量和效益，更好满足人民在经济、政治、文化、社会、生态等方面日益增长的需要，更好推动人的全面发展、社会全面进步"②。社会主义的生产目的是满足人民需要，新时代我国社会主要矛盾变化意味着为了更好满足人们日益增长的美好生活，我们必须着力推动高质量发展以更好地解决发展不平衡不充分问题，特别是要以创新为引领发展的第一动力，推动我国经济发展的质量变革、效率变革和动力变革。正是在这个意义上，习近平总书记明确指出，"高质量发展，就是能够很好满足人民日益增长的美好生活需要的发展，是体现新发展理念的发展，是创新成为第一动力、协调成为内生特点、绿色成为普遍形态、开放成为必由之路、共享成为根本目的的发展"③，并强调新时代新征程必须围绕高质量发展这一首要任务，"完整、准确、全面贯彻新发展理念，把新发展理念贯彻到经济社会发展全过程和各领域，抓紧解决不平衡不充分的发展问题，协调推进创新发展、协调发展、绿色发展、开放发展、共享发展，着力提高发展质量和效益"④。

与此同时，正如习近平总书记强调的，"进入 21 世纪以来，全球科技创新进入空前密集活跃的时期，新一轮科技革命和产业变革正在重构全球创新版图、重塑全球经济结构。以人工智能、量子信息、移动通信、物联网、区

---

① 《马克思恩格斯全集》第 31 卷，人民出版社 1998 年，第 100 页。
② 习近平：《决胜全面建成小康社会 夺取新时代中国特色社会主义伟大胜利》，人民出版社2017 年，第 11~12 页。
③ 《习近平著作选读》第 2 卷，人民出版社 2023 年，第 67 页。
④ 习近平：《为实现党的二十大确定的目标任务而团结奋斗》，《求是》2023 年第 1 期。

块链为代表的新一代信息技术加速突破应用,以合成生物学、基因编辑、脑科学、再生医学等为代表的生命科学领域孕育新的变革,融合机器人、数字化、新材料的先进制造技术正在加速推进制造业向智能化、服务化、绿色化转型,以清洁高效可持续为目标的能源技术加速发展将引发全球能源变革,空间和海洋技术正在拓展人类生存发展新疆域""科学技术从来没有像今天这样深刻影响着国家前途命运,从来没有像今天这样深刻影响着人民生活福祉"①。特别是"近年来,互联网、大数据、云计算、人工智能、区块链等技术加速创新,日益融入经济社会发展各领域全过程""数字经济发展速度之快、辐射范围之广、影响程度之深前所未有,正在成为重组全球要素资源、重塑全球经济结构、改变全球竞争格局的关键力量"②。从某种程度上讲,"新质生产力"正是以习近平同志为核心的党中央顺应我国社会主要矛盾变化带来的新特征新要求、新一轮科技革命和产业变革带来的新挑战新机遇,围绕高质量发展这一首要任务并根据我国发展、环境和条件变化提出的一个全新概念,是我们党在推进和拓展中国式现代化进程中不断推进马克思主义中国化时代化的最新成果,同时也是新时代新征程推动高质量发展这一首要任务的内在要求和重要着力点。新时代新征程必须加快发展以科技创新为核心要素的新质生产力,以实现更高质量、更有效率、更加公平、更可持续、更为安全的发展。

三、改革创新是发展新质生产力的根本动力

习近平总书记指出:"党的十八大以来我们对经济社会发展提出了许多重大理论和理念,其中新发展理念是最重要、最主要的。"③党的十八届五中全会系统阐述了创新、协调、绿色、开放、共享的发展理念,并强调"创新

---

① 习近平:《努力成为世界主要科学中心和创新高地》,《求是》2021年第6期。
② 习近平:《不断做强做优做大我国数字经济》,《求是》2022年第2期。
③ 习近平:《把握新发展阶段,贯彻新发展理念,构建新发展格局》,《求是》2021年第9期。

是引领发展的第一动力。必须把创新摆在国家发展全局的核心位置,不断推进理论创新、制度创新、科技创新、文化创新等各方面创新,让创新贯穿党和国家一切工作"①。新发展理念是一个系统的理论体系,回答了关于发展的目的、动力、方式、路径等一系列理论和实践问题;其中,创新发展是摆在第一位的发展理念,是新时代新征程应对发展环境变化、增强发展动力、把握发展主动权的根本之策,"抓住了创新,就抓住了牵动经济社会发展全局的'牛鼻子'"②。党的十九届五中全会对全面建设社会主义现代化国家如何开局起步进行了全面阐述,指出"发展是解决我国一切问题的基础和关键",必须"以推动高质量发展为主题,以深化供给侧结构性改革为主线,以改革创新为根本动力",并"坚持创新在我国现代化建设全局中的核心地位"。③ 新质生产力是创新起主导作用并符合新发展理念的先进生产力质态,改革创新是新时代我国发展的根本动力,同时也是新征程发展新质生产力的根本动力。如果说,把改革视为我国发展的根本动力,更多地反映了生产关系必须适合生产力状况的马克思主义基本原理,是新中国成立特别是改革开放以来我们党不断推进马克思主义中国化时代化的重大创新成果;那么,把创新视为我国发展的根本动力,则更多地反映了新时代我国社会主要矛盾变化对我国生产力发展本身的要求,是我们党在推进和拓展中国式现代化进程中实现的马克思主义中国化时代化的新的飞跃。

具体而言,正如习近平总书记指出的,"改革开放是我们党的一次伟大觉醒,正是这个伟大觉醒孕育了我们党从理论到实践的伟大创造"④。把改革视为我国发展的根本动力,是新中国成立特别是改革开放以来我们党不断推进马克思主义中国化时代化的重大创新成果。马克思在对以英国工业革命为

---

① 《中共中央关于制定国民经济和社会发展第十三个五年规划的建议》,《人民日报》2015年11月4日第1版。

② 习近平:《在省部级主要领导干部学习贯彻党的十八届五中全会精神专题研讨班上的讲话》,人民出版社2016年,第9页。

③ 《中共中央关于制定国民经济和社会发展第十四个五年规划和二〇三五年远景目标的建议》,人民出版社2020年,第8、6、9页。

④ 习近平:《在庆祝改革开放40周年大会上的讲话》,人民出版社2018年,第4页。

典型的早期西方国家现代化及其理论回应进行批判性反思的基础上实现了理论超越,创立了旨在实现每个人自由而全面发展的马克思主义学说,特别是借助于生产力和生产关系之间的矛盾运动,深刻揭示了资本主义生产关系不能适应社会化生产的要求而必然被共产主义(未来社会)所代替的历史必然性。对此,毛泽东深刻地指出,"社会主义革命的目的是为了解放生产力",并认为在社会主义革命完成以后的社会主义建设时期,"我们的根本任务已经由解放生产力变为在新的生产关系下面保护和发展生产力"。① 改革开放以来,我们党在深刻总结我国社会主义建设正反两方面经验的基础上,依据马克思主义基本原理和我国具体实际,更为深刻地认识到"社会主义生产关系的发展并不存在一套固定的模式,我们的任务是要根据我国生产力发展的要求,在每一个阶段上创造出与之相适应和便于继续前进的生产关系的具体形式"②,"这是改革,所以改革也是解放生产力"③。对此,邓小平进一步强调说,"过去,只讲在社会主义条件下发展生产力,没有讲还要通过改革解放生产力,不完全。应该把解放生产力和发展生产力两个讲全了"④。改革是社会主义的自我完善,是为了适应生产力发展的要求而对社会主义生产关系的具体形式进行适应性调整的历史过程,是马克思主义中国化时代化的重大创新成果,同时也是我国发展的根本动力。

与此同时,正如习近平总书记强调的:"纵观人类发展历史,创新始终是推动一个国家、一个民族向前发展的重要力量,也是推动整个人类社会向前发展的重要力量。创新是多方面的,包括理论创新、体制创新、制度创新、人才创新等,但科技创新地位和作用十分显要。"⑤ 马克思明确指出,"劳动生产力是随着科学和技术的不断进步而不断发展的"⑥,"生产力中也包括科学"⑦。邓小平进一步指出:"马克思讲过科学技术是生产力,这是非常正

---

① 《毛泽东文集》第7卷,人民出版社2009年,第1、218页。
② 《改革开放三十年重要文献选编》,中央文献出版社2008年,第213页。
③④ 《邓小平文选》第3卷,人民出版社1993年,第370页。
⑤ 《习近平关于科技创新论述摘编》,中央文献出版社2016年,第4页。
⑥ 《马克思恩格斯文集》第5卷,人民出版社2009年,第698页。
⑦ 《马克思恩格斯全集》第31卷,人民出版社1998年,第94页。

确的，现在看来这样说可能不够，恐怕是第一生产力。"①党的十八大以来，习近平总书记根据我国发展阶段、环境和条件变化，创造性地提出"创新是引领发展的第一动力"，并强调"我们必须把创新作为引领发展的第一动力，把人才作为支撑发展的第一资源，把创新摆在国家发展全局的核心位置"②。从马克思阐述的"科学技术是生产力"到邓小平提出的"科学技术是第一生产力"再到习近平总书记强调的"创新是引领发展的第一动力"，我国在社会主义发展过程中不断推进马克思主义中国化时代化，极大地深化了我们对发展的动力问题的理论认识。改革创新是新时代我国发展的根本动力，同时也是新征程培育和发展新质生产力的根本动力，新时代新征程加快发展新质生产力，一方面要坚持创新在我国现代化建设全局中的核心地位，"坚持科技是第一生产力、人才是第一资源、创新是第一动力，深入实施科教兴国战略、人才强国战略、创新驱动发展战略"③，积极培育新型劳动者、新型劳动资料和新型劳动对象并推动其优化组合的跃升；另一方面要根据生产关系一定要适合生产力状况的马克思主义基本原理，进一步全面深化改革，着力打通束缚新质生产力发展的堵点卡点，加快形成与新质生产力更相适应的新型生产关系。

在这一过程中，我们必须深刻认识到，一方面，科技是第一生产力、创新是引领发展的第一动力，新质生产力本质上是以科技创新为核心要素的先进生产力，新时代新征程发展新质生产力必须"加强科技创新特别是原创性、颠覆性科技创新，加快实现高水平科技自立自强"，特别是要"聚焦国家战略和经济社会发展现实需要，以关键共性技术、前沿引领技术、现代工程技术、颠覆性技术创新为突破口，充分发挥新型举国体制优势，打好关键核心技术攻坚战，使原创性、颠覆性科技创新成果竞相涌现"，不断培育发展新质生产力的新动能；另一方面，只有以科技创新推动产业创新，这种先进生产力才能真正转化为现实生产力，新时代新征程发展新质生产力"要及

---

① 《邓小平文选》第3卷，人民出版社1993年，第275页。
② 《习近平关于科技创新论述摘编》，中央文献出版社2016年，第7、9页。
③ 习近平：《高举中国特色社会主义伟大旗帜 为全面建设社会主义现代化国家而团结奋斗》，人民出版社2022年，第33页。

时将科技创新成果应用到具体产业和产业链上，改造提升传统产业，培育壮大新兴产业，布局建设未来产业，完善现代化产业体系"，使科技创新成果更好更快地转化为现实生产力。① 与此同时，我们必须深刻认识到，按照马克思主义基本原理，生产力和生产关系之间的矛盾运动支配着整个社会的发展进程，我们不能脱离生产关系而孤立地看待生产力问题。对此，毛泽东曾深刻地总结说，"从世界的历史来看，资产阶级工业革命，不是在资产阶级建立自己的国家以前，而是在这以后；资本主义的生产关系的大发展，也不是在上层建筑革命以前，而是在这以后。都是先把上层建筑改变了，生产关系搞好了，上了轨道了，才为生产力的大发展开辟了道路，为物质基础的增强准备了条件。当然，生产关系的革命，是生产力的一定发展所引起的。但是，生产力的大发展，总是在生产关系改变以后"②，新质生产力是由技术革命性突破、生产要素创新性配置、产业深度转型升级而催生的先进生产力，但这种先进生产力的"大发展"则有赖于形成与之更相适应的新型生产关系。正是在这个意义上，我们说，必须把改革创新作为发展新质生产力的根本动力。

四、培育和发展新质生产力需要处理好若干重要关系

目前，我国已经迈上了全面建设社会主义现代化国家、以中国式现代化全面推进中华民族伟大复兴的新时代新征程。中国式现代化是社会主义初级阶段的现代化，同时也是人口规模巨大的现代化，其艰巨性和复杂性前所未有。对此，习近平总书记指出，"人口规模不同，现代化的任务就不同，其艰巨性、复杂性就不同，发展途径和推进方式也必然具有自己的特点""我们想问题、作决策、办事情，首先要考虑人口基数问题，考虑我国城乡区域发展水平差异大等实际，既不能好高骛远，也不能因循守旧，要保持历史耐

---

① 习近平：《发展新质生产力是推动高质量发展的内在要求和重要着力点》，《求是》2024年第11期。
② 《毛泽东文集》第8卷，人民出版社2009年，第131~132页。

心，坚持稳中求进、循序渐进、持续推进"①，新时代新征程培育和发展新质生产力，同样要考虑人口基数问题和城乡区域发展水平差异大等实际。2024年3月5日，习近平总书记在参加十四届全国人大二次会议江苏代表团审议时指出，"要牢牢把握高质量发展这个首要任务，因地制宜发展新质生产力"，并强调"发展新质生产力不是忽视、放弃传统产业，要防止一哄而上、泡沫化，也不要搞一种模式。各地要坚持从实际出发，先立后破、因地制宜"。②培育和发展新质生产力是一个长期的历史过程，既急不得，也等不得，我们必须保持足够的历史耐心，特别是要处理好新质生产力与传统生产力、新质生产力与新型生产关系、自主创新与国际合作等几个重要关系。

首先，培育和发展新质生产力要处理好新质生产力与传统生产力之间的关系。马克思认为，"生产力是人们应用能力的结果，但是这种能力本身决定于人们所处的条件，决定于先前已经获得的生产力"③。新质生产力是由技术革命性突破、生产要素创新性配置、产业深度转型升级而催生的先进生产力，同时也是在传统生产力的基础上培育和发展起来的生产力，新时代新征程以新质生产力推动高质量发展决不是忽视和放弃传统生产力，而必须坚持先立后破、因地制宜，统筹推进传统产业升级、新兴产业壮大和未来产业培育，特别是要以新要素新技术改造提升传统产业，积极促进产业的高端化、智能化、绿色化。习近平总书记指出："纵观世界文明史，人类先后经历了农业革命、工业革命、信息革命。每一次产业技术革命，都给人类生产生活带来巨大而深刻的影响。"④从农业革命、工业革命再到信息革命引发的数字经济时代，人们的生活方式和生产方式发生了巨大变化，同时也引发了社会生产力的巨大跃升，我们必须充分发挥数字技术对经济发展的放大、叠加、倍增作用，推进数字产业化和产业数字化，推动数字经济和实体经济深度融合，大力发展数字经济并赋能传统产业转型升级。

其次，培育和发展新质生产力要处理好新质生产力与新型生产关系之间

---

① 习近平：《中国式现代化是强国建设、民族复兴的康庄大道》，《求是》2023年第16期。
② 《因地制宜发展新质生产力》，《人民日报》2024年3月6日第1版。
③ 《马克思恩格斯文集》第10卷，人民出版社2009年，第43页。
④ 《习近平关于科技创新论述摘编》，中央文献出版社2016年，第86页。

的关系。马克思主义认为,"生产力和生产关系、经济基础和上层建筑相互作用、相互制约,支配着整个社会发展进程""只有把生产力和生产关系的矛盾运动同经济基础和上层建筑的矛盾运动结合起来观察,把社会基本矛盾作为一个整体来观察,才能全面把握整个社会的基本面貌和发展方向"[1]。新时代新征程培育和发展新质生产力,必须进一步全面深化改革,加快形成与新质生产力更相适应的新型生产关系,特别是要加快构建高水平社会主义市场经济体制,充分发挥市场在资源配置中的决定性作用和更好发挥政府作用。与此同时,正如毛泽东指出的,"诚然,生产力、实践、经济基础,一般地表现为主要的决定的作用,谁不承认这一点,谁就不是唯物论者。然而,生产关系、理论、上层建筑这些方面,在一定条件之下,又转过来表现其为主要的决定的作用,这也是必须承认的。当着不变更生产关系,生产力就不能发展的时候,生产关系的变更就起了主要的决定的作用"[2],我们不能把形成适应新质生产力发展要求的新型生产关系视为一种简单的历史被动,而应该更多地把它视为一种促进新质生产力发展的主动过程。

最后,培育和发展新质生产力要处理好自主创新与国际合作之间的关系。按照马克思恩格斯的观察,"某一个地域创造出来的生产力,特别是发明,在往后的发展中是否会失传,完全取决于交往扩展的情况。……只有当交往成为世界交往并且以大工业为基础的时候,只有当一切民族都卷入竞争斗争的时候,保持已创造出来的生产力才有了保障"[3],现代社会的科技创新更是一种全球性现象,同时也是一种国际竞争与国际合作相互交织的过程。对此,习近平总书记深刻地指出,一方面,"任何一个国家都不可能孤立依靠自己力量解决所有创新难题""在全球化、信息化、网络化深入发展的条件下,创新要素更具有开放性、流动性,不能关起门来搞创新。要坚持'引进来'和'走出去'相结合,积极融入全球创新网络,全面提高我国科技创新

---

[1] 习近平:《坚持历史唯物主义不断开辟当代中国马克思主义发展新境界》,《求是》2020 年第 2 期。
[2] 《毛泽东选集》第 1 卷,人民出版社 1991 年,第 325~326 页。
[3] 《马克思恩格斯文集》第 1 卷,人民出版社 2009 年,第 559~560 页。

的国际合作水平"。①另一方面,"真正的核心关键技术是花钱买不来的"②,我们要"紧紧围绕经济竞争力的核心关键、社会发展的瓶颈制约、国家安全的重大挑战,强化事关发展全局的基础研究和共性关键技术研究,全面提高自主创新能力"③,加快实现高水平科技自立自强,"努力实现关键核心技术自主可控,把创新主动权、发展主动权牢牢掌握在自己手中"④。

(作者胡怀国,原题目为《以新质生产力推动高质量发展的政治经济学解析》发表于《亚太经济》2024年第3期,第12~18页,发表时有删减。)

---

① 《习近平关于科技创新论述摘编》,中央文献出版社2016年,第43、49页。
② 《习近平关于科技创新论述摘编》,中央文献出版社2016年,第43页。
③ 习近平:《在省部级主要领导干部学习贯彻党的十八届五中全会精神专题研讨班上的讲话》,人民出版社2016年,第12页。
④ 习近平:《努力成为世界主要科学中心和创新高地》,《求是》2021年第6期。

要素篇

第七章
马克思论资本的文明作用

摘要：中国式现代化是以马克思主义为根本指导的现代化，马克思关于资本的"伟大的文明作用"及其历史使命的经典论述，不仅构成了经济发展与人的发展相互促进的中国式现代化新道路的理论基础，而且也是我们在中国式现代化进程中正确认识和准确把握资本的特性、作用和行为规律的基本出发点。其中，马克思关于"资本的伟大的文明作用"命题，更多地同资本推动经济发展的重要作用有关，而马克思关于"资本的历史使命"命题，则更多地同它服务于人的发展并为人的发展提供物质基础有关。

关键词：马克思　资本　中国式现代化

2021年是中国共产党成立100周年，同时也是我国开启全面建设社会主义现代化国家新征程、向第二个百年奋斗目标进军的开局之年，我国正式进入了全面建设社会主义现代化国家的新发展阶段。2021年12月召开的中央经济工作会议指出，新发展阶段"要正确认识和把握资本的特性和行为规律""发挥资本作为生产要素的积极作用，同时有效控制其消极作用"。[①] 中国式现代化是社会主义性质和方向的现代化，是以马克思主义为根本指导的现代化。站在全面建设社会主义现代化国家新征程的新的历史起点上，有必要重温马克思关于资本的特性、作用和行为规律的深刻阐述，特别是马克思关于资本的"伟大的文明作用"及其历史使命的经典论述，以在新发展阶段

---

① 《中央经济工作会议在北京举行》，《人民日报》2021年12月11日第1版。

更好地认识和把握资本的特性和行为规律、更充分地发挥资本的积极作用并有效控制其消极作用,努力实现更高质量、更有效率、更加公平、更可持续、更为安全的发展。

一、引　言

至少就主要经济体而言,人类社会曾长期处于传统农业社会。这是一个社会生产力水平和经济发展程度相对较低、普通民众的生活更多局限于生存需要并或多或少受困于"马尔萨斯陷阱"的发展阶段,如凯恩斯曾指出,"从公元前2000年开始,到18世纪初期,生活在世界各个文明中心的人们的生活水平,并没有发生多大的变化。当然中间是时有起伏的。瘟疫、饥荒、战争等天灾人祸时有发生,其间还有若干短暂的繁荣时期,但总的来看,不存在渐进或激进的变化。一直到公元1700年为止的4000年间,某些时期的生活水平也许比别的时期要高上50%,但不会超过100%"[①];同时也是人们的生产生活相对封闭、市场交易和社会交往频次相对较低的历史阶段,或如马克思总结的:"小农人数众多,他们的生活条件相同,但是彼此间并没有发生多种多样的关系。他们的生产方式不是使他们互相交往,而是使他们互相隔离。……每一个农户差不多都是自给自足的,都是直接生产自己的大部分消费品,因而他们取得生活资料多半是靠与自然交换,而不是靠与社会交往。"[②]与之不同,现代社会是一种高度开放的社会形态,每一个人至少在理论上拥有相对独立平等的政治法律权利和经济社会地位,进而得以通过普遍地参与高频次的市场交易和社会交往、更多地凭借个体努力改善自身境遇,从而有助于激发人们的积极性、提高社会活力和经济效率,并通过提高社会生产力水平和促进经济发展,为人类社会的一切发展提供必不可少的物质基础。在从传统社会向现代社会转型的过程中,在现代经济部门不断成长和要

---

① 凯恩斯:《凯恩斯文集·预言与劝说》,江苏人民出版社1998年,第353页。
② 《马克思恩格斯文集》第2卷,人民出版社2009年,第566~567页。

素配置持续优化的现代化进程中，资本作为流动性最强、对市场信号最为敏感的生产要素，无疑处于支配性地位并发挥着主导性作用，或如马克思所言："资本作为孜孜不倦地追求财富的一般形式的欲望，驱使劳动超过自己自然需要的界限，来为发展丰富的个性创造出物质要素，……由此可见，资本是生产的，也就是说，是发展社会生产力的重要的关系。"①

正是由于资本在现代化转型和现代化进程中的重要性，马克思在《1857—1858年经济学手稿》中首次提出并详细阐述了资本的"伟大的文明作用"命题："如果说以资本为基础的生产，一方面创造出普遍的产业劳动，即剩余劳动，创造价值的劳动，那么，另一方面也创造出一个普遍利用自然属性和人的属性的体系，创造出一个普遍有用性的体系，甚至科学也同一切物质的和精神的属性一样，表现为这个普遍有用性体系的体现者，而且在这个社会生产和交换的范围之外，再也没有什么东西表现为自在的更高的东西，表现为自为的合理的东西。因此，只有资本才创造出资产阶级社会，并创造出社会成员对自然界和社会联系本身的普遍占有。由此产生了资本的伟大的文明作用；它创造了这样一个社会阶段，与这个社会阶段相比，一切以前的社会阶段都只表现为人类的地方性发展和对自然的崇拜。……资本按照自己的这种趋势，既要克服把自然神化的现象，克服流传下来的、在一定界限内闭关自守地满足于现有需要和重复旧生活方式的状况，又要克服民族界限和民族偏见。资本破坏这一切并使之不断革命化，摧毁一切阻碍发展生产力、扩大需要、使生产多样化、利用和交换自然力量和精神力量的限制。"②也就是说，资本不仅是克服"人类的地方性发展和对自然的崇拜"、推动传统社会转型为现代社会的关键因素，而且是现代化进程中"摧毁一切阻碍发展生产力"的限制、不断促进经济发展的重要力量。正因如此，马克思恩格斯在《共产党宣言》中曾感慨地说："资产阶级在它的不到一百年的阶级统治中所创造的生产力，比过去一切世代创造的全部生产力还要多，还要大。自然力的征服，机器的采用，化学在工业和农业中的应用，轮船的行驶，铁路的通行，

---

① 《马克思恩格斯全集》第30卷，人民出版社1995年，第286页。
② 《马克思恩格斯全集》第30卷，人民出版社1995年，第389~390页。

电报的使用,整个整个大陆的开垦,河川的通航,仿佛用法术从地下呼唤出来的大量人口,——过去哪一个世纪料想到在社会劳动里蕴藏有这样的生产力呢?"①

然而,尽管资本是推动现代化转型的关键因素,是现代化进程中促进经济发展的重要力量,但"资本的合乎目的的活动只能是发财致富,也就是使自身变大或增大"②,它有助于促进经济发展却未必能够推动"人的发展",而"人的发展"才是一切发展的最终目的和归宿。事实上,资本对发财致富的孜孜不倦的追求及其在资源优化配置中的效率优势,在使其成为"发展社会生产力的重要的关系"的同时,也赋予了资本相对于其他生产要素(特别是劳动)的相对优势;如果不对其施加任何限制,那么资本所拥有的效率优势和支配性地位不仅会诱发自身的"野蛮生长"或"无序扩张",进而成为现代经济体系的巨大扰动因素甚至引发严重的经济问题,而且会由于其相对于劳动等生产要素的相对优势而导致劳动异化、社会分化乃至严重的社会问题,从而不仅损害"人的发展"乃至经济发展本身,而且会由于经济发展和"人的发展"的内在冲突,导致整个社会的严重撕裂并使得整个现代化进程功亏一篑。在人类社会的发展历史上,英国工业革命率先开启了西方式现代化进程,同时也在其长期的渐进演进过程中,一方面充分展现了资本在推动经济发展、重构社会秩序等方面的巨大作用,另一方面也充分暴露了其所引发的经济发展与"人的发展"的内在冲突。马克思对以英国工业革命为典型的西方式现代化路径及其理论回应(特别是古典经济学)进行了批判性反思,不仅实现了整体性超越并创立了马克思主义学说,而且从理论上勾勒了一种经济发展与"人的发展"有机统一、相互促进的现代化路径。与此同时,正是基于经济发展与"人的发展"有机统一的整体性视角,马克思在系统阐述资本的"伟大的文明作用"的基础上,进一步提出了"资本的历史使命"命题:"由于资本的无止境的致富欲望及其唯一能实现这种欲望的条件不断地驱使劳动生产力向前发展,而达到这样的程度,以致一方面整个社会

---

① 《马克思恩格斯文集》第2卷,人民出版社2009年,第36页。
② 《马克思恩格斯全集》第30卷,人民出版社1995年,第228页。

只需用较少的劳动时间就能占有并保持普遍财富,另一方面劳动的社会将科学地对待自己的不断发展的再生产过程,对待自己的越来越丰富的再生产过程,从而,人不再从事那种可以让物来替人从事的劳动,——一旦到了那样的时候,资本的历史使命就完成了。"①也就是说,资本的"伟大的文明作用"主要体现为推动现代化转型、促进经济发展和现代化进程,并通过为"人的发展"提供坚实的物质基础和越来越丰富的人的全面性,最终完成其关于实现"人的发展"的历史使命。

党的十九届六中全会通过的《中共中央关于党的百年奋斗重大成就和历史经验的决议》指出,"党的十八大以来,中国特色社会主义进入新时代。党面临的主要任务是,实现第一个百年奋斗目标,开启实现第二个百年奋斗目标新征程",并明确提出新时代新征程坚持和发展中国特色社会主义的"总任务是实现社会主义现代化和中华民族伟大复兴,在全面建成小康社会的基础上,分两步走在本世纪中叶建成富强民主文明和谐美丽的社会主义现代化强国,以中国式现代化推进中华民族伟大复兴"②。在这个过程中,一方面,我们必须充分认识到,中国式现代化是马克思主义基本原理同我国具体实际相结合的产物,我们必须在准确把握马克思主义基本原理的基础上,紧紧围绕全面建设社会主义现代化国家、以中国式现代化推进中华民族伟大复兴的总任务,正确认识和把握资本的特性和行为规律;另一方面,我们必须深刻认识到资本主义和社会主义的本质区别,避免简单地把马克思对自由资本主义情形的分析直接套用到新时代中国特色社会主义情形。特别地,马克思在创立马克思主义政治经济学的过程中,尤其是在《资本论》等经典著述中,为了充分揭示自由资本主义条件下的经济发展所造成的"人的不发展",更多地以资本主义生产关系为研究对象,重点分析商品的价值形态以及资本在其运动过程中表现出来的消极作用;与之不同,新发展阶段"以中国式现代化推进中华民族伟大复兴"则以社会主义生产关系为既定前提,而我国社会主要矛盾决定了"更加突出的问题是发展不平衡不充分,这已经成为满足人

---

① 《马克思恩格斯全集》第30卷,人民出版社1995年,第286页。
② 《中共中央关于党的百年奋斗重大成就和历史经验的决议》,人民出版社2021年,第23、24页。

民日益增长的美好生活需要的主要制约因素"①，这意味着我们必须既重视生产关系又重视生产力，既要研究资本的价值形态又要分析其物质形态，既要看到资本的消极作用又要看到其积极作用。在这个过程中，我们有必要老老实实地研读马克思的经典著述，更为准确地把握马克思关于资本问题的系统阐述，而马克思关于资本的"伟大的文明作用"及其历史使命的经典论述则是很好的切入点。

二、马克思关于资本的"伟大的文明作用"及其历史使命的论述

在《〈政治经济学批判〉序言》中，马克思曾简要回顾了其从事政治经济学研究的过程并总结说："我所得到的，并且一经得到就用于指导我的研究工作的总的结果，可以简要地表述如下：人们在自己的生活的社会生产中发生一定的、必然的、不以他们的意志为转移的关系，即同他们的物质生产力的一定发展阶段相适合的生产关系。这些生产关系的总和构成社会的经济结构，即有法律的和政治的上层建筑竖立其上并有一定的社会意识形式与之相适应的现实基础。物质社会的生产方式制约着整个社会生活、政治生活和精神生活的过程。不是人们的意识决定人们的存在，相反，是人们的社会存在决定人们的意识。社会的物质生产力发展到一定阶段，便同它们一直在其中运动的现存生产关系或财产关系（这只是生产关系的法律用语）发生矛盾。于是这些关系便由生产力的发展形式变成生产力的桎梏。那时社会革命的时代就到来了。"② 它清晰地表明，马克思主义是拥有坚实的哲学基础和鲜明的实践指向的庞大理论体系，是在辩证唯物主义和历史唯物主义的哲学基础上系统探讨生产力和生产关系之间的矛盾运动、经济发展和"人的发展"

---

① 习近平：《决胜全面建成小康社会 夺取新时代中国特色社会主义伟大胜利》，人民出版社2017年，第11页。
② 《马克思恩格斯文集》第2卷，人民出版社2009年，第591~592页。

之间的辩证统一的整体性框架。大致而言,作为马克思主义奠基者,马克思高度重视生产力和经济发展,但作为对西方式现代化路径及其理论回应的批判性反思和超越,他深刻认识到经济发展与"人的发展"存在内在冲突、经济发展本身并不能自动推动"人的发展",故其实践指向特别是对资本主义生产方式的分析相对更侧重于生产关系和"人的发展",这就使得马克思的政治经济学说更多表现为以生产力为基础来分析生产关系、以经济发展为基础来探讨"人的发展"。显然,它们分别涉及资本的不同层面,特别是资本的价值形态与物质形态,只有采取整体性视角并结合马克思试图构建的整体性框架,我们才能准确把握马克思关于资本问题的有关论述。

具体而言,马克思主义认为,"劳动是整个人类生活的第一个基本条件"[①],但人类劳动又必须借助于一定的生产资料特别是劳动资料来进行:"各种经济时代的区别,不在于生产什么,而在于怎样生产,用什么劳动资料生产。劳动资料不仅是人类劳动力发展的测量器,而且是劳动借以进行的社会关系的指示器。"[②] 按照马克思的定义,"劳动资料是劳动者置于自己和劳动对象之间、用来把自己的活动传导到劳动对象上去的物或物的综合体"[③],它更多地与资本有关,故马克思高度重视资本,不仅在不同时期的大量著述中有着关于资本的丰富论述,而且还为我们留下了以资本的运动规律为逻辑主线、专门探讨资本问题的三卷本《资本论》以及作为其准备的大量手稿。我们甚至可以这样说:纵览人类文明的历史进程和整个经济思想史的演进过程,不论是对资本的重视程度还是有关著述的广度、深度和篇幅,似乎还没有哪一位经济学家能够同马克思相提并论。当然,尽管马克思在不同时期的著述中对资本问题有着丰富的论述并在理论上具有高度一致性,但由于拟探讨的主题和论述的角度略有不同,其在论及资本问题时的侧重点还是存在明显差异。其中,在首次以相对完整的框架展现马克思主义哲学、政治经济学和科学社会主义整体图景的《1844年经济学哲学手稿》中,马克思对以英国

---

① 《马克思恩格斯文集》第 9 卷,人民出版社 2009 年,第 550 页。
② 《马克思恩格斯文集》第 5 卷,人民出版社 2009 年,第 210 页。
③ 《马克思恩格斯文集》第 5 卷,人民出版社 2009 年,第 209 页。

工业革命为典型的西方式现代化路径及其理论回应进行了批判性反思,并重点结合资本和劳动、经济发展与"人的发展"的辩证关系,初步构建了一种以经济发展推动"人的发展"的整体性框架,为我们在马克思主义的整体视角下探讨资本问题提供了重要的出发点;在作为《资本论》初稿的《1857—1858年经济学手稿》中,马克思对资本的性质、作用和运动规律展开了较为深入的分析,特别是结合人类社会的历史演进,详细阐述了资本的"伟大的文明作用"及其历史使命,为我们准确理解资本问题提供了重要的理论基础;而在马克思主义经典著述《资本论》中,马克思重点针对自由资本主义的生产关系,不仅对资本的生产过程、流通过程等进行了细致入微、逻辑严谨的理论探讨,而且对有关概念进行了明确而又清晰的界定,为我们准确把握有关问题提供了根本的理论依据。

从某种程度上讲,马克思政治经济学是对以英国工业革命为典型的西方式现代化路径及其理论回应(古典经济学)的批判性反思和整体性超越。早在古典经济学奠基之作《国富论》中,亚当·斯密就深刻地认识到:"在一个政治修明的社会里,造成普及到最下层人民的那种普遍富裕情况的,是各行各业的产量由于分工而大增"①;马克思则进一步观察到:"分工提高劳动的生产力,增加社会的财富,促使社会精美完善,同时却使工人陷于贫困直到变为机器"②,并认为其根本原因在于以资本积累为基础的劳动分工在促进经济发展、增加社会财富的同时,亦进一步扩大了劳动相对于资本的弱势、劳动对资本的依赖性并引发了普遍的劳动异化、外化和对象化:"一方面随着分工的扩大,另一方面随着资本的积累,工人日益完全依赖于劳动,依赖于一定的、极其片面的、机器般的劳动。这样,随着工人在精神上和肉体上被贬低为机器,随着人变成抽象的活动和胃,工人也越来越依赖于市场价格的一切波动,依赖于资本的使用和富人的兴致。"③也就是说,马克思和斯密都认为,以资本积累为前提的普遍的劳动分工和市场交换,有助于促进经济发

---

① 斯密:《国民财富的性质和原因的研究》上卷,商务印书馆1996年,第11页。
② 《马克思恩格斯文集》第1卷,人民出版社2009年,第123页。
③ 《马克思恩格斯文集》第1卷,人民出版社2009年,第120页。

展、增加社会财富,但斯密认为这种经济发展能够造成"普及到最下层人民"的普遍富裕,而马克思则认为其在促进经济发展的同时也扩大了劳动相对于资本的弱势、劳动对资本的依赖性并损害了"人的发展"。也就是说,尽管资本有助于推动经济发展并为"人的发展"提供物质基础,但却难以直接推动人的发展甚至成为人的发展的重要制约因素。正是基于这一理论认识,马克思在《1844年经济学哲学手稿》中提出了通过积极地"扬弃"劳动异化、实现以经济发展推动"人的发展"的理论设想和政策主张:"共产主义是对私有财产即人的自我异化的积极的扬弃,因而是通过人并且为了人而对人的本质的真正占有;因此,它是人向自身、也就是向社会的即合乎人性的人的复归,这种复归是完全的复归,是自觉实现并在以往发展的全部财富的范围内实现的复归。"① 也就是说,马克思设想的共产主义(未来社会),是一种积极扬弃(而不是简单取消)人的自我异化的过程,是一种以经济发展推动"人的发展"的现实运动,同时也是对单纯的资本逻辑和西方式现代化路径的扬弃和超越。

　　为了深入分析资本的运动规律,马克思在《资本论》中首先从商品的二重性入手,对商品的价值和使用价值等基本概念进行了界定,为我们准确把握资本问题提供了根本的理论依据。马克思明确指出,"不论财富的社会的形式如何,使用价值总是构成财富的物质的内容"②"更多的使用价值本身就是更多的物质财富"③;也就是说,不论在哪种社会形态下,物质财富的积累、社会生产力的提高乃至整个经济发展,更多地表现为商品使用价值的增加,它更多地同资本、特别是资本的物质形态有关。与之不同,商品的价值是在商品生产和交换过程中表现出来的共同的东西,是人类抽象劳动的对象化和物化,它更多地与劳动有关,并涉及资本的价值形态。按照马克思的看法,尽管商品是价值和使用价值的统一,但二者之间存在根本的不同:如果说使用价值更多地同资本有关并反映了商品的自然属性(它更多地同经济发

---

① 《马克思恩格斯文集》第1卷,人民出版社2009年,第185页。
② 《马克思恩格斯文集》第5卷,人民出版社2009年,第49页。
③ 《马克思恩格斯文集》第5卷,人民出版社2009年,第59页。

展和物质财富有关),那么价值则更多地同劳动有关并反映了商品的社会属性(它更多地同以经济发展为基础的"人的发展"有关),且二者的变动方向和运动规律并不完全相同:"劳动生产力越高,生产一种物品所需要的劳动时间就越少,凝结在该物品中的劳动量就越小,该物品的价值就越小。相反地,劳动生产力越低,生产一种物品的必要劳动时间就越多,该物品的价值就越大。可见,商品的价值量与实现在商品中的劳动的量成正比地变动,与这一劳动的生产力成反比地变动"①。也就是说,就整个社会而言,随着经济发展和社会生产力水平的提高,至少理论上可以出现使用价值总量越来越大,而价值总量越来越小的情形;或如马克思在"资本的历史使命"命题中指出的,"整个社会只需用较少的劳动时间就能占有并保持普遍财富"。②如果说,经济发展主要表现为物质财富(更多地同使用价值有关)在"必要领域"(更多地同价值有关)的积累或使用价值总量的增加,那么,"人的发展"则更多表现为"自由领域"相对于"必要领域"的扩展;其中,经济发展是"人的发展"的基础,"人的发展"则是经济发展的目的和归宿,二者之间的有机统一构成了马克思关于未来社会的理论设想。

正如恩格斯在《资本论》英文版序言中指出的,《资本论》中的"某些术语的应用,不仅同它们在日常生活中的含义不同,而且和它们在普通政治经济学中的含义也不同"③,马克思在《资本论》中主要以资本的价值形态的分析为逻辑主线,而关于资本的物质形态的分析则相对比较分散,但不论是在《资本论》中还是在其他著述中,马克思关于资本问题的阐述都是高度一致的:资本有助于推动经济发展,但未必推动人的发展;资本主义生产方式的主要问题并不在于其不能推动经济发展,而在于其在经济发展与人的发展之间存在内在冲突,并经由这种内在冲突而严重损及人的发展乃至经济发展本身。如果我们不能准确把握马克思政治经济学的基本概念及其整体框架,如果我们对马克思政治经济学的理论深度和抽象程度缺乏足够的理论认识,

---

① 《马克思恩格斯文集》第5卷,人民出版社2009年,第53~54页。
② 《马克思恩格斯全集》第30卷,人民出版社1995年,第286页。
③ 《马克思恩格斯文集》第5卷,人民出版社2009年,第32页。

那么就很容易混淆商品的社会属性（如价值和剩余价值）和自然属性（如使用价值和物质财富）、资本的价值形态和物质形态，甚至把马克思对资本主义生产方式的批判误认为是对资本本身的批判，从而也就难以准确把握马克思关于资本问题的理论阐述。整体而言，马克思政治经济学的核心论题是如何通过生产关系变革实现经济发展与人的发展的有机统一，其中：第一，经济发展是必不可少的前提和最为根本的手段："生产力的巨大增长和高度发展……之所以是绝对必需的实际前提，还因为如果没有这种发展，那就只会有贫穷、极端贫困的普遍化；而在极端贫困的情况下，必须重新开始争取必需品的斗争，全部陈腐污浊的东西又要死灰复燃"①。第二，资本不仅在经济发展中发挥着重要的基础性作用，而且能够为人的发展提供重要的物质条件和现实基础："作为价值增殖的狂热追求者，他肆无忌惮地迫使人类去为生产而生产，从而去发展社会生产力，去创造生产的物质条件；而只有这样的条件，才能为一个更高级的、以每一个个人的全面而自由的发展为基本原则的社会形式建立现实基础。"②从某种程度上讲，马克思关于"资本的伟大的文明作用"命题，更多地同资本推动经济发展的作用有关，而马克思关于"资本的历史使命"命题，则更多地同它服务于人的发展并为人的发展提供物质基础有关。只有在经济发展与人的发展、资本的"伟大的文明作用"和资本的历史使命的整体框架下，我们才能更为准确地把握马克思关于资本问题的理论分析，才能更为完整地理解马克思关于资本的积极作用和消极作用的系统阐述。

三、马克思关于资本的积极作用与消极作用的系统阐述

正如恩格斯在《反杜林论》中指出的，"一切社会变迁和政治变革的终极原因，不应当到人们的头脑中，到人们对永恒的真理和正义的日益增进的认

---

① 《马克思恩格斯文集》第 1 卷，人民出版社 2009 年，第 538 页。
② 《马克思恩格斯文集》第 5 卷，人民出版社 2009 年，第 683 页。

识中去寻找，而应当到生产方式和交换方式的变更中去寻找；不应当到有关时代的哲学中去寻找，而应当到有关时代的经济中去寻找"①，马克思主义高度重视人类发展的物质基础，认为人类社会的物质生活制约着全部的社会生活、精神生活和政治生活，生产力决定生产关系，生产力与生产关系的矛盾运动支配着整个社会的发展进程。正是由于对经济发展与物质生活的重视，马克思高度重视资本促进经济发展的重要作用，明确指出："发展社会劳动的生产力，是资本的历史任务和存在的理由。资本正是以此不自觉地创造着一种更高级的生产形式的物质条件。"②即便对于有助于推动经济发展但严重抑制"人的发展"的资本主义生产方式，马克思也高度评价了其在提高社会生产力水平、推动经济发展方面的重要作用；对此，恩格斯在为《资本论》第一卷撰写的书评中强调说："正像马克思尖锐地着重指出资本主义生产的各个坏的方面一样，同时他也明白地证明这一社会形式是使社会生产力发展到很高水平所必需的：在这个水平上，社会全体成员的平等的、合乎人的尊严的发展，才有可能。要达到这一点，以前的一切社会形式都太薄弱了。资本主义的生产才第一次创造出为达到这一点所必需的财富和生产力"③。

值得指出的是，尽管马克思高度重视资本问题并有着丰富的理论阐述，且不同著述中的有关阐述具有高度一致性，但准确理解和把握马克思的有关论述仍然存在相当的难度：一方面，正如马克思在《资本论》第一卷第一版序言中指出的，"我要在本书研究的，是资本主义生产方式以及和它相适应的生产关系和交换关系。到现在为止，这种生产方式的典型地点是英国。因此，我在理论阐述上主要用英国作为例证"④，马克思从事政治经济学研究时，以英国为典型的资本主义生产方式是当时最为先进的生产方式（尽管仍然存在严重问题），社会主义还没有从理论设想变为现实的社会形态，这就使得我们在讨论资本问题时不得不面对下述困难：马克思分析的重点是资本主义情形，我们关注的重点则是社会主义情形，我们必须在深刻理解和准确

---

① 《马克思恩格斯文集》第9卷，人民出版社2009年，第284页。
② 《马克思恩格斯文集》第7卷，人民出版社2009年，第288页。
③ 《马克思恩格斯文集》第3卷，人民出版社2009年，第87页。
④ 《马克思恩格斯文集》第5卷，人民出版社2009年，第8页。

把握马克思有关论述的同时,审慎辨别哪些论述适用于任何社会形态的一般情形,哪些论述仅适用于资本主义或社会主义的特殊情形;另一方面,为了深入剖析资本主义生产方式下资本的运动规律并揭示其在经济发展与人的发展之间引发的内在冲突,马克思在进行政治经济学分析时往往以价值形态为逻辑主线、相对更侧重于资本的价值形态的分析,而我们在讨论中国式现代化进程中资本的积极作用和消极作用时,则需要考察更多同现实经济发展有关的资本的物质形态。显然,资本主义条件下的资本和社会主义条件下的资本、资本的价值形态和资本的物质形态等并不是完全相同的东西;如果说,为了系统地批判、反思和超越西方式现代化路径,马克思对于资本的分析更多地侧重于资本主义生产方式下的资本的价值形态,那么,我们在探讨中国式现代化进程中资本的特性和作用时,则应该更多地关注社会主义市场经济条件下的资本的物质形态,但这并不是一件轻松的事情。限于篇幅,不妨结合马克思试图构建的整体性框架并以现代化转型(从传统社会向现代社会的转变)、现代化进程(经济发展和人的发展)所面临的基础性理论问题为例,简要分析马克思关于资本的积极作用和消极作用的阐述及其现实启发。

首先,就从传统社会向现代社会的转型而言,"资本是天生的平等派"[①]"自由竞争是资本的现实发展"[②],资本有助于促进平等和自由,扫除传统社会的地域性限制和人身依附关系,进而为现代化转型提供根本的社会条件。正如前文提及的,传统农业社会的生产力水平相对较低,人们的生产活动更多地是为了维持生存需要,人类社会的任何进一步发展均有赖于社会生产力水平的提高,而这又要求每个人拥有相对平等的政治法律权利和经济社会地位,得以更多地凭借自身努力改善自身境遇,进而促进人们的普遍勤劳并以此推动经济发展、提高社会生产力水平。资本是交换价值的物质承担者,以资本积累为前提的普遍分工、以资本为物质载体的商品交换,有助于促进适应于现代社会秩序的平等和自由,或如马克思指出的:"如果说经济形式,交换,在所有方面确立了主体之间的平等,那么内容,即促使人们去

---

① 《马克思恩格斯文集》第 5 卷,人民出版社 2009 年,第 457 页。
② 《马克思恩格斯全集》第 31 卷,人民出版社 1998 年,第 42 页。

进行交换的个人和物质材料，则确立了自由。可见，平等和自由不仅在以交换价值为基础的交换中受到尊重，而且交换价值的交换是一切平等和自由的生产的、现实的基础。作为纯粹观念，平等和自由仅仅是交换价值的交换的一种理想化的表现；作为在法律的、政治的、社会的关系上发展了的东西，平等和自由不过是另一次方上的这种基础而已。而这种情况也已为历史所证实。这种意义上的平等和自由恰好是古代的自由和平等的反面。古代的自由和平等恰恰不是以发展了的交换价值为基础，相反地是由于交换价值的发展而毁灭。上面这种意义上的平等和自由所要求的生产关系，在古代世界还没有实现，在中世纪也没有实现。"[1]按照马克思的看法，尽管资本主义社会的平等和自由只是一种形式上的平等和自由、只是以物的依赖来代替人的依赖，但同古代社会和传统社会相比仍然是一种巨大的进步。在为我国现代化转型创造根本社会条件的新民主主义革命时期，毛泽东曾立足马克思主义基本原理和我国具体实际进一步论述到，"只有经过民主主义，才能达到社会主义，这是马克思主义的天经地义""没有一个由共产党领导的新式的资产阶级性质的彻底的民主革命，要想在殖民地半殖民地半封建的废墟上建立起社会主义社会来，那只是完全的空想""现在的中国是多了一个外国的帝国主义和一个本国的封建主义，而不是多了一个本国的资本主义，相反地，我们的资本主义是太少了"[2]。正是基于这一理论认识，我们"党领导人民，在各民主党派和无党派民主人士积极合作下，于一九四九年十月一日宣告成立中华人民共和国，实现民族独立、人民解放，彻底结束了旧中国半殖民地半封建社会的历史，……实现了中国从几千年封建专制政治向人民民主的伟大飞跃"[3]，不仅实现了马克思主义中国化的第一次历史性飞跃，而且为我国现代化转型进而开启中国式现代化进程、实现中华民族伟大复兴创造了根本的社会条件。

其次，就现代化进程中的经济发展而言，资本借助于其效率优势把各种

---

[1] 《马克思恩格斯全集》第 30 卷，人民出版社 1995 年，第 199~200 页。
[2] 《毛泽东选集》第 3 卷，人民出版社 1991 年，第 1060 页。
[3] 《中国共产党关于党的百年奋斗重大成就和历史经验的决议》，人民出版社 2021 年，第 8 页。

生产要素凝结成一种社会性的生产力，不仅促进了人们"超过自己自然需要的界限"的普遍勤劳并创造出了"一个普遍有用性的体系"，而且极大地提高了社会生产力水平并促进了经济发展，进而为人的发展提供了必不可少的物质基础。马克思高度重视人类生活的社会性，而资本作为最具流动性的生产要素，无疑是推动人类生活的社会化、促进普遍勤劳和经济发展的最为重要的力量。对此，马克思在不同著述中有着丰富的理论阐述，例如："人是最名副其实的政治动物，不仅是一种合群的动物，而且是只有在社会中才能独立的动物"[1] "资本不仅表现为工人的集体力量，他们的社会力量，而且表现为把工人连结起来，因而把这种力量创造出来的统一体"[2] "资本作为孜孜不倦地追求财富的一般形式的欲望，驱使劳动超过自己自然需要的界限，来为发展丰富的个性创造出物质要素"[3] "在今天的社会里，勤劳、特别是节约、禁欲的要求，不是向资本家提出的，而是向工人提出的，而且恰恰是由资本家提出的"[4] "普遍的勤劳，由于资本的无止境的致富欲望及其唯一能实现这种欲望的条件不断地驱使劳动生产力向前发展"，等等。[5] 也就是说，资本不仅是推动现代化转型的关键因素，而且也是现代化进程中促进经济发展的重要力量。在这个问题上，列宁在批驳"仿佛承认资本主义的历史进步性就是充当资本主义的辩护人"[6]的民粹派的理论教条时，曾以资本主义为例进行过系统的总结，指出"资本主义的进步的历史作用，可以用两个简短的论点来概括：社会劳动生产力的提高和劳动的社会化"[7]，并详细阐述了其在推动劳动社会化方面的具体表现："第一，商品生产的增长本身破坏自然经济所固有的小经济单位的分散性""第二，资本主义在农业中和工业中都造成了空前未有的生产集中以代替过去的生产分散""第三，资本主义排挤人身依附形式，它们是以前的经济制度不可缺少的组成部分""第四，资本主义必然造成人口的流动，这种人口流动是以前各种社会经济制度所不需要的""第五，

---

[1] 《马克思恩格斯全集》第30卷，人民出版社1995年，第25页。
[2] 《马克思恩格斯全集》第30卷，人民出版社1995年，第590页。
[3][5] 《马克思恩格斯全集》第30卷，人民出版社1995年，第286页。
[4] 《马克思恩格斯全集》第30卷，人民出版社1995年，第244页。
[6][7] 《列宁专题文集·论资本主义》，人民出版社2009年，第39页。

资本主义不断减少从事农业的人口的比例（在农业中最落后的社会经济关系形式始终占着统治地位）""第六，资本主义社会……破坏中世纪社会狭隘的、地方的、等级的联盟""第七，上述一切由资本主义所造成的旧经济制度的改变，必然也会引起人们精神面貌的改变……不能不引起生产者性格的深刻改变"，等等。①

最后，就现代化进程中的人的发展而言，资本有助于通过推动经济发展为人的发展提供物质基础、通过促进普遍勤劳为人的发展提供普遍性和全面性，但它本身不仅不能推动人的发展，而且不加任何限制的资本必然因其拥有的相对优势而严重损害人的发展。早在《1844年经济学哲学手稿》中，马克思就深刻地认识到资本和劳动、经济发展和人的发展之间的内在冲突，指出："劳动促进资本的积累，从而也促进社会富裕程度的提高，同时却使工人越来越依附于资本家"②"工人在劳动中耗费的力量越多，他亲手创造出来的反对自身的、异己的对象世界的力量就越强大，他自身、他的内部世界就越贫乏，归他所有的东西就越少"③"由此可见，即使对工人最有利的社会状态中，工人的结局也必然是劳动过度和早死，沦为机器，沦为资本的奴隶"④。在作为《资本论》直接准备的《1861—1863年经济学手稿》中，马克思分别以绝对剩余价值和相对剩余价值为基础，进一步阐述并深入分析了"劳动对资本的形式上的从属"（绝对剩余价值）和"劳动对资本的实际上的从属"（相对剩余价值）⑤；而在马克思主义经典著作《资本论》中，马克思对资本的生产过程、流通过程和资本主义生产的总过程进行了深入分析，特别是借助于劳动价值论、剩余价值论等概念和分析工具，深入探讨了不加任何限制的资本运动所造成的资本和劳动、经济发展与人的发展、生产资料的私人占有和社会化生产之间的内在矛盾和冲突，深刻揭示了"生产资料的集中

---

① 《列宁专题文集·论资本主义》，人民出版社2009年，第41~43页。
② 《马克思恩格斯文集》第1卷，人民出版社2009年，第123页。
③ 《马克思恩格斯文集》第1卷，人民出版社2009年，第157页。
④ 《马克思恩格斯文集》第1卷，人民出版社2009年，第121页。
⑤ 《马克思恩格斯全集》第48卷，人民出版社1985年，第3~35页。

和劳动的社会化，达到了同它们的资本主义外壳不能相容的地步"[1]的内在机制，并为"每个人的自由发展是一切人的自由发展的条件"[2]的共产主义（未来社会）必然代替资本主义的历史趋势提供了坚实的理论基础。由此，马克思围绕资本及其运动规律，在对以英国工业革命为典型的西方式现代化路径及其理论回应进行批判性反思和整体性超越的基础上，深刻阐述了资本在现代化转型中的"伟大的文明作用"及其在推动经济发展和人的发展方面的历史使命，勾勒了人类社会从传统社会到现代社会再到未来社会、从不发展到经济发展再到以经济发展为基础的人的自由而全面发展的整体图景，或如马克思在《1857—1858年经济学手稿》中精炼地总结的："人的依赖关系（起初完全是自然发生的），是最初的社会形式，在这种形式下，人的生产能力只是在狭小的范围内和孤立的地点上发展着。以物的依赖性为基础的人的独立性，是第二大形式，在这种形式下，才形成普遍的社会物质变换、全面的关系、多方面的需要以及全面的能力的体系。建立在个人全面发展和他们共同的、社会的生产能力成为从属于他们的社会财富这一基础上的自由个性，是第三个阶段。第二个阶段为第三个阶段创造条件。"[3]

四、结　　语

正如前文提及的，马克思政治经济学是拥有坚实的哲学基础和鲜明的实践指向的庞大理论体系，是在辩证唯物主义和历史唯物主义的哲学基础上系统探讨生产力和生产关系之间的矛盾运动、经济发展和"人的发展"之间的辩证统一的整体性框架。马克思高度重视资本在经济发展中的重要作用，同时也深刻认识到经济发展并不能自动推动人的发展，并通过劳动价值论、剩余价值论等理论创新对资本的运动规律进行了深入分析，为探寻一种经济发

---

[1] 《马克思恩格斯文集》第5卷，人民出版社2009年，第874页。
[2] 《马克思恩格斯文集》第2卷，人民出版社2009年，第53页。
[3] 《马克思恩格斯全集》第30卷，人民出版社1995年，第107~108页。

展与人的发展有机统一、相互促进的现代化路径提供了理论基础。中国式现代化是以马克思主义为根本指导的现代化，同时也是我国在社会主义发展过程中不断推进马克思主义中国化时代化的历史过程；马克思关于资本的"伟大的文明作用"及其历史使命的深刻阐述，不仅构成了经济发展与人的发展相互促进的中国式现代化道路的理论基础，而且也是我们在推进中国式现代化进程中正确认识和准确把握资本的特性、作用和行为规律的基本出发点。"社会主义的本质，是解放生产力，发展生产力，消灭剥削，消除两极分化，最终达到共同富裕"[①]，新时代新征程全面建设社会主义现代化国家，一方面要紧扣人民日益增长的美好生活需要和不平衡不充分的发展之间的我国社会主要矛盾，充分发挥资本的效率优势及其在推动经济发展特别是高质量发展方面的重要作用，另一方面要坚持以人民为中心的发展思想，防止资本野蛮生长和无序扩张，不断在高质量发展中推动人的全面发展、全体人民共同富裕取得更为明显的实质性进展。

（作者胡怀国，原题目为《马克思论资本的"伟大的文明作用"及其历史使命》，发表于《武汉科技大学学报（社会科学版）》2022年第3期，第257~264页。）

---

① 《邓小平文选》第3卷，人民出版社1993年，第373页。

第八章
现代化进程中的资本要素

摘要：如何正确认识和把握资本的特性和行为规律及其在现代化进程中的地位和作用，是中国式现代化进程中亟待解答的重大理论和现实问题，有必要结合人类社会现代化进程中的经验教训及其理论回应，重新审视并系统梳理有关学者关于该问题的经典论述。特别地，马克思在对西方式现代化路径及其理论回应进行批判性反思的基础上所实现的理论超越，不仅为中国式现代化新道路提供了根本指导，而且其关于资本问题的一系列深刻阐述，为我们在新发展阶段正确认识和把握资本的特性和行为规律、充分发挥资本的积极作用并有效控制其消极作用，提供了根本的理论依据和重要的现实启发。

关键词：中国式现代化　资本要素　资本特性　行为规律

2021年是中国共产党成立100周年，同时也是我国开启全面建设社会主义现代化国家新征程、向第二个百年奋斗目标进军的开局之年，我国正式进入了全面建设社会主义现代化国家的新发展阶段。2021年12月召开的中央经济工作会议指出，新发展阶段"面临许多新的重大理论和实践问题"，特别是"要正确认识和把握资本的特性和行为规律""发挥资本作为生产要素的积极作用，同时有效控制其消极作用"[1]，由此也提出了一个具有重大现实意义的理论问题：如何正确认识和准确把握资本要素的特性和行为规律及其在

---

① 《中央经济工作会议在北京举行》，《人民日报》2021年12月11日第1版。

现代化进程中的地位和作用？本文试图结合人类社会现代化进程中的经验教训及其理论回应，重新审视并系统梳理有关学者关于该问题的经典论述，以推动我们在中国式现代化进程中正确认识和准确把握资本的特性、作用和行为规律。

一、引　言

2021年11月召开的党的十九届六中全会，站在中国共产党成立100周年的重要历史时刻和全面建设社会主义现代化国家新征程的新的历史起点上，系统阐述了党的百年奋斗重大成就和历史经验，明确指出"一百年来，……党领导人民成功走出中国式现代化道路，创造了人类文明新形态，拓展了发展中国家走向现代化的途径，给世界上那些既希望加快发展又希望保持自身独立性的国家和民族提供了全新选择"①。中国式现代化是社会主义性质和方向的现代化，是马克思主义基本原理同中国具体实际相结合、同中华优秀传统文化相结合的产物，同时也是我国在社会主义发展过程中不断推进理论创新、实践创新和制度创新的结果。特别是党的十八大以来，中国特色社会主义进入了新时代，党的十九大系统回答了新时代坚持和发展什么样的中国特色社会主义、怎样坚持和发展中国特色社会主义等重大时代课题，作出了在全面建成小康社会的基础上，到2035年基本实现社会主义现代化、到21世纪中叶全面建成社会主义现代化国家的战略安排；2020年10月召开的党的十九届五中全会，对全面建设社会主义现代化国家如何开好局、起好步作出了全面部署。2021年是中国共产党成立100周年，同时也是我国全面建成小康社会、实现第一个百年奋斗目标之后，乘势而上开启全面建设社会主义现代化国家新征程、向第二个百年奋斗目标进军的开局之年，我国正式进入了全面建设社会主义现代化国家的新发展阶段。

新发展阶段不仅是我国发展新的历史方位，更是未来30年我国制定路线

---

① 《中共中央关于党的百年奋斗重大成就和历史经验的决议》，人民出版社2021年，第64页。

方针政策的根本依据，其根本任务是全面建设社会主义现代化国家、以中国式现代化推进中华民族伟大复兴。2021年12月召开的中央经济工作会议指出，"进入新发展阶段，我国发展内外环境发生深刻变化，面临许多新的重大理论和实践问题，需要正确认识和把握"，特别是"要正确认识和把握资本的特性和行为规律""防止资本野蛮生长"，等等[①]。如何正确认识和把握资本要素的特性、作用和行为规律，是中国式现代化进程中亟待解答的重大理论和现实问题，但正如习近平总书记强调的，中国式现代化"不是简单套用马克思主义经典作家设想的模板，不是其他国家社会主义实践的再版，也不是国外现代化发展的翻版"[②]，不可能找到现成的教科书。如何正确认识资本要素的特性并准确把握其在中国式现代化进程中的作用和行为规律同样不存在现成的教科书，有必要"用博大胸怀吸收人类创造的一切优秀文明成果"[③]。其中，古典经济学和新古典经济学作为西方式现代化路径的理论回应、马克思政治经济学作为对西方式现代化路径及其理论回应的批判性反思和整体性超越，对于资本问题都有着相对丰富但略显零散的阐述，本文试图对有关学术成果予以政治经济学的理论梳理，并结合我国具体实际做进一步理论提炼，以深化我们对现代化进程中资本的特性、作用和行为规律的理论认识。

二、西方式现代化进程中的资本要素：从古典经济学到新古典经济学

至少就主要经济体而言，人类社会曾长期处于传统农业社会，人们的生产生活更多地是为了满足生存需要，整个社会带有明显的地域性限制、等级化特征和人身依附性。在这种情况下，人们很难完全经由个体努力改变自身境遇，也就难以充分激发社会活力、推动经济发展，从而也就谈不上持续的

---

① 《中央经济工作会议在北京举行》，《人民日报》2021年12月11日第1版。
② 《中共中央关于党的百年奋斗重大成就和历史经验的决议》，人民出版社2021年，第67页。
③ 《中共中央关于党的百年奋斗重大成就和历史经验的决议》，人民出版社2021年，第63页。

收入水平提高和生活水平改善。对此,凯恩斯曾总结说:"从公元前2000年开始,到18世纪初期,生活在世界各个文明中心的人们的生活水平,并没有发生多大的变化。当然中间是时有起伏的。瘟疫、饥荒、战争等天灾人祸时有发生,其间还有若干短暂的繁荣时期,但总的来看,不存在渐进或激进的变化。一直到公元1700年为止的4000年间,某些时期的生活水平也许比别的时期要高上50%,但不会超过100%。"①与之不同,现代社会至少在理论上要求人们拥有相对独立平等的政治法律权利,每个人得以自愿地参与一种高频次的市场交易和社会交往,进而使得人们能够更多地凭借个体努力改善自身境遇,并借助于普遍的勤劳和持续的资本积累不断提高社会活力、推动经济发展。在从传统社会转型为现代社会的过程中,在要素配置持续优化、现代经济部门不断成长的现代化进程中,作为最具流动性、对市场信号最为敏感的生产要素,资本无疑处于支配性地位并发挥着关键作用:从某种程度上讲,资本要素既是推动传统社会向现代社会转型的关键因素,也是现代化进程中优化资源配置、推动经济发展的重要力量。不过,资本要素在优化资源配置中的效率优势,在使得其成为推动经济发展的重要力量的同时,也赋予了其相对于其他生产要素的优势地位;如果不对这种优势施加任何限制,那么现代化进程必然表现为资本要素的支配性不断强化的过程,而这又必定从根本上动摇每个人、每种要素拥有相对平等地位的现代社会秩序的根基,甚至造成整个社会在阶层分化中走向社会撕裂。如何充分发挥资本要素推动经济发展的积极作用并适度遏制其"野蛮生长"对现代社会秩序的侵蚀,就成为现代化进程中的一个重要理论问题。

在人类社会发展史上,英国工业革命率先开启了人类社会的现代化进程,并在其渐进演进和不断扩展中开辟了一种西方式现代化路径。就理论经济学而言,如果说古典经济学和新古典经济学是对西方式现代化路径的理论回应,那么苏格兰启蒙运动则为该过程提供了根本的思想基础。正如"苏格兰启蒙运动之父"哈奇森指出的,为了实现"最大多数人的最大幸福",有必要形成某种鼓励普遍勤劳的现代社会秩序并为此构建制度性框架:"为了

---

① 凯恩斯:《凯恩斯文集·预言与劝说》,江苏人民出版社1998年,第353页。

促进普遍的勤劳和忍耐,也为了让人们同意从事劳动或者让人们能够胜任劳动,建立某种制度是必要的"①,而有关制度必须有助于促进普遍勤劳并使得每个人的境遇更多地同自身努力程度成比例。在此基础上,哈奇森的学生、古典经济学奠基者亚当·斯密在《国富论》(1776)中围绕普遍的劳动分工和市场交换,首次构建了一种同现代社会秩序相适应的理论经济学体系,不仅为英国工业革命提供了系统的理论说明并开辟了理论经济学的古典时代,而且某种程度上为整个理论经济学及其后来的发展提供了"问题和尺度"。按照斯密提供的理论框架,一方面,"在一个政治修明的社会里,造成普及到最下层人民的那种普遍富裕情况的,是各行各业的产量由于分工而大增"②;另一方面,经济发展或国民财富的增加"只有两个方法,一为增加生产性劳动者的数目,一为增进受雇劳动者的生产力。很明显,要增加生产性劳动者的数目,必先增加资本,增加维持生产性劳动者的基金。要增加同数受雇劳动者的生产力,唯有增加那便利劳动、缩减劳动的机械和工具,或者把它们改良。不然,就是使工作的分配,更为适当。但无论怎样,都有增加资本的必要"③。也就是说,现代经济发展有赖于人们普遍地参与劳动分工和市场交换,而资本则是促成这种普遍勤劳的现代社会秩序的必不可少的物质基础。

正是基于这一理论框架,斯密分别在《国富论》第一篇和第二篇对如何提高劳动生产率(劳动分工、市场交换和要素分配等)、如何增加劳动者人数(资本的性质、作用和分类等)进行了理论探讨,并在经济史(第三篇)和经济思想史(第四篇)分析的基础上,针对若干重大现实问题提出了有关政策建议(第五篇),其间穿插有大量关于资本问题的论述。就本文的研究目的而言,斯密关于资本问题的论述主要有:第一,资本不仅是增进国民财富、推动经济发展的物质基础和必要前提,而且有助于促进普遍的勤劳:"无论在什么地方,资本与收入的比例,似乎都支配勤劳与游惰的比例。资本占优势的地方,多勤劳;收入占优势的地方,多游惰"④。第二,正是由

---

① 哈奇森:《道德哲学体系》上卷,浙江大学出版社2010年,第298~299页。
② 斯密:《国民财富的性质和原因的研究》上卷,商务印书馆1996年,第11页。
③ 斯密:《国民财富的性质和原因的研究》上卷,商务印书馆1996年,第315~316页。
④ 斯密:《国民财富的性质和原因的研究》上卷,商务印书馆1996年,第310页。

于资本在经济发展中的重要作用,各类货币银行活动和金融业务,一方面有助于提高资本运用效率、促进经济发展,如"慎重的银行活动,以纸币代金银,比喻得过火一点,简直有些像驾空为轨,使昔日的大多数通衢大道,化为良好的牧场和稻田",但另一方面也引入了新的风险因素,或"用比喻来说,和足踏金银铺成的实地相比,这样由纸币的飞翼飘然吊在半空,是危险得多的。管理纸币,若不甚熟练,不用说了,即使熟练慎重,恐仍会发生无法制止的灾祸"①。第三,在以普遍勤劳和资本积累为特征的现代经济发展过程中,资本相对于劳动处于优势地位,如"劳动者盼望多得,雇主盼望少给。劳动者都想为提高工资而结合,雇主却想为减低工资而联合"②,但劳动者在这个过程中明显处于不利地位:"雇主需要劳动者的程度,也许和劳动者需要雇主的程度相同,但雇主的需要没有劳动者那样迫切。……部分因为官厅干涉,部分因为雇主较能持久,部分因为大多数劳动者为了目前生计不得不屈服,往往以为首者受到惩罚或一败涂地而告终。"③

也就是说,现代社会区别于传统社会的一个重要特征,是每个人的境遇更多地同自身努力成比例,并以此促进普遍勤劳、资本积累和经济发展;在此过程中,资本表现出了某种二重性,一方面,它为构建普遍勤劳的现代经济体系提供了必不可少的物质基础,另一方面,资本相对于劳动的优势地位却有可能破坏普遍勤劳与个体境遇之间的这种比例,甚至从根本上损害不同要素拥有平等地位的现代社会秩序。对此,斯密借助于资本和劳动的要素特性,做了进一步的理论探讨。按照斯密的看法,"人们壮年时在不同职业上表现出来的极不相同的才能,在多数场合,与其说是分工的原因,倒不如说是分工的结果"④,即劳动要素在参与生产的过程中会对其自身产生影响。特别地,"分工进步,依劳动为生者的大部分的职业,也就是大多数人民的职业,就局限于少数极单纯的操作,往往单纯到只有一两种操作。……这一来,

---

① 斯密:《国民财富的性质和原因的研究》上卷,商务印书馆1996年,第294~295页。
② 斯密:《国民财富的性质和原因的研究》上卷,商务印书馆1996年,第60页。
③ 斯密:《国民财富的性质和原因的研究》上卷,商务印书馆1996年,第61页。
④ 斯密:《国民财富的性质和原因的研究》上卷,商务印书馆1996年,第15页。

他自然要失掉努力的习惯，而变成最愚钝最无知的人"①。劳动要素的这一特性及其相对于资本的弱势地位，使得现代社会有必要为劳动提供某种保护，甚至有必要对资本驱动的普遍勤劳施加某种限制，如斯密认为："大多数人在连续数天紧张的脑力或体力劳动后，自然会强烈地想要休息。这欲望，除非受到暴力或某种强烈需要的抑制，否则是几乎压制不住的。天性要求，在紧张劳动之后，有一定程度的纵情快乐，有时只是悠闲自在一会，有时却是闲游浪荡和消遣娱乐。如不依从这要求，其结果常是很危险的，有时是致命的，不然，迟早亦会产生职业上的特殊疾病。如果雇主听从理性及人道主义的主宰，就不应常常鼓励劳动者勤勉，应当要他们适度地工作。我相信，在各个行业，一个能工作适度的人，能够继续不断地工作，不仅长期保持健康，而且在一年中做出比其他人更多的工作。"②

从某种程度上讲，作为苏格兰启蒙运动的重要代表人物和古典经济学的奠基者，生活在英国工业革命发轫之初的亚当·斯密，不仅在经济思想史上第一次构建了一种同现代社会秩序相适应的经济学理论框架，而且对包括资本在内的诸多重要问题提供了较为全面的理论探讨。其后，随着英国工业革命的推进和拓展，古典经济学逐步走向深入并更多地把政治经济学的分析重点转向分配领域，如李嘉图在《政治经济学及赋税原理》（1817）中明确指出，"确立支配（产品在土地所有者、资本所有者以及劳动者之间）这种分配的法则，乃是政治经济学的主要问题"③，并强调"劳动者没有工资就活不下去，农场主和制造业者没有利润也是一样。他们的积累动机会随着利润的每一减少而减少；当利润低落到不足以补偿其用于生产的资本所必然碰到的麻烦和风险时，积累动机就会全然终止"④。从某种程度上讲，李嘉图的整个理论体系，就是围绕地租、资本和劳动等要素的动态演进及其相互关系，探讨如何遏制利润率下降趋势，以促进资本积累和经济发展。约翰·穆勒对分配问题更为重视，其在《政治经济学原理》（1848）中甚至把分配提高到了与生

---

① 斯密：《国民财富的性质和原因的研究》下卷，商务印书馆1996年，第338~339页。
② 斯密：《国民财富的性质和原因的研究》上卷，商务印书馆1996年，第75~76页。
③ 斯拉法主编：《李嘉图著作和通信集》第1卷，商务印书馆1987年，第3页。
④ 斯拉法主编：《李嘉图著作和通信集》第1卷，商务印书馆1987年，第103页。

产同等重要的程度，并认为：一方面，"与生产规律不同，分配规律在某种程度上是人为的制度"①"财富的分配要取决于社会的法律和习惯""是一件只和人类制度有关的事情"②；另一方面，"只有在落后国家，增加生产仍是一项重要目标。在最先进的国家，经济上所需要的是更好地分配财产""如果人民大众从人口或任何其他东西的增长中得不到丝毫好处的话，则这种增长也就没有什么重要意义"③。正是基于这种认识，穆勒曾不无感慨地说：如果经济发展"必定会带来我们现在所看到的后果，即劳动产品的分配几乎同劳动成反比——根本不干的人拿得最多，只在名义上干点工作的人居其次，工作越艰苦和越讨厌报酬就越低；而最劳累、消耗体力最多的劳动甚至无法肯定能否挣到足以糊口的收入；如果要在这种状况和共产主义之间作出抉择，则共产主义的一切大大小小困难在天平上都将轻如鸿毛"④。

如果说古典经济学作为英国工业革命或第一次工业革命的理论回应，重在探讨资本的重要性及其相对于劳动的优势地位，并围绕资本积累与利润率下降趋势、不同要素之间的关系与分配问题等提出了一系列政策建议，那么，新古典经济学作为第二次工业革命的理论回应，则在进一步推进对资本问题的研究的同时，着重从知识生产和人力资本积累等角度，探讨了适度提高劳动报酬份额对消费升级、要素升级和现代经济发展的重要意义。与劳动分工程度和熟练程度相对更为重要、不同生产要素（劳动、资本、土地等）相对比较容易分得清楚的英国工业革命或第一次工业革命相比，技术进步和人力资本积累在第二次工业革命中发挥了更为重要的作用；作为第二次工业革命的理论回应，新古典经济学不仅极大地深化了对资本问题的理论认识，而且赋予了资本概念新的时代内涵，如马歇尔（1890）认为，"资本大部分是由知识和组织构成的，其中……知识是我们最有力的生产动力"⑤。正是由于充分认识到了知识和人力资本积累的重要性，马歇尔主张适度提高劳动报酬

---

① 穆勒：《政治经济学原理》上卷，商务印书馆1991年，第33页。
② 穆勒：《政治经济学原理》上卷，商务印书馆1991年，第227页。
③ 穆勒：《政治经济学原理》下卷，商务印书馆1991年，第320页。
④ 穆勒：《政治经济学原理》上卷，商务印书馆1991年，第235页。
⑤ 马歇尔：《经济学原理》上卷，商务印书馆1997年，第157~158页。

在国民收入分配中的比重，指出："中等阶级，尤其是自由职业阶级，为了把资本投于他们孩子的教育，自己总是非常刻苦；同时，工人阶级的工资的大部分，是用于他们孩子的身体健康和强壮。以往的经济学家太不考虑下一事实：人类的才能与其他任何种类的资本，同样是重要的生产手段；与他们相反，我们可得出以下的结论：财富分配上的任何变化，只要是给工资劳动者多些，给资本家少些，如果其他情况不变，就会加速物质生产的增大，而不会显著地延迟物质财富的储存。"①特别地，由于"自然在生产上所起的作用表现出报酬递减的倾向，而人类所起的作用则表现出报酬递增的倾向"②，故为了缓解物质资本的报酬递减倾向，有必要提高劳动者报酬以促进人力资本积累、要素升级和知识生产。正是基于这一系列新认识，作为新古典经济学奠基者和最重要代表人物的马歇尔总结说，"许多世纪以来，经济科学越来越相信，极端贫困伴随着巨大财富是没有实际必要的，……财富的不均，虽没有往往被指责的那样厉害，确是我们经济组织的一个严重缺点"③；这也从理论上预示了西方式现代化的后半程，将更多地以再分配政策来缓解资本相对于劳动的巨大优势并通过促进人力资本积累和要素升级来推动经济结构服务化和高端化的路径选择。

三、对西方式现代化及其理论回应的批判性反思与超越：马克思对资本问题的系统考察

从西方式现代化的历史进程看，自英国工业革命率先开启了西方式现代化进程以来，资本充分显示了其在缔造现代社会秩序、促进经济发展等方面的巨大作用，但同时也造成了较为普遍的底层困苦和较为严重的阶层分化，如恩格斯（1845）曾观察到："1840年，利物浦上等阶级（贵族、自由职业

---

① 马歇尔：《经济学原理》上卷，商务印书馆1997年，第245~246页。
② 马歇尔：《经济学原理》上卷，商务印书馆1997年，第328页。
③ 马歇尔：《经济学原理》下卷，商务印书馆1997年，第364页。

者，等等）的平均寿命是35岁，商人和收入较好的手工业者是22岁，工人、短工和一般雇佣劳动者只有15岁"[1]。如果说18世纪更多地是资本的自由运动，那么19世纪则更多地表现为工人运动、劳动保护和社会保障的兴起，如霍布豪斯在《自由主义》（1911）中曾指出，英国"早在1802年，就开始制订一系列法律，从这一系列法律中产生一部年复一年注视工人生活以及工人同雇主关系的工业法典，并订出更多细则。这个运动的初期阶段被许多自由主义者以怀疑和不信任的目光看待。……尽管如此，随着时间的推移，最坚决的自由主义者也不仅终于接受，而且还积极促进扩大政府对工业领域的控制以及在教育方面，甚至抚养儿童方面、工人住宅方面、老残病弱照顾方面、提供正常就业手段等方面实行集体责任"[2]。到了20世纪，特别是二战结束以来，西方主要经济体纷纷加大了劳动保护、社会保障和再分配的力度，其在一定程度上缓解了资本要素相对于劳动要素的优势地位的同时，亦通过促进人力资本积累和消费升级推动了经济结构的服务化和高端化。尽管如此，正如杰文斯（1871）强调的，"关于资本，有一个最重要的原理是：自由资本可以无差别地运用在任一产业上"[3]，资本要素的高度流动性及其对市场信号的敏感性，仍然赋予了资本相对于劳动等要素的巨大优势，并引发了以资本的自我循环运动为特征的虚拟经济在20世纪的过度膨胀。特别是20世纪80年代以来，西方发达经济体经历了新一轮经济自由化、全球化浪潮，其在推动全球经济增长、重塑国际分工格局的同时，亦通过资本的国际流动赋予了资本相对于劳动、虚拟经济相对于实体经济的巨大优势，造成了日趋严重的贫富差距、经济虚拟化和资产泡沫化，并最终演变为2008年国际金融危机。此后，尽管西方主要经济体推出了量化宽松等一系列政策措施，但不仅没能有效地推动实体经济取得实质性复苏，反而引发了新一轮的资产泡沫、进一步扩大了贫富差距甚至引发了严重的社会撕裂，并催生了形形色色的民粹主义、保护主义、单边主义和逆全球化思潮，不仅令西方式现代化路径面

---

[1] 《马克思恩格斯文集》第1卷，人民出版社2009年，第420页。
[2] 霍布豪斯：《自由主义》，商务印书馆1996年，第16页。
[3] 杰文斯：《政治经济学理论》，商务印书馆1997年，第180~181页。

第八章 | 现代化进程中的资本要素

临着一系列新挑战，而且为全球经济发展带来了巨大的不确定性。

西方式现代化进程，一方面充分显示了资本要素在促进经济发展方面的重要作用，另一方面也充分显示了资本要素相对于劳动等要素的优势地位及其造成的一系列问题，特别是伴随着经济发展所出现的严重社会分化以及资本自我循环运动所产生的巨大经济风险。目前，尽管西方发达经济体普遍构建起了相对完善的社会保障体系和再分配政策体系，但资本要素相对于劳动要素仍然具有巨大优势，仍然没有从根本上解决资本和劳动之间、经济发展与人的发展之间的内在冲突。马克思生活在英国工业革命接近尾声之际，对以英国工业革命为典型的西方式现代化路径的前半程有着更为充分的观察，并通过对西方式现代化路径及其早期理论回应（尤其集中于古典经济学）的批判性反思，深刻揭示了人类社会发展的一般规律和资本主义运行的特殊规律，不仅创立了旨在实现每个人自由而全面发展的马克思主义学说，而且从理论上勾勒了一种经济发展和人的发展有机统一、资本要素和劳动要素相互协调的全新的现代化路径。在这一过程中，马克思高度重视资本问题，在不同时期的大量著述中有着关于资本问题的丰富论述；其中，在首次以相对完整的框架展现马克思主义哲学、政治经济学和科学社会主义的整体图景的《1844年经济学哲学手稿》中，马克思对以英国工业革命为典型的西方式现代化路径及其理论回应进行了批判性反思，并初步构建了一种以经济发展推动人的发展的整体性框架，为我们在马克思主义的整体视角下探讨资本问题提供了重要的出发点；在《1857—1858年经济学手稿》中，马克思进一步结合人类社会的历史演进，特别是传统社会（人的依赖性）、现代社会（以物的依赖为基础的人的独立性）和未来社会（人的自由而全面发展）的三个阶段，对资本的性质和作用进行了较为全面的考察，为我们准确把握资本问题提供了重要的理论基础；而在马克思主义经典著作《资本论》中，马克思重点针对自由资本主义的生产关系，不仅对资本的生产流通等过程进行了深入细致的理论分析，而且对有关概念进行了明确而又清晰地界定，为我们准确把握有关问题提供了根本的理论依据。

整体而言，马克思高度重视经济发展以及资本在推动经济发展方面的重要作用，或如马克思在《1857—1858年经济学手稿》中精炼地总结的："资本作为孜孜不倦地追求财富的一般形式的欲望，驱使劳动超过自己自然需要的界限，来为发展丰富的个性创造出物质要素，……由此可见，资本是生产的，也就是说，是发展社会生产力的重要的关系"①；与此同时，作为具有坚实的哲学基础和鲜明的实践指向的马克思主义学说的奠基者，马克思立足于人的自由而全面发展，深刻认识到经济发展过程中资本要素相对于劳动要素的优势地位及其造成的经济发展与人的发展的内在冲突，深刻认识到不加任何限制的资本的自由运动在推动经济发展的同时会严重损害人的发展并最终损害经济发展，或如马克思在《1844年经济学哲学手稿》中指出的，以资本积累为基础的"分工提高劳动的生产力，增加社会的财富，促使社会精美完善，同时却使工人陷于贫困直到变为机器"②"即使对工人最有利的社会状态中，工人的结局也必然是劳动过度和早死，沦为机器，沦为资本的奴隶"③。为了揭示其内在机制，马克思在《资本论》的开篇即从商品的使用价值和价值入手，对有关概念进行了清晰的界定，明确指出"不论财富的社会的形式如何，使用价值总是构成财富的物质的内容"④，即不论在哪种社会形态下，物质财富的积累、社会生产力的提高乃至整个经济发展，更多地表现为使用价值的增加，它更多地同资本，特别是资本的物质形态有关并反映了商品的自然属性；不过，为了深入揭示资本主义生产关系下的资本运动规律，马克思在《资本论》中更多围绕商品的价值（更多地反映了商品的社会属性并更多地同劳动有关）展开分析，并着重以资本的价值形态及其运动规律为逻辑主线，勾勒了一种重点分析资本主义生产方式的整体性框架和马克思政治经济学体系。尽管马克思在《资本论》中关于资本的阐述更多地限于其价值形态，并着重探讨了不加任何限制的资本的自由运动所产生的消极作用，但它同马克思在其他著述中关于资本问题的阐述是高度一致的：资本有助于推动经济发展，但未必有助于推动人的发展；资本主义生产方式的主要问题并不在于其不能推动经济发展，而在于其在经济发展与人的发展之间存在内在冲

---

① 《马克思恩格斯全集》第30卷，人民出版社1995年，第286页。
② 《马克思恩格斯文集》第1卷，人民出版社2009年，第123页。
③ 《马克思恩格斯文集》第1卷，人民出版社2009年，第121页。
④ 《马克思恩格斯文集》第5卷，人民出版社2009年，第49页。

突，并经由这种内在冲突而严重损及人的发展乃至经济发展本身。

具体而言，结合马克思在不同著述中的有关分析，其关于资本问题的核心观点主要包括：第一，作为最具流动性的生产要素，资本是推动现代化转型的关键因素，是现代化进程中"摧毁一切阻碍发展生产力"的限制以推动经济发展的重要力量。对此，马克思在不同著述中有着十分丰富的论述，如："资本是生产的，也就是说，是发展社会生产力的重要的关系"①"资本按照自己的这种趋势，……摧毁一切阻碍发展生产力、扩大需要、使生产多样化、利用和交换自然力量和精神力量的限制"②"资本作为孜孜不倦地追求财富的一般形式的欲望，驱使劳动超过自己自然需要的界限，来为发展丰富的个性创造出物质要素"③"普遍的勤劳，由于资本的无止境的致富欲望及其唯一能实现这种欲望的条件不断地驱使劳动生产力向前发展"④，等等。第二，尽管资本是推动现代化转型的关键因素，是现代化进程中推动经济发展的重要力量，但"资本的合乎目的的活动只能是发财致富，也就是使自身变大或增大"⑤。资本的这种逐利本性，固然有助于促进普遍勤劳和优化资源配置，进而推动经济发展并为人的发展提供物质基础，但同时也赋予了其相对于劳动等要素的优势地位以及自我扩张的内在冲动。如果不对其施加任何限制，那么资本所拥有的效率优势和支配性地位不仅会诱发自身的"野蛮生长"或"无序扩张"，进而成为现代经济体系的巨大扰动因素甚至引发严重的经济问题，而且会由于其相对于劳动等生产要素的相对优势而导致劳动异化、社会分化乃至严重的社会问题，从而不仅损害"人的发展"乃至经济发展本身，而且会由于经济发展和"人的发展"之间的内在冲突，导致整个社会的严重撕裂并使得整个现代化进程功亏一篑。第三，正是基于上述分析，马克思关于资本问题得出了一系列具有重要现实意义的研究结论，特别是：其一，对资本不加任何限制的自由资本主义必然造成"生产资料的集中和劳动的社会化，达到了同它们的资本主义外壳不能相容"⑥的程度，进而必将为"每个人

---

① ③ ④《马克思恩格斯全集》第30卷，人民出版社1995年，第286页。
②《马克思恩格斯全集》第30卷，人民出版社1995年，第390页。
⑤《马克思恩格斯全集》第30卷，人民出版社1995年，第228页。
⑥《马克思恩格斯文集》第5卷，人民出版社2009年，第874页。

的自由发展是一切人的自由发展的条件"①的共产主义（未来社会）所代替，此为资本主义运行的特殊规律及其必然归宿，这也意味着任何现代化路径必须在充分发挥资本要素效率优势的同时，有必要对资本的自由运动施加一定的限制；其二，"虚拟资本有它的独特的运动"②，资本的逐利本性及其在资源优化配置中的效率优势，同时也赋予了以金融系统为依托的资本循环运动脱离实体经济、追求超额收益的内在冲动，并成为金融风险的重要来源和经济危机的重要诱因，此为人类社会发展的一般规律，同时也是现代化进程中需要引起格外关注的重要问题。

四、中国式现代化进程中的资本要素

中国式现代化是以马克思主义为根本指导的现代化，马克思在对西方式现代化路径及其理论回应进行批判性反思的基础上所实现的理论超越，不仅为中国式现代化新道路提供了根本指导，而且其关于资本问题的一系列深刻阐述，为我们在新发展阶段正确认识和把握资本要素的特性、作用和行为规律等提供了重要的理论依据。值得一提的是，尽管马克思关于资本问题有着丰富的、高度一致的理论阐述，但我们在新发展阶段准确理解和把握马克思的有关论述仍然存在相当的难度：一方面，正如恩格斯在《资本论》英文版序言中指出的，《资本论》中的"某些术语的应用，不仅同它们在日常生活中的含义不同，而且和它们在普通政治经济学中的含义也不同"③，为了深入剖析资本主义生产方式下的资本运动规律并揭示其在经济发展与人的发展之间引发的内在冲突，马克思在进行政治经济学分析时往往以价值形态为逻辑主线、相对更侧重于资本的价值形态的分析，而我们在考察中国式现代化进程中的资本特性和行为规律时，不仅会涉及资本的价值形态，而且会更多地涉

---

① 《马克思恩格斯文集》第 2 卷，人民出版社 2009 年，第 53 页。
② 《马克思恩格斯文集》第 7 卷，人民出版社 2009 年，第 527 页。
③ 《马克思恩格斯文集》第 5 卷，人民出版社 2009 年，第 32 页。

及资本的物质形态，二者显然不是完全相同的东西（例如，关键核心技术领域的资本与产能过剩领域的资本，其在价值形态上并没有什么不同，但在物质形态上则存在本质的差别，而这种差别对于新发展阶段推动高质量发展无疑具有更为重要的现实意义）；另一方面，马克思在从事政治经济学研究时，社会主义还没有从理论设想变为现实的社会形态，这就使得马克思不得不更多地以资本主义生产方式下的资本问题为分析重点，我们显然不能直接把马克思关于自由资本主义条件下资本问题的有关阐述，简单地套用到我们所重点关注的社会主义情形，而必须考虑到资本主义和社会主义的本质区别以及资本在不同社会形态下的不同特性和行为规律。如果我们对马克思政治经济学的理论深度和抽象程度缺乏足够认识，那么就很容易混淆商品的社会属性（如价值和剩余价值）和自然属性（如使用价值和物质财富）、资本的价值形态和物质形态，甚至把马克思对资本主义生产方式的批判误认为对资本本身的批判，从而也就难以准确把握马克思关于资本问题的理论阐述。在这一问题上，我们有着正反两方面的经验，不妨予以简要回顾。

正如党的十九届六中全会通过的《中共中央关于党的百年奋斗重大成就和历史经验的决议》指出的，"新民主主义革命时期，党面临的主要任务是，反对帝国主义、封建主义、官僚资本主义，争取民族独立、人民解放，为实现中华民族伟大复兴创造根本社会条件"[①]。这是一个为推动我国现代化转型并成功开启中国式现代化进程创造根本社会条件的历史过程，而资本则在此过程中有着克服"人类的地方性发展和对自然的崇拜""摧毁一切阻碍发展生产力"限制等方面的"伟大的文明作用"，或如马克思在《1857—1858年经济学手稿》中系统阐述的："如果说以资本为基础的生产，一方面创造出普遍的产业劳动，即剩余劳动，创造价值的劳动，那么，另一方面也创造出一个普遍利用自然属性和人的属性的体系，创造出一个普遍有用性的体系，……由此产生了资本的伟大的文明作用；它创造了这样一个社会阶段，与这个社会阶段相比，一切以前的社会阶段都只表现为人类的地方性发展和对自然的崇拜。……资本破坏这一切并使之不断革命化，摧毁一切阻碍发展生产力、

---

① 《中国共产党关于党的百年奋斗重大成就和历史经验的决议》，人民出版社2021年，第3页。

扩大需要、使生产多样化、利用和交换自然力量和精神力量的限制。"① 新民主主义革命时期，毛泽东准确把握了马克思主义的这一精髓，深刻认识到"只有经过民主主义，才能达到社会主义，这是马克思主义的天经地义""没有一个由共产党领导的新式的资产阶级性质的彻底的民主革命，要想在殖民地半殖民地半封建的废墟上建立起社会主义社会来，那只是完全的空想""现在的中国是多了一个外国的帝国主义和一个本国的封建主义，而不是多了一个本国的资本主义，相反地，我们的资本主义是太少了"②。正是基于对资本乃至资本主义的这种正确认识并结合我国革命的具体实际，我们"党领导人民，在各民主党派和无党派民主人士积极合作下，于一九四九年十月一日宣告成立中华人民共和国，实现民族独立、人民解放，彻底结束了旧中国半殖民地半封建社会的历史，……实现了中国从几千年封建专制政治向人民民主的伟大飞跃"③，进而为我国开启社会主义性质和方向的中国式现代化，并以中国式现代化推进中华民族伟大复兴创造了根本的社会条件。

社会主义革命和建设时期的主要任务，是实现从新民主主义到社会主义的转变，进行社会主义革命、推进社会主义建设，为以中国式现代化推进中华民族伟大复兴奠定根本的政治前提和制度基础。在这个过程中，正如毛泽东指出的，"无论何人要认识什么事物，除了同那个事物接触，即生活于（实践于）那个事物的环境中，是没有法子解决的。不能在封建社会就预先认识资本主义社会的规律，因为资本主义还未出现，还无这种实践。马克思主义只能是资本主义社会的产物。马克思不能在自由资本主义时代就预先具体地认识帝国主义时代的某些特异的规律"④，也不可能预先认识到社会主义社会的某些具体规律，我们必须在准确把握马克思有关论述的基础上，在不断推进马克思主义中国化时代化的历史过程中不断推动马克思主义的创新发展，但这并不是一件简单的事情。按照马克思恩格斯的最初设想，共产主义（未来社会）以生产力高度发达的资本主义创造的物质财富为基础，是实现了质

---

① 《马克思恩格斯全集》第 30 卷，人民出版社 1995 年，第 390 页。
② 《毛泽东选集》第 3 卷，人民出版社 1991 年，第 1060 页。
③ 《中国共产党关于党的百年奋斗重大成就和历史经验的决议》，人民出版社 2021 年，第 8 页。
④ 《毛泽东选集》第 1 卷，人民出版社 1991 年，第 286~287 页。

的飞跃的资本主义的"升级版",但在科学社会主义的现实运动中,几乎所有的社会主义国家都是在生产力相对落后的特殊国情下进行社会主义革命和建设的,且几乎始终面临着生产力更为发达的资本主义国家的外部压力,故更多地属于不断实现量的扩张的资本主义的"竞争版"。其中,作为人类社会第一个社会主义国家,苏联在社会主义革命和建设过程中形成并对整个社会主义阵营产生了深远影响的社会主义传统模式,既有对马克思主义的创新发展,更不乏诸多理论教条,特别是把人类社会发展规律中某些一般性的东西,因其存在于资本主义社会而视之为社会主义的对立面,在资本问题上更是直接取消了"资本"范畴,如苏联科学院编写的《政治经济学教科书》明确指出,"由于社会主义生产关系代替了旧的资本主义的生产关系,表现人剥削人的关系的资本主义经济规律便失去效力。剩余价值规律、资本主义利润规律、现代资本主义的基本经济规律都退出舞台。资本主义积累的一般规律、竞争和生产无政府状态的规律及其他规律不再发生作用。资本、剩余价值、利润、生产价格、雇佣劳动、劳动力价值等等表现资本主义关系的范畴已经消失"①,甚至认为"在社会主义制度下,生产资料不再是资本""归个人所有的物品不能变为资本"②,等等。在社会主义传统模式的影响下,我国在社会主义建设时期同样一度取消了"资本"范畴,从而也就谈不上对资本问题的正确认识和准确理解,这也是我国在社会主义建设时期多次经历严重曲折的重要原因。对此,《中共中央关于党的百年奋斗重大成就和历史经验的决议》系统地总结说:"虽然经历了严重曲折,但党在社会主义革命和建设中取得的独创性理论成果和巨大成就,为在新的历史时期开创中国特色社会主义提供了宝贵经验、理论准备、物质基础。"③

1978年12月召开的党的十一届三中全会作出了实行改革开放的历史性决策,成功开辟了中国特色社会主义道路,"实现了从生产力相对落后的状况到经济总量跃居世界第二的历史性突破,实现了人民生活从温饱不足到总体

---

① 苏联科学院经济研究所:《政治经济学教科书》,人民出版社1955年,第435页。
② 苏联科学院经济研究所:《政治经济学教科书》,人民出版社1955年,第422、431页。
③ 《中国共产党关于党的百年奋斗重大成就和历史经验的决议》,人民出版社2021年,第14页。

小康、奔向全面小康的历史性跨越，推进了中华民族从站起来到富起来的伟大飞跃"[①]。中国式现代化之所以能够在改革开放和社会主义现代化建设新时期取得巨大发展成就，一个重要原因是我们结合社会主义建设过程中的正反两方面经验，深刻认识到"社会主义本身是共产主义的初级阶段，而我们中国又处在社会主义的初级阶段，就是不发达的阶段"[②]，深刻认识到"社会主义的本质，是解放生产力，发展生产力，消灭剥削，消除两极分化，最终达到共同富裕"[③]，并依据我国所处的发展阶段和社会主义的本质要求，在不断推进马克思主义中国化时代化的过程中实现了一系列理论创新、实践创新和制度创新，极大地深化了我们对社会主义情形下资本问题的理论认识。具体而言，尽管社会主义的生产目的是满足人民需要，而不是资本主义情形下肆无忌惮地追逐剩余价值，但在社会生产力相对不发达的社会主义初级阶段，相对落后的生产力水平仍然是满足人们需要的主要制约因素，这意味着解放和发展生产力、不断推动经济发展仍然是满足人们需要进而不断推动人的全面发展和全体人民共同富裕的最根本手段。在这个过程中，一方面，按照马克思关于资本问题的有关论述，资本作为"发展社会生产力的重要的关系"和"摧毁一切阻碍发展生产力"限制的重要力量，必然是中国式现代化进程中提高社会生产力、推动经济发展的关键因素；另一方面，与马克思重点考察的对资本没有任何限制的自由资本主义不同，社会主义初级阶段的经济发展以社会主义生产关系及其上层建筑为既定前提，人民代表大会的根本政治制度、党的集中统一领导的根本领导制度、公有制为主体的基本经济制度等，均对资本相对于劳动等要素的优势地位施加了强有力的限制，这就使得资本在充分发挥其推动经济发展的作用并为人的发展提供物质基础的同时，从制度上有效遏制了其对人的发展的不利影响并保证了以资本积累为基础的经济发展服务于人的发展。正是基于这一系列新认识，改革开放以来，一方面，我们明确了公有制经济和非公有制经济都是社会主义市场经济的重要组

---

① 《中国共产党关于党的百年奋斗重大成就和历史经验的决议》，人民出版社2021年，第22页。
② 《邓小平文选》第3卷，人民出版社1993年，第252页。
③ 《邓小平文选》第3卷，人民出版社1993年，第373页。

成部分，都是我国经济社会发展的重要基础，并通过充分发挥公有资本的引领作用、充分激发非公有资本的活力和创造力、努力构建多层次的资本市场等措施，极大地推动了我国经济发展；另一方面，我国始终坚持马克思主义的指导地位和以人民为中心的发展思想，从根本上保证了我国的经济发展服从于人的发展，进而在持续较快的经济发展过程中始终保持了社会稳定，并"在短短30多年里摆脱贫困并跃升为世界第二大经济体，彻底摆脱了被开除球籍的危险，创造了人类社会发展史上惊天动地的发展奇迹，使中华民族焕发出新的蓬勃生机"①。

党的十八大以来，中国特色社会主义进入了新时代，其基本依据是改革开放以来创造的经济快速发展奇迹和社会长期稳定奇迹，极大地提高了我国社会生产力水平并引起了我国社会主要矛盾的转化，发展的不平衡不充分已经成为满足人民日益增长的美好生活需要的主要制约因素。党的十九大紧扣新时代"人民日益增长的美好生活需要和不平衡不充分的发展"之间的社会主要矛盾和"实现社会主义现代化和中华民族伟大复兴"的总任务，系统阐述了新时代坚持和发展什么样的中国特色社会主义、怎样坚持和发展中国特色社会主义等重大时代课题，明确了分两个阶段全面建成社会主义现代化强国、实现第二个百年奋斗目标的战略安排。在全面建设社会主义现代化国家的新发展阶段，不论是更高质量、更有效率、更加公平、更可持续、更为安全的发展，还是在高质量发展中更好地满足人们个性化、多样性、不断升级的美好生活需要，都对我们如何正确认识和准确把握资本的特性和行为规律提出了新的要求。一方面，新发展阶段仍然属于社会主义初级阶段，发展的不平衡不充分仍然是满足人民日益增长的美好生活需要的主要制约因素，我们应该继续利用资本要素的效率优势及其对市场信号的敏感性，充分发挥资本在优化资源配置、推动高质量发展等方面的积极作用；另一方面，资本的逐利本性及其在资源优化配置中的效率优势，同时也赋予了以金融部门乃至房地产部门为依托的资本脱离实体经济而陷入自我循环的内在冲动，新发展阶段推动高质量发展必须着力防范化解各类金融风险及其引发的经济风险。

---

① 习近平：《在庆祝中国共产党成立95周年大会上的讲话》，人民出版社2016年，第4页。

简言之，正如习近平总书记强调的，"金融是实体经济的血脉，为实体经济服务是金融的天职，是金融的宗旨""金融要把为实体经济服务作为出发点和落脚点，全面提升服务效率和水平，把更多金融资源配置到经济社会发展的重点领域和薄弱环节，更好满足人民群众和实体经济多样化的金融需求"[1]，新发展阶段必须紧扣人民日益增长的美好生活需要与不平衡不充分的发展之间的社会主要矛盾，坚持把发展经济的着力点放在实体经济上，进一步增强金融服务实体经济的能力，加快构建同现代化经济体系和社会主义市场经济体制相适应的现代金融监管框架，牢牢守住不发生系统性金融风险的底线。

（作者胡怀国，原题目为《资本要素的特性及其在现代化进程中的地位和作用：一种政治经济学的理论梳理》，发表于《当代经济研究》2022年第5期，第16~25页。）

---

[1] 《习近平谈治国理政》第2卷，外文出版社2017年，第279页。

第九章
社会主义市场经济条件下的资本要素

摘要：资本是社会主义市场经济的重要生产要素，是促进社会生产力发展的重要力量。如何正确认识和把握社会主义市场经济条件下资本要素的特性、作用和行为规律，既是一个重大的实践问题，也是一个重大的理论问题。资本要素在市场经济条件下的逐利性、流动性和扩张性赋予了其优化资源配置、推动经济发展的重要作用，但同时也使之成为经济发展中的扰动因素和宏观不稳定的重要根源，其在经济领域之外的扩张更有可能造成严重的社会不公并损及市场经济的逻辑前提和制度基础。社会主义市场经济条件下的资本要素同样具有逐利性、流动性和扩张性，但人民当家作主的根本政治制度、代表最广大人民根本利益的党的领导制度、以公有制为主体的所有制结构等社会主义生产关系及其上层建筑，为充分发挥资本的积极作用并有效控制其消极作用提供了根本的政治前提和制度基础。

关键词：社会主义市场经济　新发展阶段　资本要素

目前，我国已经正式进入了全面建设社会主义现代化国家、向第二个百年奋斗目标进军的新发展阶段。习近平总书记指出，"进入新发展阶段，我国发展内外环境发生深刻变化，面临许多新的重大问题，需要正确认识和把握"，特别是要"正确认识和把握资本的特性和行为规律""探索如何在社会主义市场经济条件下发挥资本的积极作用，同时有效控制资本的消极作用"。[①]

[①] 习近平：《正确认识和把握我国发展重大理论和实践问题》，《求是》2022年第10期。

2022年4月29日，习近平总书记在主持中央政治局第三十八次集体学习时进一步强调，"资本是社会主义市场经济的重要生产要素，在社会主义市场经济条件下规范和引导资本发展，既是一个重大经济问题、也是一个重大政治问题，既是一个重大实践问题、也是一个重大理论问题""要深入总结新中国成立以来特别是改革开放以来对待和处理资本的正反两方面经验，深化社会主义市场经济条件下资本理论研究。"① 如何正确认识和把握社会主义市场经济条件下资本要素的特性、作用和行为规律，是事关我国现代化建设全局的重大理论和实践问题，本文试图从政治经济学的角度予以初步的理论考察。

一、引　言

2021年是中国共产党成立一百周年，同时也是我国全面建成小康社会、实现第一个百年奋斗目标之后，乘势而上开启全面建设社会主义现代化国家新征程、向第二个百年奋斗目标进军的开局之年，我国正式进入了新发展阶段，这是我国发展新的历史方位。新发展阶段仍然属于社会主义初级阶段，这意味着发展仍然是解决我国一切问题的基础和关键。习近平总书记指出："我国经济发展获得巨大成功的一个关键因素，就是我们既发挥了市场经济的长处，又发挥了社会主义制度的优越性。"② 与此同时，"既然是社会主义市场经济，就必然会产生各种形态的资本"③，必然会产生如何在社会主义市场经济条件下正确认识和把握资本要素的特性和行为规律、如何发挥资本要素的积极作用并有效控制其消极作用等重大理论和实践问题。对此，习近平总书记明确指出，"在社会主义市场经济体制下，资本是带动各类生产要素集聚配置的重要纽带，是促进社会生产力发展的重要力量，要发挥资本促进社会生产力发展的积极作用。同时，必须认识到，资本具有逐利本性，如不加以

---

① 《习近平谈治国理政》第4卷，外文出版社2022年，第217、219页。
② 习近平：《不断开拓当代中国马克思主义政治经济学新境界》，《求是》2020年第16期。
③ 习近平：《正确认识和把握我国发展重大理论和实践问题》，《求是》2022年第10期。

第九章　社会主义市场经济条件下的资本要素

规范和约束，就会给经济社会发展带来不可估量的危害""在社会主义制度下如何规范和引导资本健康发展，这是新时代马克思主义政治经济学必须研究解决的重大理论和实践问题"①。

然而，这并不是一件轻松的事情。正如习近平总书记指出的，"马克思、恩格斯没有设想社会主义条件下可以搞市场经济，当然也就无法预见社会主义国家如何对待资本。列宁、斯大林虽然领导了苏联社会主义建设，但当时苏联实行的是高度集中的计划经济体制，基本上没有遇到大规模资本问题。搞社会主义市场经济是我们党的一个伟大创造"②，如何正确认识和把握社会主义市场经济条件下资本要素的特性和行为规律，是我们在中国特色社会主义实践探索中遇到的新课题，不可能找到现成的教科书。面对新时代马克思主义政治经济学必须研究解决的这一重大理论和实践问题，一方面，我们必须"坚持把马克思主义基本原理同中国具体实际相结合、同中华优秀传统文化相结合，坚持实践是检验真理的唯一标准，坚持一切从实际出发，及时回答时代之问、人民之问，不断推进马克思主义中国化时代化"③；另一方面，有关理论研究不可能"凭空而起，必须建立在前人的研究成果之上"，"必须以马克思主义经济学为主干，兼收并蓄地吸收西方经济学有关市场经济的理论研究成果"④，但这同样不是一件轻松的事情。特别地，不同时代的学者往往面临着不同的时代课题，同一个概念在不同时代的学者那里往往有着非常不同的时代内涵，这意味着我们在兼收并蓄地吸收前人研究成果时，不得不奋力穿越重重的时代迷雾。

以本文重点考察的"资本"为例，古典经济学奠基者亚当·斯密更多地把它视为"便利劳动和节省劳动"的手段和工具，甚至把劳动熟练程度也看作是一种资本，明确指出"工人增进的熟练程度，可和便利劳动、节省劳动的机器和工具同样看作是社会上的固定资本"⑤；新古典经济学奠基者马歇尔

---

① 《习近平谈治国理政》第4卷，外文出版社2022年，第219页。
② 习近平：《正确认识和把握我国发展重大理论和实践问题》，《求是》2022年第10期。
③ 《中共中央关于党的百年奋斗重大成就和历史经验的决议》，人民出版社2021年，第67页。
④ 习近平：《对发展社会主义市场经济的再认识》，《东南学术》2001年第4期。
⑤ 斯密：《国民财富的性质和原因的研究》上卷，商务印书馆1996年，第258页。

则把知识、企业组织乃至国家组织视为资本的主要组成部分,并认为"资本大部分是由知识和组织构成的"①;马克思主义政治经济学奠基者马克思则更多地把资本视为一种社会关系和生产关系,明确指出"资本不是一种物,而是一种以物为中介的人和人之间的社会关系"②。斯密、马歇尔、马克思等学者关于资本的不同理解,某种程度上同他们面临的时代课题有关:一方面,正如习近平总书记强调的,"只有聆听时代的声音,回应时代的呼唤,认真研究解决重大而紧迫的问题,才能真正把握住历史脉络、找到发展规律,推动理论创新"③;另一方面,正如恩格斯明确指出的,"一门科学提出的每一种新见解都包含这门科学的术语的革命"④,正是在聆听时代的声音、回应时代的呼唤的过程中,有关学者借助于"术语革命"推动了重大理论创新并创立了新的理论经济学体系,但同时也赋予了同一个概念非常不同的时代内涵。这意味着为了穿越这种时代的迷雾、更好地吸收前人研究成果,我们不得不付诸某种历史的回顾和理论的梳理。

特别地,马克思在创立马克思主义政治经济学时,对资本问题有着深刻而又丰富的理论阐述,为我们正确认识和把握社会主义市场经济条件下的资本问题提供了根本指导,但正如习近平总书记强调的,"今天,时代变化和我国发展的广度和深度远远超出了马克思主义经典作家当时的想象"⑤,我国已经是社会主义国家,社会主义基本制度和社会主义生产关系已经成为当代中国一切发展的根本政治前提和制度基础,这意味着我们不能简单套用马克思在自由资本主义时代对资本问题的分析,尤其是不能把马克思关于资本是一种"资本主义生产关系"的定义直接套用到我们的社会主义情形,而必须在更为准确地把握马克思面临的时代课题及有关概念的时代内涵的基础上,坚持把马克思主义基本原理同我国具体实际和时代特征相结合,在不断推进马克思主义中国化时代化的过程中不断深化对社会主义市场经济条件下资本问

---

① 马歇尔:《经济学原理》上卷,商务印书馆1997年,第157页。
② 《马克思恩格斯文集》第5卷,人民出版社2009年,第877~878页。
③ 习近平:《在哲学社会科学工作座谈会上的讲话》,人民出版社2016年,第14页。
④ 《马克思恩格斯文集》第5卷,人民出版社2009年,第32页。
⑤ 习近平:《在庆祝中国共产党成立95周年大会上的讲话》,人民出版社2016年,第9页。

题的认识。基于以上认识，本文的结构安排如下：第二部分拟结合有关学者的经典论述，对市场经济的效率优势与资本要素的特性和作用予以一般性的理论梳理；第三部分拟结合西方式现代化的经验教训及其理论回应，特别是马克思以资本为逻辑主线对西方式现代化的批判性反思和理论超越，对有关问题做进一步考察；第四、第五部分拟以前述探讨为基础，分别对马克思主义中国化时代化与社会主义市场经济的历史生成、社会主义市场经济条件下的资本问题等进行相对集中的理论阐述；第六部分是简短的结语。

二、市场经济的效率优势与资本要素的支配性：一种政治经济学分析

习近平总书记指出："经济发展就是要提高资源尤其是稀缺资源的配置效率，以尽可能少的资源投入生产尽可能多的产品、获得尽可能大的效益。理论和实践都证明，市场配置资源是最有效率的形式。市场决定资源配置是市场经济的一般规律，市场经济本质上就是市场决定资源配置的经济。"[1] 市场经济在优化资源配置、推动经济发展方面具有明显的效率优势，但它决非一个自然而然的自发过程，而是有赖于市场、政府和社会之间的相互作用并涉及一系列复杂的现实运动，或如亚当·斯密在古典经济学奠基之作《国富论》（1776）中指出的：一方面，要充分激发每个人的积极性并充分发挥市场在资源配置中的重要作用，"每一个人，在他不违反正义的法律时，都应听其完全自由，让他采用自己的方法，追求自己的利益"[2]。另一方面，要充分发挥政府的重要作用，"第一，保护社会，使不受其他独立社会的侵犯。第二，尽可能保护社会上各个人，使不受社会上任何其他人的侵害或压迫，这就是说，要设立严正的司法机关。第三，建设并维持某些公共事业及某些公共设

---

[1] 习近平：《论坚持全面深化改革》，中央文献出版社 2018 年，第 30~31 页。
[2] 斯密：《国民财富的性质和原因的研究》下卷，商务印书馆 1996 年，第 252 页。

施"①。党的十八届三中全会通过的《中共中央关于全面深化改革若干重大问题的决定》更是明确指出,"市场决定资源配置是市场经济的一般规律""核心问题是处理好政府和市场的关系,使市场在资源配置中起决定性作用和更好发挥政府作用"②。

至少从理论上讲,市场得以在资源配置中起决定性作用、市场经济得以实现其在推动经济发展方面的效率优势,有赖于一系列的社会条件、政治前提和制度基础,不妨简要归纳如下:其一,相对安全的发展环境和相对稳定的社会条件,没有任何国家能够在山河破碎或社会动荡中实现最优资源配置和现代经济发展;其二,每个人至少在理论上拥有相对平等的政治法律权利和社会经济地位,从而能够更多地凭借个体努力改善自身境遇,并以此形成鼓励普遍勤劳和促进资本积累的制度性框架;其三,每个人、每个市场主体能够面对大致相同的市场秩序和交易规则,不同要素和资源能够自由流动、各种商品和服务能够自由交易,并以此激发社会活力、提高经济效率、促进经济发展;其四,促进要素流动和商品交易并有效降低交易成本的基础设施和制度安排,以使得有关成本和障碍不至于高到要素无法流动、商品难以交易的程度;其五,必不可少的政府矫正措施和公共服务,以使得理论上拥有平等权利、面对相同规则的个体或市场主体,不会因为其在现实世界必定存在的事实差异,而损及权利和规则的平等性、市场体系的统一性。当然,正如斯密在批判法国重农主义过于追求理想化时强调的,"如果一国没有享受完全自由及完全正义,即无繁荣的可能,那世界上就没有一国能够繁荣了"③,上述条件或前提更多地属于一种简化分析的理论参照系,而不是容不得任何偏离的现实对应物。

就生产要素而言,不同要素能够平等地、普遍地参与有关经济活动是市场经济得以发挥其效率优势的制度前提,但不同要素拥有的不同特性以及由此产生的事实差异,不仅有可能借助于市场机制的放大效应而影响到其平

---

① 斯密:《国民财富的性质和原因的研究》下卷,商务印书馆1996年,第252~253页。
② 《中共中央关于全面深化改革若干重大问题的决定》,人民出版社2013年,第5页。
③ 斯密:《国民财富的性质和原因的研究》下卷,商务印书馆1996年,第240页。

等参与经济活动的能力,而且有可能破坏权利规则的平等性、市场体系的统一性乃至市场经济的逻辑前提和制度基础,不妨以劳动、土地和资本三种生产要素为例:土地为人类生产生活所必需,但其位置相对固定、数量相对有限、流动性相对较低,故通常是经济发展中基础性的、但相对被动的要素;劳动者在空间上能够流动、在数量上可以调整并在肉体和精神上拥有一定程度的自主性,但不同劳动者不仅在体力、智力和努力程度等方面存在明显差别,而且其对经济活动的参与往往会对自身产生影响,这就使得劳动成为经济发展中最具能动性但同时也最具复杂性的要素;资本要素在三种生产要素中无疑最具流动性,且"关于资本,有一个最重要的原理是:自由资本可以无差别地运用在任一门产业上"①,故不仅是市场经济效率优势的重要来源,而且是市场信号的敏锐捕捉者、要素配置的重要引领者、经济活动的主要组织者或马克思所说的"普遍有用性的体系"的创造者:"以资本为基础的生产,一方面创造出普遍的产业劳动,……另一方面也创造出一个普遍利用自然属性和人的属性的体系,创造出一个普遍有用性的体系"②,并由此赋予了资本要素在现代市场经济乃至现代经济发展中的重要作用和支配性地位:"资本作为孜孜不倦地追求财富的一般形式的欲望,驱使劳动超过自己自然需要的界限,来为发展丰富的个性创造出物质要素,……由此可见,资本是生产的,也就是说,是发展社会生产力的重要的关系。"③

然而,尽管资本是市场经济效率优势的重要来源,是发展社会生产力的重要关系,但"资本的合乎目的的活动只能是发财致富,也就是使自身变大或增大"④,并借助于市场机制对要素特性及其相对优势的放大作用而产生一系列问题。例如,李嘉图(1817)曾注意到,"劳动者没有工资就活不下去,农场主和制造业者没有利润也是一样"⑤,但前者不仅处于相对劣势地位并面临一系列脆弱性,而且存在着明显的肉体和精神上的限制,如斯密(1776)

---

① 杰文斯:《政治经济学理论》,商务印书馆 1997 年,第 180~181 页。
② 《马克思恩格斯全集》第 30 卷,人民出版社 1995 年,第 389~390 页。
③ 《马克思恩格斯全集》第 30 卷,人民出版社 1995 年,第 286 页。
④ 《马克思恩格斯全集》第 30 卷,人民出版社 1995 年,第 228 页。
⑤ 斯拉法主编:《李嘉图著作和通信集》第 1 卷,商务印书馆 1997 年,第 103 页。

认为:"天性要求,在紧张劳动之后,有一定程度的纵情快乐,有时只是悠闲自在一会,有时却是闲游浪荡和消遣娱乐。如不依从这要求,其结果常是很危险的,有时是致命的,不然,迟早亦会产生职业上的特殊疾病。"① 与之不同,资本对利润的追求几乎不存在任何来自自身的限制:"如果有10%的利润,它就保证到处被使用;有20%的利润,它就活跃起来;有50%的利润,它就铤而走险;为了100%的利润,它就敢践踏一切人间法律;有300%的利润,它就敢犯任何罪行,甚至冒绞首的危险。"② 资本对发财致富和自身增殖的无限追求及其引发的内在扩张冲动、资本相对于其他要素特别是劳动要素的相对优势、资本在市场经济和经济发展中的支配性地位等,赋予了资本要素一系列积极作用和消极作用,并在近代以来的西方式现代化进程中有着大量的经验教训,不妨予以简要的历史回顾。

三、西方式现代化进程中的资本问题:经验教训与理论回应

至少就主要经济体而言,人类社会曾长期处于传统农业社会,人们的生产生活更多地是为了满足生存需要,整个社会带有明显的地域性限制、等级化特征和人身依附性,并由此形成了与之相适应的传统社会秩序和治理模式。对此,马克思曾在《路易·波拿巴的雾月十八日》中总结说:"每一个农户差不多都是自给自足的,都是直接生产自己的大部分消费品,因而他们取得生活资料多半是靠与自然交换,而不是靠与社会交往。……他们不能代表自己,一定要别人来代表他们。他们的代表一定要同时是他们的主宰,是高高站在他们上面的权威,是不受限制的政府权力,这种权力保护他们不受其他阶级侵犯,并从上面赐给他们雨水和阳光。所以,归根到底,小农的政

---

① 斯密:《国民财富的性质和原因的研究》上卷,商务印书馆1996年,第75~76页。
② 《马克思恩格斯文集》第5卷,人民出版社2009年,第871页。

治影响表现为行政权支配社会。"①生存型的生产生活方式、等级化和人身依附的社会关系、行政权支配社会的治理模式等，使得传统农业社会的生产、分配、流通、消费等经济活动以及劳动、土地和资本等要素的流动表现出明显的地域性限制并笼罩在行政权的支配之下。

在这种情况下，如何突破人类发展的人身性依附和地域性限制并形成某种促进普遍勤劳的制度性框架，就成为任何一个大的农业社会突破"马尔萨斯陷阱"、开启现代化进程的基本问题，而资本积累与现代市场经济关系的形成则是其中的关键环节。在人类社会的发展历史上，1453年君士坦丁堡的陷落率先打破了欧洲社会的中世纪沉寂，引发了欧洲特别是西欧社会的一系列连锁反应，并在其相对漫长的历史演进过程中开辟了一种西方式现代化路径。西方式现代化以资本积累和市场经济的发育为前提，它极大地促进了经济发展和物质财富的积累，但始终无法从根本上解决经济发展与人的发展之间的内在冲突。马克思在对西方式现代化前半程及其理论回应进行批判性反思的基础上实现了理论超越，为人类社会开辟一种以经济发展推动人的发展的现代化路径提供了理论可能，同时也为我们在不断推进马克思主义中国化时代化的历史过程中以中国式现代化推进中华民族伟大复兴提供了根本指导，不妨结合西方式现代化的经验教训及其理论回应予以简要梳理。

（一）西方式现代化的阶段性特征与经验教训

西方式现代化经历了相对漫长的历史演进过程。为便于分析，不妨依其阶段性特征和若干标志性事件，将其大致划分为三个阶段，即300年左右的准备期（1453~1753年）、100年左右的前半程（1750~1850年）和100年左右的后半程（1870~1970年），重商主义、古典经济学以及边际革命以来的西方经济学则分别是其相应的理论回应。其中，1453~1753年的商业革命，本质上是在农业活动仍占支配地位的情况下，通过国王与商人、权力与资本的结盟，在传统农业社会的缝隙中开辟出一种财富积累的新途径，它积累了现

---

① 《马克思恩格斯文集》第2卷，人民出版社2009年，第566~567页。

代化因素但没有从根本上改变传统社会秩序；1750~1850 年的英国工业革命，开辟了西方式现代化道路并催生了现代市场经济关系，它极大地推动了经济发展但同时也造成了较为严重的"人的不发展"；1870~1970 年西方主要经济体先后开启了以大规模工业化推进现代化的历史进程，其突出特征是国家开始承担起越来越多的发展责任，二战之后更是普遍构建起了相对完善的社会保障体系和再分配政策体系，但这种主要"围绕着分配兜圈子"①的政府矫正措施"既不会使工人也不会使劳动获得人的身份和尊严"②，它缓解了但没有从根本上解决经济发展与人的发展之间的内在冲突，自 20 世纪 80 年代以来更是面临着一系列新问题新挑战，渐次推动当今世界进入动荡变革期、面临百年未有之大变局。

就市场经济关系和资本要素而言，1453~1753 年的商业革命积累了现代化因素，如地域性限制的突破、资本的原始积累、宗教改革和民族国家的形成等等，但正如斯密批判的，重商主义本质上"是一种限制与管理的学说"③，它缺乏某种普遍性，无法形成促进普遍勤劳的现代市场经济关系并实现现代意义上的经济发展。1750~1850 年的英国工业革命则与之不同，它深深地改变了人们的生产生活方式并形成了有助于促进普遍勤劳和资本积累的现代市场经济关系，作为苏格兰启蒙运动代表人物和古典经济学奠基者的亚当·斯密，更是在初步构建并包含政治修明、法律严正、社会包容、经济自由等内容的道德哲学体系的基础上，首次构建了一种适应于现代市场经济关系的理论经济学体系，深入揭示了市场经济条件下以资本积累为前提的劳动分工和市场交易促进现代经济发展的内在机制。英国工业革命极大地促进了经济发展和物质财富积累，但资本自由运动所产生的消极作用仍然远远超出了斯密的理论预期：市场经济条件下的资本自由运动推动了经济发展，但它不仅没有"造成普及到最下层人民的那种普遍富裕"④，反而导致了较为严重的贫富差距、阶层分化并极大地恶化了普通民众的生存状况，如"1840 年，

---

① 《马克思恩格斯文集》第 3 卷，人民出版社 2009 年，第 436 页。
② 《马克思恩格斯文集》第 1 卷，人民出版社 2009 年，第 167 页。
③ 斯密：《国民财富的性质和原因的研究》下卷，商务印书馆 1996 年，第 229 页。
④ 斯密：《国民财富的性质和原因的研究》上卷，商务印书馆 1996 年，第 11 页。

利物浦上等阶级（贵族、自由职业者等）的平均寿命是 35 岁，商人和收入较好的手工业者是 22 岁，工人、短工和一般雇佣劳动者只有 15 岁"①。

1870~1970 年西方主要经济体先后开启了以大规模工业化推动现代经济发展的历史进程，某种程度上可视为西方式现代化的后半程，其突出特征是国家开始承担起越来越多的发展责任，特别是借助于劳动保护、社会保障和再分配政策等政府矫正措施部分地缓解了经济发展与人的发展之间的剧烈冲突。但资本对自我增殖的无限追求、资本的高度流动性及其在更大范围和更多领域的扩张，不仅仍然赋予了资本相对于劳动等要素的巨大优势，而且引发了以资本的自我循环运动为特征的虚拟经济在 20 世纪的过度膨胀，特别是资本在全球范围的流动和扩张更是成为世界经济乃至国际格局的巨大扰动因素，甚至一度引发了给人类社会带来巨大灾难的第一次世界大战和第二次世界大战。如果说，西方式现代化前半程充分显示了资本自由运动所引发的经济发展与人的发展之间的内在冲突，那么西方式现代化后半程则更多地显示了资本在更大范围和更多领域的扩张所引发的经济风险、社会风险乃至政治风险。20 世纪 80 年代以来，西方式现代化进入了一个新阶段，特别是经由新一轮经济全球化、市场化浪潮推动了国际资本流动、重塑了国际分工格局，但同时也赋予了资本相对于劳动、虚拟经济相对于实体经济的巨大优势，造成了日趋明显的贫富差距、经济虚拟化和资产泡沫化，并最终演变为 2008 年国际金融危机，此后更是在进退失据之中推动当今世界进入动荡变革期、面临百年未有之大变局。

（二）马克思对西方式现代化的批判性反思与理论超越：兼论马克思的"术语革命"

马克思生活在西方式现代化前后半程相互交织的历史交汇期，对西方式现代化特别是以英国为典型的西方式现代化前半程有着更为充分的观察，并通过对西方式现代化及其理论回应的批判性反思，不仅创立了旨在实现每个

---

① 《马克思恩格斯文集》第 1 卷，人民出版社 2009 年，第 420 页。

人自由而全面发展的马克思主义学说,而且为构建一种经济发展和人的发展有机统一的现代化路径提供了理论可能,或如马克思在《1844年经济学哲学手稿》中指出的:"共产主义是对私有财产即人的自我异化的积极的扬弃,因而是通过人并且为了人而对人的本质的真正占有;因此,它是人向自身、也就是向社会的即合乎人性的人的复归,这种复归是完全的复归,是自觉实现并在以往发展的全部财富的范围内实现的复归"①。也就是说,共产主义(未来社会)是一种"积极扬弃"(而不是消极取消或简单消灭)自我异化的过程,是一种以经济发展推动人的发展的现实运动,是对能够推动经济发展但无法实现人的发展的西方式现代化的理论超越。在马克思看来,"人的发展"是经济发展的目的和归宿,而经济发展则是"人的发展"最根本的手段:"生产力的巨大增长和高度发展……之所以是绝对必需的实际前提,还因为如果没有这种发展,那就只会有贫穷、极端贫困的普遍化;而在极端贫困的情况下,必须重新开始争取必需品的斗争,全部陈腐污浊的东西又要死灰复燃。"②

马克思高度重视经济发展,但同时也深刻认识到"人是人的最高本质"。以英国工业革命为典型的西方式现代化前半程推动了经济发展但没有实现人的发展,而资本的自由运动则是造成这种内在冲突的关键因素。正因如此,马克思高度重视资本问题,不仅在不同时期的大量著述中有着关于资本问题的丰富论述,而且还为我们留下了以资本的自由运动为逻辑主线、专门探讨资本问题的三卷本《资本论》以及作为其准备的大量手稿。我们甚至可以这样说:纵览人类文明的历史进程,不论是对资本的重视程度还是有关著述的广度、深度和篇幅,似乎还没有哪一位经济学家能够同马克思相提并论。但正如恩格斯在《资本论》英文版序言中指出的,《资本论》中"某些术语的应用,不仅同它们在日常生活中的含义不同,而且和它们在普通政治经济学中的含义也不同。但这是不可避免的。一门科学提出的每一种新见解都包含这门科学的术语的革命"③。为了深入揭示自由资本主义时代的资本自由运动

---

① 《马克思恩格斯文集》第1卷,人民出版社2009年,第185页。
② 《马克思恩格斯文集》第1卷,人民出版社2009年,第538页。
③ 《马克思恩格斯文集》第5卷,人民出版社2009年,第32页。

规律，马克思在进行政治经济学分析时不得不借助于不可避免的"术语的革命"，特别是在古典经济学集大成者大卫·李嘉图以其天才的理论洞察力所淬炼的"价值"等概念的基础上进一步提炼出了"剩余价值"等概念，实现了对古典经济学的理论超越并创立了马克思主义政治经济学说。从某种程度上讲，只有真正理解了这些概念的时代内涵，我们才能成功地穿越时代的迷雾，准确把握马克思乃至古典经济学的有关理论阐述。

以古典经济学和马克思政治经济学的核心概念"价值"为例，它在某种程度上是经济思想史上首次把分配视为政治经济学主要问题的李嘉图，为深入分析要素分配规律及其在经济发展过程中的动态演进路径，以其天才的理论洞察力在斯密有关论述的基础上淬炼出来的政治经济学术语。按照李嘉图（1817）的说法，"价值与财富在本质上是不同的，因为价值不取决于数量多寡，而取决于生产的困难和便利""通过不断增进生产的便利，我们虽然不只是增加国家的财富，并且会增加未来的生产力，但同时却会不断减少某些以前已经生产出来的商品的价值"[1]。也就是说，按照李嘉图的说法，"价值"主要取决于生产的困难和便利程度，它更多地同人们的努力程度有关而不是同物质财富的数量有关，某种程度上是对苏格兰启蒙运动学者关于人们的境遇更多地取决于自身努力程度的现代社会秩序的进一步理论抽象和经济学应用（尽管李嘉图未必清楚斯密在该问题上的理论自觉）。马克思在某种程度上延续了李嘉图的这种思路，并对价值和使用价值等基本概念作出了更为明晰的界定，如《资本论》开篇第一章明确指出，"不论财富的社会的形式如何，使用价值总是构成财富的物质的内容"[2]，"更多的使用价值本身就是更多的物质财富"[3]。也就是说，按照马克思的看法，使用价值更多地同物质财富的增加或经济发展有关，它是各种生产要素共同作用的结果，而资本则是占据支配性地位的关键要素；价值更多地同人们的努力程度或劳动时间有关，体现的是人们通过个体努力改善自身境遇的现代社会秩序和现代市场经济关系，它

---

[1] 斯拉法主编：《李嘉图著作和通信集》第1卷，商务印书馆1997年，第232、233页。
[2] 《马克思恩格斯文集》第5卷，人民出版社2009年，第49页。
[3] 《马克思恩格斯文集》第5卷，人民出版社2009年，第59页。

主要反映了商品的社会属性并更多地同人的发展有关。

现代经济发展有赖于人们的境遇更多地取决于自身努力程度的制度性框架并以此促进资本积累和普遍勤劳,古典经济学者特别是李嘉图淬炼并经马克思进一步发展的"价值""劳动价值论"等概念和理论则是深入探讨其内在机制的重要理论工具。如果说,李嘉图的劳动价值论主要是为了揭示经济发展中的地租上涨对利润或资本积累动机的侵蚀及其对经济发展的影响,那么马克思的劳动价值论以及由此发展出来的"剩余价值理论"等则更多地是为了揭示资本对利润的无限追求对劳动者工资的侵蚀并通过把工资维持在生存水平、通过"驱使劳动超过自己自然需要的界限"等内在机制而严重损及人的发展。正是借助于有关术语革命,马克思对更多地同使用价值和经济发展有关的物质形态的资本、更多地同价值和人的发展有关的价值形态的资本等作出了全面而又深刻的理论阐述。不过,由于马克思面对的时代课题主要是西方式现代化前半程的经济发展与人的不发展,故其政治经济学分析更多地以经济发展为既定前提、集中探讨价值形态的资本的自由运动对人的发展的消极影响。与之不同,"社会主义本身是共产主义的初级阶段,而我们中国又处在社会主义的初级阶段,就是不发达的阶段"[①],我国的社会主义性质决定了人的发展是我国发展的根本目的,而初级阶段不发达的生产力水平则决定了经济发展是人的发展的主要制约因素,这意味着我们在探讨社会主义市场经济条件下的资本问题时,必须既重视价值形态的资本,又重视物质形态的资本,必须坚持把马克思主义基本原理同中国具体实际相结合、不断推进马克思主义中国化时代化。

四、马克思主义中国化时代化与社会主义市场经济的历史生成

习近平总书记指出:"马克思的思想理论源于那个时代又超越了那个时

[①]《邓小平文选》第3卷,人民出版社1993年,第252页。

代,既是那个时代精神的精华又是整个人类精神的精华。"①马克思对西方式现代化及其理论回应的理论超越,为人类社会开辟一种经济发展与人的发展有机统一、相互促进的现代化路径提供了理论可能,不仅为我国的革命、建设和改革提供了根本指导,而且也为我们在社会主义市场经济条件下正确认识和把握资本问题提供了重要的理论依据。但正如毛泽东强调的,"无论何人要认识什么事物,除了同那个事物接触,即生活于(实践于)那个事物的环境中,是没有法子解决的。不能在封建社会就预先认识资本主义社会的规律,因为资本主义还未出现,还无这种实践。……马克思不能在自由资本主义时代就预先具体地认识帝国主义时代的某些特异的规律"②,也不可能预先认识到社会主义社会的某些具体规律,我们必须"不断推进马克思主义中国化时代化,用博大胸怀吸收人类创造的一切优秀文明成果,用马克思主义中国化的科学理论引领伟大实践"③。社会主义市场经济就是我国在社会主义发展过程中不断推进马克思主义中国化时代化取得的重大成果,它不仅是我国经济发展取得巨大成功的关键因素,而且为我们在新的时代条件下正确认识和把握资本的特性和行为规律提供了基本的前提。

"在社会主义条件下发展市场经济,是我们党的一个伟大创举"④,同时也是一个长期的艰辛探索过程。按照马克思恩格斯的最初设想,共产主义(未来社会)以生产力高度发达的资本主义创造的物质财富为基础,但在科学社会主义的现实运动中,几乎所有的社会主义国家都是在生产力相对落后的特殊国情下进行社会主义革命和建设的。其中,作为人类社会第一个社会主义国家,苏联在社会主义革命和建设时期形成并对整个社会主义阵营产生了广泛影响的社会主义传统模式,既有对马克思主义基本原理的创新性发展,更不乏诸多教条式理解,特别是把人类社会发展规律中某些一般性的东西,因其存在于资本主义社会而视之为社会主义社会的对立面,如列宁曾明确指出,"只要还存在着市场经济,只要还保持着货币权力和资本力量,世界上

---

① 习近平:《在纪念马克思诞辰200周年大会上的讲话》,人民出版社2018年,第7页。
② 《毛泽东选集》第1卷,人民出版社1991年,第286~287页。
③ 《中共中央关于党的百年奋斗重大成就和历史经验的决议》,人民出版社2021年,第63页。
④ 习近平:《不断开拓当代中国马克思主义政治经济学新境界》,《求是》2020年第16期。

任何法律都无法消灭不平等和剥削"①；苏联科学院编写的《政治经济学教科书》则不仅否定了社会主义条件下发展市场经济的可能性，更是直接取消了包括资本在内的诸多经济范畴，明确指出"由于社会主义生产关系代替了旧的资本主义的生产关系，表现人剥削人的关系的资本主义经济规律便失去效力。……资本、剩余价值、利润、生产价格、雇佣劳动、劳动力价值等等表现资本主义关系的范畴已经消失"②。

我国是在落后农业国基础上开启以大规模工业化推进中国式现代化进程的，即便到新中国成立前夕，"中国还有大约百分之九十左右的分散的个体的农业经济和手工业经济，这是落后的，这是和古代没有多大区别的，我们还有百分之九十左右的经济生活停留在古代"③。落后的农业国国情和复杂的国内外环境等诸多因素相互交织，使得我国在社会主义建设时期更多地借鉴了苏联在社会主义实践探索中形成的传统模式。从某种程度上讲，正是借助于社会主义传统模式下高度集中的计划经济体制和高度集权的行政管理体制，我国在短短二十多年的时间里快速地推进了工业化，成功地从一个落后农业国转变为工业部门在国民经济中占主导地位的工业国并初步建立了比较完整的工业体系和国民经济体系，但同时也由于排斥市场机制的作用并取消了资本范畴，造成了较为严重的资源浪费、配置扭曲和效率损失。对此，党的十三大深刻地总结说："在中国这样落后的东方大国中建设社会主义，是马克思主义发展史上的新课题。我们面对的情况，既不是马克思主义创始人设想的在资本主义高度发展的基础上建设社会主义，也不完全相同于其他社会主义国家。照搬书本不行，照搬外国也不行，必须从国情出发，把马克思主义基本原理同中国实际结合起来，在实践中开辟有中国特色的社会主义道路。在这个问题上，我们党作过有益探索，取得过重要成就，也经历过多次曲折，付出了巨大代价。"④

"改革开放是我们党的一次伟大觉醒，正是这个伟大觉醒孕育了我们党

---

① 《列宁全集》第 13 卷，人民出版社 1987 年，第 124 页。
② 苏联科学院经济研究所：《政治经济学教科书》，人民出版社 1955 年，第 435 页。
③ 《毛泽东选集》第 4 卷，人民出版社 1991 年，第 1430 页。
④ 《改革开放三十年重要文献选编》，中央文献出版社 2008 年，第 475 页。

从理论到实践的伟大创造"①。1978年12月召开的党的十一届三中全会，作出了把党和国家的工作中心转移到经济建设上来、实行改革开放的历史性决策。改革开放开辟了中国特色社会主义道路，确立了中国特色社会主义制度，形成了中国特色社会主义理论体系，特别是依据我国的社会主义性质和社会生产力水平，更为准确地把握了我国所处的发展阶段、创造性地提出了社会主义初级阶段理论，并深刻认识到"社会主义的本质，是解放生产力，发展生产力，消灭剥削，消除两极分化，最终达到共同富裕"②。正是依据社会主义初级阶段理论与解放和发展生产力的根本任务，党的十四大确立了建立和完善社会主义市场经济体制的改革目标。社会主义市场经济体制的确立，为我们在中国特色社会主义实践探索中不断深化对资本问题的认识提供了理论依据和现实基础，党的十五大更是围绕"资本"概念对我国经济体制改革和经济发展战略作出了一系列重要论述和战略部署，如强调要"以资本为纽带"形成具有较强竞争力的企业集团、"允许和鼓励资本、技术等生产要素参与收益分配"，等等③。正是基于这一系列理论创新、实践创新和制度创新，我国"实现了从高度集中的计划经济体制到充满活力的社会主义市场经济体制、从封闭半封闭到全方位开放的历史性转变，实现了从生产力相对落后的状况到经济总量跃居世界第二的历史性突破"④，为实现中华民族伟大复兴提供了充满新的活力的体制保证和快速发展的物质条件。

党的十八大以来，中国特色社会主义进入了新时代，其基本依据是我国创造的经济快速发展奇迹和社会长期稳定奇迹，极大地提高了我国社会生产力水平并引起我国社会主要矛盾发生了转化，不平衡不充分的发展已经成为满足人民日益增长的美好生活需要的主要制约因素。"我国社会主要矛盾的变化是关系全局的历史性变化，对党和国家工作提出了许多新要求"⑤，同时也

---

① 习近平：《在庆祝改革开放40周年大会上的讲话》，人民出版社2018年，第4页。
② 《邓小平文选》第3卷，人民出版社1993年，第373页。
③ 《改革开放三十年重要文献选编》，中央文献出版社2008年，第902页。
④ 习近平：《在庆祝中国共产党成立100周年大会上的讲话》，人民出版社2021年，第6页。
⑤ 习近平：《决胜全面建成小康社会 夺取新时代中国特色社会主义伟大胜利》，人民出版社2017年，第11页。

对我们坚持和完善社会主义市场经济体制提出了新要求。党的十八届三中全会明确提出要"使市场在资源配置中起决定性作用和更好发挥政府作用"[①];党的十九届四中全会则进一步把社会主义市场经济体制由经济体制改革目标提升为具有长期性、稳定性和全局性的社会主义基本经济制度的重要组成部分,指出"公有制为主体、多种所有制经济共同发展,按劳分配为主体、多种分配方式并存,社会主义市场经济体制等社会主义基本经济制度,既体现了社会主义制度优越性,又同我国社会主义初级阶段社会生产力发展水平相适应,是党和人民的伟大创造"[②]。由此可见,社会主义市场经济体制是中国特色社会主义的重大理论创新和实践创新,是马克思主义中国化时代化的重要理论成果和制度成果,同时也为我们在全面建设社会主义现代化国家、向第二个百年奋斗目标进军的新发展阶段正确认识和把握资本要素的特性、作用和行为规律提供了基本的前提。

五、社会主义市场经济条件下的资本问题

党的十九届六中全会通过的《中共中央关于党的百年奋斗重大成就和历史经验的决议》指出:"马克思主义是我们立党立国、兴党强国的根本指导思想。马克思主义理论不是教条而是行动指南,必须随着实践发展而发展,必须中国化才能落地生根、本土化才能深入人心。"[③] 马克思关于资本问题全面而又深刻的理论阐述,为我们正确认识和把握社会主义市场经济条件下的资本问题提供了根本指导,但由于马克思面临的时代课题主要是西方式现代化前半程或自由资本主义时代的资本自由运动所造成的经济发展与人的发展之间的内在冲突,故其政治经济学分析更多地以经济发展(更多地同生产

---

① 《中共中央关于全面深化改革若干重大问题的决定》,人民出版社 2013 年,第 5 页。
② 《中共中央关于坚持和完善中国特色社会主义制度 推进国家治理体系和治理能力现代化若干重大问题的决定》,人民出版社 2019 年,第 18 页。
③ 《中共中央关于党的百年奋斗重大成就和历史经验的决议》,人民出版社 2021 年,第 66 页。

力和物质形态的资本有关)为既定前提,重点围绕价值形态的资本的自由运动(更多地同生产关系和人的发展有关)深入揭示资本主义社会从经济发展到人的不发展的内在机制,不仅明确指出"资本显然是关系,而且只能是生产关系"[1],而且在大多数场合直接把"资本"界定为"资本主义生产关系"。与之不同,我国已经是社会主义国家,社会主义基本制度和社会主义生产关系已经成为既定前提,我们显然不能简单地套用马克思的定义把社会主义市场经济条件下的资本直接界定为资本主义生产关系,同时也不能忽视国有资本、民营资本以及外国资本的不同属性而一概视之为社会主义生产关系,而必须坚持把马克思主义基本原理同我国具体实际和时代特征相结合,不断推进马克思主义中国化时代化,特别是要"勇于结合新的实践不断推进理论创新、善于用新的理论指导新的实践"[2],进而在正确认识和把握社会主义市场经济条件下资本要素的特性和行为规律的基础上,充分发挥资本要素的积极作用并有效控制其消极作用,为全面建设社会主义现代化国家、以中国式现代化推进中华民族伟大复兴提供更为坚实的物质基础、更为完善的制度保证。

习近平总书记指出:"我国改革开放40多年来,资本同土地、劳动力、技术、数据等生产要素共同为社会主义市场经济繁荣发展作出了贡献,各类资本的积极作用必须充分肯定。现阶段,我国存在国有资本、集体资本、民营资本、外国资本、混合资本等各种形态资本,并呈现出规模显著增加、主体更加多元、运行速度加快、国际资本大量进入等明显特征。"[3]正确认识和把握社会主义市场经济条件下资本要素的特性和行为规律,首先需要在社会主义生产关系的既定前提下,对我国存在的不同形态资本的价值属性及其相互关系进行理论界定。按照马克思的看法,"在一切社会形式中都有一种一定的生产决定其他一切生产的地位和影响,因而它的关系也决定其他一切关系的地位和影响。这是一种普照的光,它掩盖了一切其他色彩,改变着它们

---

[1] 《马克思恩格斯全集》第30卷,人民出版社1995年,第510页。
[2] 《中共中央关于党的百年奋斗重大成就和历史经验的决议》,人民出版社2021年,第67页。
[3] 《习近平谈治国理政》第4卷,外文出版社2022年,第218页。

的特点"①。就价值形态的资本或作为生产关系的资本而言，我国在社会主义发展过程中形成并同我国社会主义初级阶段社会生产力发展水平相适应的公有制为主体的所有制结构，意味着以国有资本和集体资本为代表的公有资本属于马克思意义上的社会主义生产关系和"普照的光"，而民营资本和外国资本等非公有资本则在公有资本这一占主体地位的社会主义生产关系和"普照的光"的作用下"改变着它们的特点"，共同成为推动我国经济发展的重要力量或马克思所说的"发展社会生产力的重要的关系"②。正是在这个意义上，我们说"公有制经济和非公有制经济都是社会主义市场经济的重要组成部分，都是我国经济社会发展的重要基础"③。

在社会主义市场经济条件下，公有资本对非公有资本的"普照的光"的作用更多地是通过市场机制进行的；同时，不论是公有资本还是非公有资本，不仅必然有着社会主义市场经济所赋予的特殊规定性，而且也有着任何社会制度下的市场经济所赋予的一般规定性。习近平总书记明确指出："资本主义社会的资本和社会主义社会的资本固然有很多不同，但资本都是要追逐利润的。"④利润，不仅是资本参与经济活动、引领要素配置的重要动力，而且也是反映市场供求状况、企业经营效益、消费需求变化的综合性指标，是资本推动经济发展的重要动力和市场经济效率优势的重要来源，故不论是资本主义社会的资本还是社会主义社会的资本、不论是公有资本还是非公有资本，都是要追逐利润的。但与马克思重点分析的自由资本主义时代的资本的自由运动不同，社会主义市场经济条件下资本追逐利润的运动是受到限制的：限制的目的是保证经济发展与人的发展有机统一、相互促进，限制的手段则更多地是同社会主义市场经济体制相适应的体制机制和运行规则。同时，正如马克思强调的，"资本是根本不关心工人的健康和寿命的，除非社会迫使它去关心"⑤，资本的不存在自身限制的追逐利润的本性、其在市场经济

---

① 《马克思恩格斯全集》第30卷，人民出版社1995年，第48页。
② 《马克思恩格斯全集》第30卷，人民出版社1995年，第286页。
③ 《中共中央关于全面深化改革若干重大问题的决定》，人民出版社2013年，第8页。
④ 习近平：《正确认识和把握我国发展重大理论和实践问题》，《求是》2022年第10期。
⑤ 《马克思恩格斯文集》第5卷，人民出版社2009年，第311页。

中相对于其他要素的高度流动性以及由此导致的资本的高度扩张性，某种程度上构成了市场经济条件下资本要素最为突出的三个特性，不妨视之为任何社会制度下的市场经济所赋予的资本的一般规定性。

资本要素在市场经济条件下的逐利性、流动性和扩张性，一方面赋予了其摧毁一切阻碍发展生产力的限制、推动经济发展的"伟大的文明作用"，或如马克思强调的："以资本为基础的生产，……创造出一个普遍有用性的体系，……由此产生了资本的伟大的文明作用；它创造了这样一个社会阶段，与这个社会阶段相比，一切以前的社会阶段都只表现为人类的地方性发展和对自然的崇拜。……资本按照自己的这种趋势，既要克服把自然神化的现象，克服流传下来的、在一定界限内闭关自守地满足于现有需要和重复旧生活方式的状况，又要克服民族界限和民族偏见。资本破坏这一切并使之不断革命化，摧毁一切阻碍发展生产力、扩大需要、使生产多样化、利用和交换自然力量和精神力量的限制。"① 另一方面也必然会产生一系列消极作用，至少包括：其一，资本相对于其他要素特别是劳动要素的优势，很容易引发经济发展与人的发展之间的内在冲突，而人的不发展不仅会反过来影响经济发展，而且有可能影响到社会稳定并损及市场经济的社会条件；其二，资本追逐利润的自由运动，往往成为经济发展中的扰动因素和宏观不稳定的重要根源，特别是资本脱离实体经济追求超额收益的自我循环运动，很容易积累起巨大的金融风险并成为经济危机的重要诱因；其三，资本在经济领域之外的扩张，不仅有可能损害市场经济的政治前提和制度基础，而且往往有违现代社会的公平与正义，而正如斯密强调的："正义犹如支撑整个大厦的主要支柱。如果这根柱子松动的话，那么人类社会这个雄伟而巨大的建筑必然会在顷刻之间土崩瓦解"②。

社会主义市场经济条件下的资本同样具有逐利性、流动性和扩张性，但同资本主义社会的资本自由运动（西方式现代化前半程）或仅限于外在约束的资本自由运动（西方式现代化后半程）不同，人民当家作主的根本政治制

---

① 《马克思恩格斯全集》第30卷，人民出版社1995年，第389~390页。
② 斯密：《道德情操论》，商务印书馆1998年，第106页。

度、代表最广大人民根本利益的党的领导制度、以公有制为主体的所有制结构等社会主义生产关系及其上层建筑,不仅为经济发展与人的发展的有机统一提供了根本的政治前提和制度基础,而且为发挥资本要素的积极作用并有效控制其消极作用提供了强有力的内在约束。然而,不论是作为社会主义生产关系的公有资本,还是公有资本对非公有资本的"普照的光"的作用,改变的是资本的"特点"和"色彩",而不是资本的"本性",故即便是在社会主义生产关系和社会主义市场经济条件下,我们仍然不能完全忽略资本的"本性"可能产生的消极作用。从某种程度上讲,我们"深化社会主义市场经济条件下资本理论研究"并探讨"在社会主义制度下如何规范和引导资本健康发展",正是为了在正确认识和把握资本要素的特性和行为规律的基础上,深入分析如何在社会主义市场经济条件下更充分地发挥资本在优化资源配置、推动经济发展方面的积极作用并有效控制其消极作用,以充分发挥社会主义的制度优势和市场经济的效率优势。这是一个重大而又复杂的问题,同时也是我们必须直面的时代课题,不妨结合前文的讨论予以简要的理论提炼和初步分析。

其一,同资本主义社会的资本自由运动必然造成经济发展与人的发展之间的内在冲突不同,我国社会主义基本制度和社会主义生产关系为经济发展与人的发展的有机统一提供了根本保障,使得社会主义市场经济条件下的公有资本和非公有资本在推动经济发展的同时,得以在社会主义生产关系尤其是社会主义基本经济制度和公有资本的"普照的光"的作用下,直接或间接地服务于满足人们需要的社会主义生产目的,并以此不断促进人的全面发展、全体人民共同富裕,此为社会主义市场经济条件下的资本与资本主义市场经济条件下的资本的本质区别。尽管如此,资本在市场经济中的高度流动性和扩张性仍然赋予了其相对于劳动要素的相对优势,我们必须充分汲取西方式现代化前半程的经验教训,坚持以人民为中心的发展思想,努力实现经济发展与人的发展的有机统一、高质量发展和高品质生活的相互促进:一方面,必须坚持和完善社会主义基本经济制度,毫不动摇巩固和发展公有制经济,毫不动摇鼓励、支持、引导非公有制经济发展,充分发挥市场在资源配置中的决定性作用和更好发挥政府作用,全面贯彻新发展理念、加快构建新发展格局、努力推动高质量发展，着力解决好不平衡不充分发展对满足人民日益增长的美好生活需要的制约；另一方面，必须坚持在发展中保障和改善民生，健全各类生产要素由市场决定报酬的机制、适度提高劳动报酬在初次分配中的比重，推进基本公共服务均等化、健全多层次社会保障体系、构建分配领域协调配套的基础性制度安排，让改革发展成果更多更公平惠及全体人民，不断促进人的全面发展和社会全面进步，使全体人民朝着共同富裕的目标扎实迈进。

其二，资本的逐利性、流动性和扩张性赋予了资本优化资源配置、推动经济发展、发挥市场经济效率优势的重要作用，但同时也使之成为经济发展中的扰动因素和宏观不稳定的重要根源，特别是资本为追逐利润而利用其流动性优势在虚拟经济部门的盲目扩张，很容易积聚起巨大的金融风险和其他经济不安全因素。不妨以我国房地产市场的发展为例略作说明。按照国家统计局提供的城镇居民人均住房数据，1956年我国城镇居民人均住房面积为4.3平方米（居住面积），但由于我国在社会主义建设时期没有充分发挥资本在改善居民居住条件等方面的积极作用，1978年我国城镇居民人均住房面积仅增加到6.7平方米（人均住房建筑面积，下同）；1998年，我国全面开启了住房商品化改革，此后随着更多资本的进入，我国房地产市场获得了迅速发展，城镇居民人均住房面积从1998年的18.7平方米迅速提高到2012年的32.9平方米；国家统计局提供的第七次人口普查数据表明，2020年我国家庭户人均住房面积进一步从2010年第六次人口普查时的31.06平方米提高到41.76平方米，已经达到其至超过德、法、日等发达经济体水平。人均住房面积的快速增加，无疑极大地改善了人们的居住条件、提高了人们的生活水平，充分显示了资本推动经济发展、满足人们需要的巨大作用。不过，房地产市场的快速发展、投机性资本的涌入和住房价格的大幅升高，不仅极大地增加了部分居民的财务压力、挤压了消费升级空间并造成了新老市民之间的代际不公，而且显著地提高了企业的用工成本、挤占了实体经济的金融资源并逐渐积聚起日益明显的债务风险甚至金融风险，成为我国经济发展中的巨大不稳定因素。正是在这种情况下，2016年中央经济工作会议明确提出"房住不炒"概念并及时出台了一系列调控措施，不仅为防范化解有关债务风险和金融风险、推动房地产市场平稳健康发展奠定了基础，而且为如何在社会主义市场经济条件下发挥资本要素的积极作用并有效控制其消极作用积累了实践经验。

其三，资本推动经济发展、发挥市场经济效率优势的内在机制，是确保人们的境遇更多地同自身努力程度成比例并以此激发社会活力、提高经济效率，这意味着市场经济的效率优势和资本的积极作用主要体现在其数量同人们的努力程度成比例的那些领域，这也是古典经济学家特别是亚当·斯密从苏格兰启蒙运动思想中引申出相对完整的"劳动价值论"的内在逻辑。换句话说，那些难以通过人们的努力（或劳动）改变数量的东西、那些不能或不适于进行市场交换的东西，如人的生命或人体器官、人们拥有的政治法律权利或面对的制度规则等，通常不适于资本的介入，故李嘉图在淬炼"价值"概念时明确指出："说到商品、商品的交换价值以及规定商品相对价格的规律时，我们总是指数量可以由人类劳动增加、生产可以不受限制地进行竞争的商品。"① 在市场经济条件下，经济发展往往意味着人们交往频次的提高、交易规模的扩大、公共领域的扩展，并对政治法律权利、市场交易规则等产生越来越多和越来越高的要求，而这种制度性的规则通常是不能交易的，否则会造成严重的社会不公并损害市场经济的逻辑前提和制度基础。在社会主义市场经济条件下，我国的社会主义性质确保了人民在国家制度和国家治理体系中的主体地位并对资本逻辑形成了强有力的内在约束，但资本的逐利性、流动性和扩张性仍然赋予了其难以遏制的内在扩张冲动，故仍有必要警惕资本在政治法律领域的扩张、仍有必要限制其在市场秩序和交易规则等方面谋取优势地位的内在冲动，特别是要坚决防止官商勾结、权钱交易等各类腐败行为。正因如此，习近平总书记指出：一方面要"依法平等保护国有、民营、外资等各种所有制企业产权和自主经营权，完善各类市场主体公平竞争的法治环境"；另一方面要"构建亲清政商关系""坚决防止权钱交易、商业贿赂等问题损害政商关系和营商环境"。②

---

① 斯拉法主编：《李嘉图著作和通信集》第1卷，商务印书馆1997年，第8页。
② 习近平：《论把握新发展阶段、贯彻新发展理念、构建新发展格局》，中央文献出版社2021年，第358~359页。

六、结　语

　　资本要素在市场经济条件下的逐利性、流动性和扩张性赋予了其优化资源配置、推动经济发展的重要作用，但同时也容易引发一系列消极作用，特别是资本要素的相对优势造成的经济发展与人的不发展、资本的不存在自身限制的逐利本性及其在市场经济中的高流动性所引发的经济风险和宏观不稳定、资本在经济领域之外的扩张冲动所产生的社会不公和政治腐败等。这些消极作用最终又会反过来影响经济发展和社会稳定，甚至损及现代市场经济的社会条件、政治前提和制度基础。社会主义市场经济条件下的资本要素同样具有逐利性、流动性和扩张性，但我国的社会主义性质和社会主义基本制度为发挥资本的积极作用并有效控制其消极作用提供了根本的政治前提和制度基础，特别是作为社会主义生产关系的公有资本和在公有资本"普照的光"的作用下改变了"特点"和"色彩"的非公有资本在社会主义市场经济中相互促进、相得益彰，共同成为推动我国经济发展的重要力量和实现满足人民需要的社会主义生产目的的重要手段。我们必须从经济发展与人的发展、生产力和生产关系、使用价值和价值、物质形态的资本和价值形态的资本有机统一的角度，来正确认识和把握社会主义市场经济条件下资本要素的特性、作用和行为规律。

　　目前，我国已经进入了全面建设社会主义现代化国家、以中国式现代化推进中华民族伟大复兴的新发展阶段，我们必须根据我国发展阶段、环境、条件变化并适应我国社会主要矛盾变化的要求，在正确认识和把握社会主义市场经济条件下资本要素的特性和行为规律的基础上充分发挥其积极作用并有效控制其消极作用，一方面要充分发挥资本要素在优化资源配置、提高经济效率、推动高质量发展等方面的积极作用，着力解决好不平衡不充分发展对满足人民美好生活需要的制约，另一方面要坚持以人民为中心的发展思想，依法加强对资本的有效监管、防止资本无序扩张，特别是要为资本设置"红绿灯"。值得一提的是，"红绿灯"规范交通秩序、提高通行效率的前提是所有交通工具适用相同的交通规则，市场经济优化资源配置、提高经济效率的前提是所有市场主体拥有相同的权利、面对同样的规则；同理，在社会主义市场经济条件下，不论是国有资本和集体资本，还是民营资本和外国资本，都不能拥有凌驾于制度和规则之上的特殊权利和市场地位，故习近平总书记特别强调说，"'红绿灯'适用于道路上行驶的所有交通工具，对待资本也一样，各类资本都不能横冲直撞。"[①]

（作者胡怀国，原题目为《社会主义市场经济条件下的资本要素：特性、作用和行为规律》，发表于《经济学动态》2022年第9期，第18~31页。）

---

① 习近平：《正确认识和把握我国发展重大理论和实践问题》，《求是》2022年第10期。

制度篇

第十章
全面深化改革的理论逻辑

摘要： 社会主义的根本任务是解放和发展生产力，改革则是为适应生产力发展要求而对社会主义生产关系及其上层建筑的坚持、完善和发展。全面深化改革是推进中国式现代化的根本动力，我们必须紧紧围绕推进中国式现代化并紧扣我国社会主要矛盾变化进一步全面深化改革，推动生产关系和生产力、上层建筑和经济基础、国家治理和社会发展更好相适应，为中国式现代化提供强大动力和制度保障。

关键词： 马克思主义中国化时代化　全面深化改革　中国式现代化

党的二十届三中全会指出，"中国式现代化是在改革开放中不断推进的，也必将在改革开放中开辟广阔前景""必须自觉把改革摆在更加突出位置，紧紧围绕推进中国式现代化进一步全面深化改革"[1]。目前，我国正处于全面建设社会主义现代化国家、以中国式现代化全面推进中华民族伟大复兴的关键时期，我们必须紧紧围绕推进中国式现代化并紧扣我国社会主要矛盾变化进一步全面深化改革，推动生产关系和生产力、上层建筑和经济基础、国家治理和社会发展更好相适应，为中国式现代化提供强大动力和制度保障。

---

[1] 《中共中央关于进一步全面深化改革　推进中国式现代化的决定》，人民出版社2024年，第2、3页。

一、改革开放是决定当代中国命运的关键一招

习近平总书记指出："改革开放是决定当代中国命运的关键一招，也是决定中国式现代化成败的关键一招。"① 中国式现代化是中国共产党领导的社会主义现代化，是以马克思主义为根本指导的现代化，同时也是我国在社会主义发展过程中不断推进马克思主义中国化时代化的历史过程。特别是改革开放以来，我们党坚持把马克思主义基本原理同中国具体实际相结合，成功开辟了中国特色社会主义道路，创造性地提出了社会主义初级阶段理论，深刻认识到社会主义的本质是解放和发展生产力，"是否有利于发展生产力，应当成为我们考虑一切问题的出发点和检验一切工作的根本标准"②，不仅推动我国实现了从生产力相对落后的状况到经济总量跃居世界第二的历史性突破，而且实现了马克思主义中国化时代化新的飞跃。

改革开放是决定中国式现代化成败的关键一招，同时也是我国在社会主义发展过程中不断推进马克思主义中国化时代化的重大创新。马克思恩格斯在《德意志意识形态》等著述中系统阐述了马克思主义唯物史观，深刻揭示了人类社会发展的一般规律以及共产主义取代资本主义的历史必然性，并强调共产主义"是以生产力的巨大增长和高度发展为前提的"：一方面，"如果没有这种发展，那就只会有贫穷、极端贫困的普遍化；而在极端贫困的情况下，必须重新开始争取必需品的斗争，全部陈腐污浊的东西又要死灰复燃"；另一方面，"只有随着生产力的这种普遍发展，人们的普遍交往才能建立起来"，而共产主义在经验上成为可能"是以生产力的普遍发展和与此相联系的世界交往为前提的"。③

与马克思恩格斯最初的理论设想不同，社会主义并不是在生产力高度发

---

① 习近平：《中国式现代化是中国共产党领导的社会主义现代化》，《求是》2023 年第 11 期。
② 《改革开放三十年重要文献选编》，中央文献出版社 2008 年，第 476 页。
③ 《马克思恩格斯文集》第 1 卷，人民出版社 2009 年，第 538~539 页。

达的主要资本主义国家同时取得胜利的,而是最早发生在生产力相对落后的资本主义薄弱环节,我国更是在一穷二白的落后农业国基础上开始进行社会主义革命和建设的。对此,毛泽东深刻地指出,"社会主义革命的目的是为了解放生产力"①,而在完成社会主义革命之后的社会主义建设时期,"我们的根本任务已经由解放生产力变为在新的生产关系下面保护和发展生产力"②。我国在社会主义革命和建设时期的理论创新和实践探索,不仅实现了马克思主义中国化的第一次历史性飞跃,而且推动我国在较短时间里建立起了比较完整的工业体系和国民经济体系。不过,由于我们在社会主义建设方面的经验还没有成熟到足以提出社会主义初级阶段理论的程度,使得我国在社会主义建设的探索过程中经历多次严重曲折。

"改革开放是我们党的一次伟大觉醒,正是这个伟大觉醒孕育了我们党从理论到实践的伟大创造。"③党的十一届三中全会作出了实行改革开放的历史性决策,成功开启了改革开放和社会主义现代化建设新时期。改革开放以来,我们党依据马克思主义基本原理和中国具体实际,创造性地提出了社会主义初级阶段理论,明确指出"我国从五十年代生产资料私有制的社会主义改造基本完成,到社会主义现代化的基本实现,至少需要上百年时间,都属于社会主义初级阶段",并强调"我们在现阶段所面临的主要矛盾,是人民日益增长的物质文化需要同落后的社会生产之间的矛盾"。④按照社会主义初级阶段理论,社会主义的根本任务是解放和发展生产力,我们必须把发展生产力作为全部工作的中心,并"根据我国生产力发展的要求,在每一个阶段上创造出与之相适应和便于继续前进的生产关系的具体形式"⑤,"这是改革,所以改革也是解放生产力"⑥。

改革是社会主义生产关系及其上层建筑的坚持、完善和发展,是为适应

---

① 《毛泽东文集》第7卷,人民出版社2009年,第1页。
② 《毛泽东文集》第7卷,人民出版社2009年,第218页。
③ 习近平:《在庆祝改革开放40周年大会上的讲话》,人民出版社2018年,第4页。
④ 《改革开放三十年重要文献选编》,中央文献出版社2008年,第476页。
⑤ 《改革开放三十年重要文献选编》,中央文献出版社2008年,第213页。
⑥ 《邓小平文选》第3卷,人民出版社1993年,第370页。

生产力发展要求而对生产关系及其上层建筑特别是其具体形式进行自我完善的历史过程，同时也是我国在社会主义初级阶段一切发展的根本动力。我们必须深刻认识到，生产力是不断发展的，适应生产力发展要求的改革也必定是持续进行的。正是在这个意义上，习近平总书记深刻地指出："实践发展永无止境，解放思想永无止境，改革开放也永无止境，改革开放只有进行时、没有完成时"，并强调"改革开放是当代中国大踏步赶上时代的重要法宝，是决定中国式现代化成败的关键一招。推进中国式现代化，必须进一步全面深化改革开放，不断解放和发展社会生产力、解放和增强社会活力"。①

二、全面深化改革是推进中国式现代化的根本动力

习近平总书记指出："正确认识党和人民事业所处的历史方位和发展阶段，是我们党明确阶段性中心任务、制定路线方针政策的根本依据，也是我们党领导革命、建设、改革不断取得胜利的重要经验。"② 党的十八大以来，"经过长期努力，中国特色社会主义进入了新时代，这是我国发展新的历史方位"③，其基本依据是新中国成立特别是改革开放以来我国创造的经济快速发展奇迹和社会长期稳定奇迹，极大地提高了社会生产力水平并引起我国社会主要矛盾发生了转化，即由"人民日益增长的物质文化需要同落后的社会生产之间的矛盾"转化为"人民日益增长的美好生活需要和不平衡不充分的发展之间的矛盾"。社会主义的根本任务是解放和发展生产力，新时代我国社会主要矛盾变化意味着"不平衡不充分的发展"已经成为我国社会主要矛盾的主要方面，我们必须通过全面深化改革来消除我们在解决不平衡不充分发展过程中存在的体制机制障碍，进而在继续完善和发展社会主义生产关系

---

① 习近平：《全面深化改革开放，为中国式现代化持续注入强劲动力》，《求是》2024年第10期。
② 习近平：《把握新发展阶段，贯彻新发展理念，构建新发展格局》，《求是》2021年第9期。
③ 习近平：《决胜全面建成小康社会 夺取新时代中国特色社会主义伟大胜利》，人民出版社2017年，第10页。

及其上层建筑的基础上，进一步推动生产力发展并更好地满足人民日益增长的美好生活需要。正是在这个意义上，习近平总书记明确指出，"我们提出进行全面深化改革，就是要适应我国社会基本矛盾运动的变化来推进社会发展"，并强调必须"把全面深化改革作为推进中国式现代化的根本动力"。①

新时代仍然属于社会主义初级阶段，这意味着是否有利于发展生产力仍然是我们考虑一切问题的出发点；但我国社会主要矛盾发生了转化，这意味着不论是"生产力"还是"解放和发展生产力"都有了新的时代内涵和更为丰富的具体内容。其中，"生产力"更多地从"量的规定"转变为"质的要求"，而"解放和发展生产力"更多地从对生产力发展的"量的规定"的被动适应转变为对生产力发展的"质的要求"的历史主动，并要求我们更加注重改革的系统性、整体性、协同性。对此，习近平总书记深刻地指出，"社会主义初级阶段不是一个静态、一成不变、停滞不前的阶段，也不是一个自发、被动、不用费多大气力自然而然就可以跨过的阶段，而是一个动态、积极有为、始终洋溢着蓬勃生机活力的过程，是一个阶梯式递进、不断发展进步、日益接近质的飞跃的量的积累和发展变化的过程"②。面对新时代这一积极有为的、日益接近质的飞跃的社会主义初级阶段中的新阶段，我们必须通过全面深化改革来完善和发展社会主义生产关系及其上层建筑以适应生产力发展的要求。

就理论逻辑而言，社会主义初级阶段的"改革"以及作为社会主义初级阶段中的一个新阶段的新时代的"全面深化改革"，是为适应生产力发展要求而对社会主义生产关系及其上层建筑的坚持、完善和发展，同时也为包括推进中国式现代化在内的一切发展提供了根本动力。如果说改革开放的理论依据是社会主义初级阶段理论，那么全面深化改革的基本依据则是新时代我国社会主要矛盾变化。从某种程度上讲，正是为了顺应我国社会主要矛盾发展变化带来的新特征新要求，以习近平同志为核心的党中央创造性地提出了立足新发展阶段、贯彻新发展理念、构建新发展格局、推动高质量发展、推

---

① 习近平：《全面深化改革开放，为中国式现代化持续注入强劲动力》，《求是》2024年第10期。
② 习近平：《把握新发展阶段，贯彻新发展理念，构建新发展格局》，《求是》2021年第9期。

进中国式现代化、发展新质生产力等一系列新理念新思想新战略,不仅实现了马克思主义中国化时代化新的飞跃,而且推动我国成功迈上了全面建设社会主义现代化国家的新征程。

党的二十届三中全会指出,"党的十一届三中全会是划时代的,开启了改革开放和社会主义现代化建设新时期。党的十八届三中全会也是划时代的,开启了新时代全面深化改革、系统整体设计推进改革新征程,开创了我国改革开放全新局面"①。党的十八届三中全会顺应我国社会主要矛盾变化带来的新特征新要求对全面深化改革进行了全面阐述,党的二十届三中全会紧紧围绕推进中国式现代化对进一步全面深化改革作出了系统谋划和战略部署,二者既一脉相承又与时俱进,为新时代新征程推进中国式现代化提供了根本的理论指导和行动指南。对此,习近平总书记强调指出:"实现新时代新征程的目标任务,要把全面深化改革作为推进中国式现代化的根本动力,作为稳大局、应变局、开新局的重要抓手,把准方向、守正创新、真抓实干,在新征程上谱写改革开放新篇章。"②

三、以进一步全面深化改革推进中国式现代化

党的二十大报告指出:"在新中国成立特别是改革开放以来长期探索和实践基础上,经过十八大以来在理论和实践上的创新突破,我们党成功推进和拓展了中国式现代化。"③党的二十大站在全面建设社会主义现代化国家新征程的新的历史起点上,深刻阐述了中国式现代化的中国特色、本质要求和重大原则,并对新时代新征程推进中国式现代化作出了顶层设计和战略部署,"要把这些战略部署落到实处,把中国式现代化蓝图变为现实,根本在

---

① 《中共中央关于进一步全面深化改革 推进中国式现代化的决定》,人民出版社2024年,第1~2页。
② 习近平:《全面深化改革开放,为中国式现代化持续注入强劲动力》,《求是》2024年第10期。
③ 习近平:《高举中国特色社会主义伟大旗帜 为全面建设社会主义现代化国家而团结奋斗》,人民出版社2022年,第22页。

于进一步全面深化改革，不断完善各方面体制机制，为推进中国式现代化提供制度保障"①。就理论逻辑而言，适应生产力发展要求并顺应新时代我国社会主要矛盾变化的"全面深化改革"是对社会主义生产关系及其上层建筑的坚持、完善和发展，同时也是新时代我国一切发展的根本动力；新时代新征程"进一步全面深化改革"为推进中国式现代化提供了根本动力，其制度性成果特别是根本制度的坚持、基本制度的完善和重要制度的创新发展，则为推进中国式现代化提供了根本的制度保障。正是在这个意义上，党的二十届三中全会明确指出进一步全面深化改革要"推动生产关系和生产力、上层建筑和经济基础、国家治理和社会发展更好相适应，为中国式现代化提供强大动力和制度保障"②。

习近平总书记指出："我国社会主要矛盾发生了重大变化，我国经济发展阶段也在发生历史性变化，不平衡不充分的发展就是发展质量不高的表现。解决我国社会的主要矛盾，必须推动高质量发展。"③高质量发展是适应新时代我国社会主要矛盾变化的必然要求，是新征程全面建设社会主义现代化国家的首要任务，新时代新征程围绕推进中国式现代化进一步全面深化改革，必须聚焦构建高水平社会主义市场经济体制，健全推动经济高质量发展的体制机制和宏观经济治理体系，加快构建支持全面创新的体制机制并进一步完善高水平对外开放体制机制，以加快构建新发展格局、推动高质量发展。与此同时，我们必须深刻认识到，中国式现代化是中国共产党领导的社会主义现代化，是以马克思主义为根本指导的现代化，这意味着它既是生产力的现代化又是生产关系及其上层建筑的现代化，本质上是以经济现代化为基础的人的现代化。按照马克思的分析，生产力发展有助于推动经济发展并为人的发展提供物质基础，但它本身并不必然推动人的发展，其能否推动人的发展更多地取决于生产关系及其上层建筑，这意味着新时代新征程围绕推进中国式现代化进一步全面深化改革，必须坚持以人民为中心的原则，坚持

---

① 《中共中央关于进一步全面深化改革 推进中国式现代化的决定》，人民出版社2024年，第49页。

② 《中共中央关于进一步全面深化改革 推进中国式现代化的决定》，人民出版社2024年，第4页。

③ 《习近平著作选读》第2卷，人民出版社2023年，第67页。

在发展中保障和改善民生,并要求我们进一步健全全过程人民民主制度体系、完善中国特色社会主义法治体系、健全保障和改善民生制度体系并深化文化体制机制改革和生态文明体制改革,以更好满足人民日益增长的美好生活需要并不断推动人的全面发展。

(作者胡怀国:原题目为《深刻认识进一步全面深化改革的理论逻辑》,发表于《理论与评论》2024年第4期,第10~14页。)

第十一章
现代化视域下的所有制问题

摘要：马克思主义认为，经济发展是一切发展的根本基础，人的发展是一切发展的根本目的，从经济发展到人的发展要经过一系列中间环节，生产力和生产关系、经济基础和上层建筑之间的矛盾运动则是其中最为重要的关键环节，而所有制问题则是这一关键环节的核心问题。马克思主义是在对西方式现代化进行批判性反思的基础上形成、在中国式现代化进程中不断丰富和发展的思想体系，"两个毫不动摇"则是我国在社会主义发展过程中不断推进马克思主义中国化时代化的重大创新成果。在全面建设社会主义现代化国家、以中国式现代化全面推进中华民族伟大复兴的新时代新征程上，我们必须毫不动摇巩固和发展公有制经济，毫不动摇鼓励、支持、引导非公有制经济发展。

关键词：中国式现代化　马克思主义　公有制经济　民营经济

党的二十大报告指出，"从现在起，中国共产党的中心任务就是团结带领全国各族人民全面建成社会主义现代化强国、实现第二个百年奋斗目标，以中国式现代化全面推进中华民族伟大复兴"，并强调新时代新征程必须"毫不动摇巩固和发展公有制经济，毫不动摇鼓励、支持、引导非公有制经济发展"。[①] 中国式现代化是社会主义性质和方向的现代化，是以马克思主义为根本指导的现代化。从某种程度上讲，马克思主义是在对西方式现代化进行

---

① 习近平：《高举中国特色社会主义伟大旗帜　为全面建设社会主义现代化国家而团结奋斗》，人民出版社2022年，第21、29页。

批判性反思的基础上形成、在中国式现代化进程中不断丰富和发展的思想体系，"两个毫不动摇"则是我国在社会主义发展过程中不断推进马克思主义中国化时代化的重大创新成果，具有深刻的历史逻辑、理论逻辑和实践逻辑。本文试图结合人类社会的现代化进程及其理论回应，特别是西方式现代化与马克思主义的历史生成、中国式现代化与马克思主义中国化时代化的历史过程，在现代化视域下重新审视所有制问题，以深化我们对"两个毫不动摇"的理论认识。

一、引　言

至少就主要经济体而言，人类社会曾长期处于传统农业社会，人们的生产生活更多地是为了满足生存需要，整个社会带有明显的地域性限制、等级化特征和人身依附性，并渐次形成了与之相适应的等级化的政治法律秩序、人身依附的经济社会关系和行政权支配型的社会治理模式，或如马克思总结的："小农人数众多，他们的生活条件相同，但是彼此间并没有发生多种多样的关系。他们的生产方式不是使他们互相交往，而是使他们互相隔离。……他们不能代表自己，一定要别人来代表他们。他们的代表一定要同时是他们的主宰，是高高站在他们上面的权威，是不受限制的政府权力，这种权力保护他们不受其他阶级侵犯，并从上面赐给他们雨水和阳光。所以，归根到底，小农的政治影响表现为行政权支配社会。"① 与之不同，现代社会是一种高度开放和扩张的社会，每个人至少在理论上拥有相同的政治法律权利、面对大致相同的经济社会秩序和市场交易规则，"没有一个公民可以富得足以购买另一人，也没有一个公民穷得不得不出卖自身"②，人们得以更多地借助于自愿互惠的市场交易和自由平等的社会交往，更多地凭借个体努力改善自身境遇，并以此激发社会活力、提高经济效率，进而在推动经济发展和社会进

---

① 《马克思恩格斯文集》第 2 卷，人民出版社 2009 年，第 566~567 页。
② 卢梭：《社会契约论》，商务印书馆 1996 年，第 69~70 页。

第十一章 现代化视域下的所有制问题

步的基础上,最终实现马克思主义所追求的每个人自由而全面的发展。

国际经验表明,任何国家的现代化都不是一件轻松的事情,而是充满巨大不确定性的长期过程。在人类社会的发展历史上,1453年君士坦丁堡的陷落率先打破了欧洲社会的中世纪沉寂,引发了欧洲特别是西欧社会的一系列连锁反应,并在其相对漫长的历史演进过程中,经由英国工业革命率先开启了一种更多表现为经济现代化的西方式现代化路径。然而,即便经过数百年的历史演进,即便仅就经济现代化而言,"全球进入现代化的国家也就20多个,总人口10亿左右。中国14亿多人口整体迈入现代化,规模超过现有发达国家人口的总和,将极大地改变现代化的世界版图。这是人类历史上规模最大的现代化,也是难度最大的现代化"①。也就是说,历经数百年长期过程的西方式现代化迄今不过涵盖了10亿左右的人口,而人类历史上规模最大、难度最大的中国式现代化也只是涉及14亿多的人口;即便到本世纪中叶,我国全面建成了社会主义现代化国家,世界上仍有超过三分之二的人口没有迈入现代化。面对现代化的复杂性、艰巨性和长期性,其所涉及的任何关键环节与核心问题,似乎都值得我们从理论和实践的结合上予以审慎考察和深入回答。

"马克思主义政治经济学认为,生产资料所有制是生产关系的核心,决定着社会的基本性质和发展方向。"②从某种程度上讲,所有制问题几乎是任何国家现代化进程中必然面临的核心问题,它不仅是决定着现代化的基本性质和发展方向的重大实践问题,而且是引发了诸多学术思考甚至激烈学术争论的重要理论问题。正如习近平总书记强调的,"只有在整个人类发展的历史长河中,才能透视出历史运动的本质和时代发展的方向"③,面对所有制这一现代化进程中的核心问题,有必要结合西方式现代化的思想基础和经验教训、马克思对西方式现代化的批判性反思和马克思主义的历史生成、中国式现代化与马克思主义中国化时代化的历史过程,在现代化视域下予以系统梳

---

① 习近平:《中国式现代化是强国建设、民族复兴的康庄大道》,《求是》2023年第16期。
② 习近平:《不断开拓当代中国马克思主义政治经济学新境界》,《求是》2020年第16期。
③ 习近平:《在纪念马克思诞辰200周年大会上的讲话》,人民出版社2018年,第7页。

理和重新审视，以进一步深化我们对"两个毫不动摇"的理论认识，并推动我们从理论和实践的结合上深刻认识"坚持和完善社会主义基本经济制度，毫不动摇巩固和发展公有制经济，毫不动摇鼓励、支持、引导非公有制经济发展"①对于新时代新征程全面建设社会主义现代化国家、以中国式现代化全面推进中华民族伟大复兴的重要意义。

二、西方式现代化的思想基础及其关于所有制问题的理论认识：以法国启蒙运动学者卢梭和苏格兰启蒙运动学者斯密为例

就人类社会的现代化进程而言，1453年君士坦丁堡的陷落率先打破了欧洲社会的中世纪沉寂，并引发了欧洲特别是西欧社会的一系列连锁反应，特别是15世纪的地理大发现和重商主义的兴盛，不断在边际上冲击着传统社会的相对封闭与相互隔离，不断为欧洲社会的现代化转型积累着物质因素；16世纪的宗教改革，不仅促进了民族意识的形成、民族国家的兴起，而且还推动了17世纪自然法的近现代转型，并由此催生了直接面向现代社会的18世纪启蒙运动。18世纪的启蒙运动特别是苏格兰启蒙运动、法国启蒙运动和德国启蒙运动，不仅分别为英国、法国和德国的现代化奠定了思想基础并在某种程度上决定了各自国家开启现代化进程的具体路径，而且还分别结出了英国古典经济学、法国空想社会主义和德国古典哲学的理论硕果；19世纪的马克思结合以英国工业革命为典型的西方式现代化路径及其经验教训，在批判继承西欧各国启蒙运动及其理论成果的基础上创立了马克思主义学说，同时也为20世纪的中国成功开启和推进中国式现代化奠定了思想基础。事实上，正是在不断推进马克思主义中国化时代化的历史过程中，我国"成功走出中国式现代化道路，创造了人类文明新形态，拓展了发展中国家走向现代化的

---

① 习近平：《高举中国特色社会主义伟大旗帜 为全面建设社会主义现代化国家而团结奋斗》，人民出版社2022年，第29页。

第十一章 | 现代化视域下的所有制问题

途径"①,不仅成功开辟了21世纪马克思主义的新境界,而且还为人类社会的现代化提供了新的选择。

在这个过程中,17世纪的自然法转型和18世纪的启蒙运动,是我们理解人类社会整个现代化进程的重要环节。具体而言,正如美国学者萨拜因强调的:"对17世纪的哲学来说,关系始终显得不及实体那么可靠;人是实体,而社会则是关系。正是这种假定的个人优先性成了自然法理论所具有的最显著且最持久的品格,也是现代理论区别于中世纪理论的最为明确的地方。"②从相对封闭和相互隔离的传统社会转型为高度开放和扩张的现代社会,有必要借助于理论上的"个人优先性"突破传统社会的地域性限制、等级化特征和人身依附性,而这正是17世纪自然法转型面临的时代课题。对此,自然法学者普芬道夫(1673)深刻认识到,"人是一种关心自己的生存、需要,没有同伴的帮助便不能自存,从互助中受益匪浅的动物",但"同时又具有攻击性、挑衅性""有必要对它们进行细致地调整和控制"③。至于如何细致地调整和控制,格劳秀斯(1625)认为必须诉诸"正当的理性"或"合乎本性的理性",并由此赋予了自然法新的时代内涵:"自然法是正当理性的命令,它指示任何与合乎本性的理性相一致的行为就是道义上公正的行为"④。就"正当的理性"或"合乎本性的理性"这一基本出发点而言,欧陆启蒙运动学者特别是法国启蒙运动学者更为强调"理性",苏格兰启蒙运动学者则更倾向于"正当"特别是"合乎本性",并由此在所有制问题上形成了迥然不同的学术传统,不妨以法国启蒙运动学者卢梭和苏格兰启蒙运动学者斯密为例予以简要梳理。

作为法国启蒙运动的重要代表人物,卢梭(Jean Rousseau,1712—1778)不仅以其关于平等、民主和自由等现代理念的深刻阐述为法国大革命以及法国现代化奠定了思想基础,而且其关于所有制问题的理论探讨亦为法国空想社会主义者提供了重要启发。正如卢梭在《社会契约论》第一卷第一章开篇

---

① 《中共中央关于党的百年奋斗重大成就和历史经验的决议》,人民出版社2021年,第64页。
② 萨拜因:《政治学说史:民族国家》,上海人民出版社2015年,第142页。
③ 普芬道夫:《论人和公民的自然法义务》,商务印书馆2010年,第82页。
④ 格劳秀斯:《战争与和平法》,上海人民出版社2005年,第32页。

指出的,"人是生而自由的,但却无往不在枷锁之中"①,自由是现代社会的基石,而平等则是自由的重要前提:"因为没有它,自由便不能存在"②。按照卢梭的看法,私有制是文明社会的标志,同时也是人类社会不平等的根源:就前者而言,"谁第一个把一块土地圈起来并想到说:这是我的,而且找到一些头脑十分简单的人居然相信了他的话,谁就是文明社会的真正奠基者"③;就后者而言,"在自然状态中,不平等几乎是不存在的。由于人类能力的发展和人类智慧的进步,不平等才获得了它的力量并成长起来。"④卢梭以为,为了消除人类社会的不平等状态以实现真正的自由,必须"寻找出一种结合的形式,使它能以全部共同的力量来卫护和保障每个结合者的人身和财富,……这就是社会契约所要解决的根本问题"⑤。在这个过程中,作为结合形式的集体的"每个成员,在集体形成的那一瞬间,便把当时实际情况下所存在的自己——他本身和他的全部力量,而他所享有的财富也构成其中的一部分——献给了集体"⑥。由此,通过"献给了集体"的社会契约并借助于集体的共同力量,人类得以在平等的基础上实现真正的自由:"人类由于社会契约而丧失的,乃是他的天然的自由以及对于他所企图的和所能得到的一切东西的那种无限权利;而他所获得的,乃是社会的自由以及对于他所享有的一切东西的所有权。"⑦

不同于法国启蒙运动学者的理性建构特别是卢梭的"社会契约",作为苏格兰启蒙运动学者和古典经济学奠基者的亚当·斯密(Adam Smith, 1723—1790),更倾向于在个体心理经验主义的人类"本性"或"天性"的基础上,探讨政治法律秩序、社会经济关系乃至所有权保护的自然演进过程。在斯密看来,一方面,现代社会是人们普遍参与市场交易和高频次社会

---

① 卢梭:《社会契约论》,商务印书馆1996年,第8页。
② 卢梭:《社会契约论》,商务印书馆1996年,第69页。
③ 卢梭:《论人类不平等的起源和基础》,商务印书馆1997年,第111页。
④ 卢梭:《论人类不平等的起源和基础》,商务印书馆1997年,第149页。
⑤ 卢梭:《社会契约论》,商务印书馆1996年,第23页。
⑥ 卢梭:《社会契约论》,商务印书馆1996年,第31页。
⑦ 卢梭:《社会契约论》,商务印书馆1996年,第30页。

交往的社会，或斯密所说的每个人高度依赖市场交换的商业社会："一切人都要依赖交换而生活，或者说，在一定程度上，一切人都成为商人，而社会本身，严格地说，也成为商业社会"①；另一方面，"正义犹如支撑整个大厦的主要支柱。如果这根柱子松动的话，那么人类社会这个雄伟而巨大的建筑必然会在顷刻之间土崩瓦解"②，从渔猎时代、游牧时代、农耕时代到普遍依赖市场交换的商业时代或现代社会，必然会对政府、法律及其提供的个人财产和所有权保护提出越来越多和越来越高的要求。按照斯密的说法，"最神圣的正义法律就是那些保护我们邻居的生活和人身安全的法律；其次是那些保护个人财产和所有权的法律"③，它必然随着市场交换的普遍化和社会交往频次的提高、经济的发展和财富的积累而面临着越来越高的要求。正因如此，斯密认为"财产权的保护和财产的不平均是最初建立政府的原因，而财产权的状态总是随着政权的形式而有所不同"，并强调"政府并不是像某些理论家所想象的那样起源于一群人之间的契约或合同，而是起源于人类在社会中自然的进步"。④在斯密看来，"如果没有政府的压制，那些穷人们就会公然地使用暴力手段剥夺富人们的财富，直到大家在财富方面变得一样的贫穷。政府和法律阻止穷人通过暴力手段从富人那里夺取财富；它告诫穷人，要么永远保持贫穷，要么像富人一样通过合法的手段致富"⑤。

也就是说，同相对强调平等自由并高度重视政治权利和所有制问题的法国启蒙运动学者不同，作为苏格兰启蒙运动学者的斯密更为强调现代社会的市场交换、普遍勤劳和"通过合法的手段致富"的重要性及其对政府、法律在财产和所有权保护方面的更高要求，并把它们视为人类社会在不同历史阶段的自然演进过程。对于政府、法律和所有权保护的自然演进及其造成的不平等，斯密持有相对保守但颇为乐观的态度："在野蛮人当中，没有地主，也没有放债者，更没有征收员，每个人都自力更生，享用自己劳动的果

---

① 斯密：《国民财富的性质和原因的研究》上卷，商务印书馆 1996 年，第 20 页。
② 斯密：《道德情操论》，商务印书馆 1998 年，第 106 页。
③ 斯密：《道德情操论》，商务印书馆 1998 年，第 103 页。
④ 斯密：《法理学讲义》，中国人民大学出版社 2017 年，第 383、213 页。
⑤ 斯密：《法理学讲义》，中国人民大学出版社 2017 年，第 214 页。

实,因此,照理他们应该享有最丰富的东西""但事实恰恰相反。一个野蛮人的贫困程度,远大于任何一个称得上文明国家最寒微的人。"①按照斯密的看法,"在一个政治修明的社会里,造成普及到最下层人民的那种普遍富裕情况的,是各行各业的产量由于分工而大增"②,同时需要政府以正义的法律"保护人民不使社会中任何人受其他人的欺辱或压迫"③。在这一过程中,个体能力差异所产生的不平等不仅是自然的,而且是有益的,理应得到政府和法律的保护:"法律和政府,……保护富人的财产不受穷人的暴力掠夺,并以此维持因能力差异而自然和必定产生的有益的人类财产的不平等。"④与之不同,在卢梭看来,不平等不仅不是有益的,而且是无法容忍的,甚至法律也是不值得信任的,因为富人一旦"认识了统治的快乐,便立即鄙弃一切其他的快乐。……他们好像饿狼一样,尝过一次人肉以后,便厌弃一切别的食物,而只想吃人了""它们把保障私有财产和承认不平等的法律永远确定下来,把巧取豪夺变成不可取消的权利;从此以后,便为少数野心家的利益,驱使整个人类忍受劳苦、奴役和贫困。"⑤

对于18世纪的启蒙运动,恩格斯曾深刻地评论说,"18世纪是人类从基督教造成的那种分裂涣散的状态中联合起来、聚集起来的世纪""18世纪综合了过去历史上一直是零散地、偶然地出现的成果,并且揭示了它们的必然性和它们的内在联系"⑥;特别是法国启蒙运动,"他们不承认任何外界的权威,不管这种权威是什么样的。……一切都必须在理性的法庭面前为自己的存在作辩护或者放弃存在的权利。"⑦卢梭等法国启蒙运动学者,高度重视平等自由、政治权利和所有制问题并对其进行了较为彻底的"理性"剖析,不仅为人类社会的现代化提供了几乎所有的重要概念和重要理念,而且为法国乃至

---

① 斯密:《法理学讲义》,中国人民大学出版社2017年,第330页、第331页。
② 斯密:《国民财富的性质和原因的研究》上卷,商务印书馆1996年,第11页。
③ 斯密:《国民财富的性质和原因的研究》下卷,商务印书馆1996年,第272页。
④ 斯密:《法理学讲义》,中国人民大学出版社2017年,第329页。
⑤ 卢梭:《论人类不平等的起源和基础》,商务印书馆1997年,第126页、第129页。
⑥ 《马克思恩格斯文集》第1卷,人民出版社2009年,第87页、第87~88页。
⑦ 《马克思恩格斯文集》第9卷,人民出版社2009年,第19~20页。

整个欧洲大陆扫除封建残余提供了强大的思想武器，但它不仅没有推动法国顺利开启现代化进程，反而使法国陷入了长期的社会扰攘和政局动荡。与之不同，斯密等苏格兰启蒙运动学者相对更强调政府、法律和所有权保护的自然演进过程，试图围绕"正义的法律"和"普遍的交换"构建某种"通过合法的手段致富"的普遍勤劳的整体性框架，其有关学术思想相对保守并缺乏理论上的彻底性，但却推动英国率先以工业革命开启了英国的经济现代化进程，实现了人类社会现代化进程中最为关键的一次飞跃。不过，尽管以苏格兰启蒙运动及其理论成果为思想基础的英国式现代化极大地促进了经济发展，但却没有推动人的发展，甚至造成了普通民众的普遍困顿，如按照恩格斯的观察，"1840 年，利物浦上等阶级（贵族、自由职业者等等）的平均寿命是 35 岁，商人和收入较好的手工业者是 22 岁，工人、短工和一般雇佣劳动者只有 15 岁。"[①]面对早期西方式现代化面临的理论困局和现实困境，马克思在对启蒙运动及其理论成果进行批判性反思的基础上实现了理论超越，不仅创立了旨在实现人的自由而全面发展的马克思主义学说，而且为开辟一种经济发展与人的发展相互促进的现代化路径奠定了思想基础，而所有制问题同样是其中的一个关键环节。

三、马克思对西方式现代化的批判性反思与理论超越：从"纯粹私有制"到未来社会的所有制形式

从某种程度上讲，现代化进程中的所有制问题是马克思"研究经济问题的最初动因"。按照马克思的回忆："1842—1843 年间，我作为《莱茵报》的编辑，第一次遇到要对所谓物质利益发表意见的难事。莱茵省议会关于林木盗窃和地产析分的讨论，……是促使我去研究经济问题的最初动因。"[②]马克思恩格斯认为，在人类社会的发展历史上，"任何新的生产力，……都会引起

---

① 《马克思恩格斯文集》第 1 卷，人民出版社 2009 年，第 420 页。
② 《马克思恩格斯文集》第 2 卷，人民出版社 2009 年，第 588 页。

分工的进一步发展",而"分工的各个不同发展阶段,同时也就是所有制的各种不同形式""所有制的最初形式,无论是在古典古代世界或中世纪,都是部落所有制,……部落所有制经过了几个不同的阶段……才发展为由大工业和普遍竞争所引起的现代资本,即变为抛弃了共同体的一切外观并消除了国家对所有制发展的任何影响的纯粹私有制"①。从某种程度上讲,传统农业社会的一切经济社会关系几乎都带有共同体性质,不同所有制形式或多或少都拥有某种"共同体的外观",它相对适应于传统社会的相对封闭和相互隔离并有助于满足人们的生存型需要,但不适应于人们普遍参与劳动分工和市场交换、不同要素通过自由流动不断优化配置的现代社会,这意味着人类社会的现代化进程同时也是不同所有制形式逐渐抛弃共同体外观的历史过程。"莱茵省议会关于林木盗窃和地产析分的讨论"之所以成为促使马克思"研究经济问题的最初动因",某种程度上反映了所有制形式的历史演进在现代化进程中的重要性,特别是马克思深刻认识到西方式现代化进程中所有制形式在抛弃"共同体的一切外观"并转向"纯粹私有制"的过程中所产生的新冲突和新矛盾。

具体而言,正如马克思在《关于林木盗窃法的辩论》中指出的,现代社会的"立法在处理私权方面,只限于把已有的权利固定起来并把它们提升为某种具有普遍意义的东西。……这些立法对于那些既有权利而又受习惯保护的人是处理得当的,但是对于那些没有权利而只受习惯保护的人却处理不当"②,特别是那些受共同体保护的底层民众的习惯权利,往往在形成"某种具有普遍意义"的现代法律时缺乏足够的立法依据进而无法得到现代法律的保护,这就决定了"这些立法不可能不是片面的,因为贫民的任何习惯权利都是来自某些所有权的不固定性。由于这种不固定性,这些所有权既不是绝对私人的,也不是绝对公共的"③,这意味着现代化进程中的所有制问题是一个重要而又复杂的核心问题。从某种程度上讲,正是为了回答这一时代课

---

① 《马克思恩格斯文集》第1卷,人民出版社2009年,第520、521、583页。
② 《马克思恩格斯全集》第1卷,人民出版社1956年,第144页。
③ 《马克思恩格斯全集》第1卷,人民出版社1956年,第145页。

题，马克思结合西方式现代化的实践探索和经验教训，在对启蒙运动及其主要理论成果进行批判性反思的基础上实现了理论超越，创立了旨在实现人的自由而全面发展的马克思主义学说。例如，早在《1844年经济学哲学手稿》中，马克思就对作为德国启蒙运动、法国启蒙运动和苏格兰启蒙运动主要理论成果的德国古典哲学、法国空想社会主义和英国古典经济学进行了系统的理论考察和批判性反思，并结合物质财富的积累、私有财产的"积极的扬弃"和"人的本质的真正占有"，初步构建了一种"以经济发展推动人的发展"的现代化路径："共产主义是对私有财产即人的自我异化的积极的扬弃，因而是通过人并且为了人而对人的本质的真正占有；因此，它是人向自身、也就是向社会的即合乎人性的人的复归，这种复归是完全的复归，是自觉实现并在以往发展的全部财富的范围内实现的复归。"①

限于篇幅，不妨仍主要以法国启蒙运动和苏格兰启蒙运动为例，重点结合马克思对法国启蒙运动和苏格兰启蒙运动及其理论成果的批判性反思和理论超越，重新审视马克思试图构建的理论框架及其对现代化和所有制问题的理论思考。正如前文分析表明的，作为苏格兰启蒙运动的重要代表人物和英国古典经济学的奠基者，斯密试图围绕"正义的法律"和"普遍的交换"构建某种促进普遍勤劳的整体性框架和"通过合法的手段致富"的现代化路径，并特别强调劳动分工和资本积累对于经济发展的重要性：一方面，"在一个政治修明的社会里，造成普及到最下层人民的那种普遍富裕情况的，是各行各业的产量由于分工而大增"；另一方面，国民财富的增加"只有两个方法，一为增加生产性劳动者的数目，一为增进受雇劳动者的生产力。……但无论怎样，都有增加资本的必要"。②马克思则进一步认识到，"分工提高劳动的生产力，增加社会的财富，促使社会精美完善，同时却使工人陷于贫困直到变为机器。劳动促进资本的积累，从而也促进社会富裕程度的提高，同时却使工人越来越依附于资本家"③。按照马克思的看法，劳动分工和资本积

---

① 《马克思恩格斯文集》第1卷，人民出版社2009年，第185页。
② 斯密:《国民财富的性质和原因的研究》上卷，商务印书馆1996年，第11页、第315~316页。
③ 《马克思恩格斯文集》第1卷，人民出版社2009年，第123页。

累有助于推动经济发展，但它们不仅没有像斯密所认为的那样"造成普及到最下层人民的那种普遍富裕情况"，反而导致了较为普遍的人的不发展，特别是人们"在自己的劳动中不是肯定自己，而是否定自己，不是感到幸福，而是感到不幸，不是自由地发挥自己的体力和智力，而是使自己的肉体受折磨、精神遭摧残。……只要肉体的强制或其他强制一停止，人们就会像逃避瘟疫那样逃避劳动。"① 也就是说，在马克思看来，斯密在理论上系统阐述、英国在实践中充分展开的现代化路径，固然有助于推动经济发展，但无法实现人的发展，本质上是一种以"人的不发展"为代价的现代化路径；人是人的最高本质，为了实现人的自由而全面发展，必须超越这种现代化路径。

正如马克思在《1844年经济学哲学手稿》中强调的，"国民经济学从私有财产的事实出发。它没有给我们说明这个事实"②，更为重视政治权利和所有制问题的法国启蒙运动自然引起了马克思的高度关注，但当经典作家系统考察法国启蒙运动及其理论成果以及法国现代化的早期探索时，发现其同样存在严重问题。以所有制问题为例，就法国现代化的实践探索而言，以法国启蒙运动为思想基础的法国大革命推动了"纯粹私有制"的形成，但不仅由于所有权的绝对化等因素造成了要素流动的新障碍并使得法国迟迟难以顺利地以工业革命开启现代化进程，而且造成了法国小农的普遍困顿并引发了严重社会问题。具体而言，正如作为法国大革命重要制度成果的《拿破仑法典》指出的，"所有权是对于物有绝对无限制地使用、收益及处分的权利"③，法国现代化转型过程中形成的"纯粹私有制"和"绝对所有权"为法国乃至欧陆国家突破各种封建关系，特别是抛弃各种封建义务等"共同体外观"提供了锐利的思想武器和重要的制度基础，但"这种土地所有制形式以及它所要求的小地块耕作的方式，不仅不能采用现代农业的各种改良措施，反而把耕作者本人变成顽固反对社会进步……的人。……除了他活动的那块小天地，他对社会运动一无所知；他一直痴情地迷恋着他那一小块土地，迷恋着他的

---

① 《马克思恩格斯文集》第1卷，人民出版社2009年，第159页。
② 《马克思恩格斯文集》第1卷，人民出版社2009年，第155页。
③ 拿破仑：《拿破仑法典》，商务印书馆2015年，第80页。

纯粹名义上的占有权"①；对此，马克思深刻地总结说，"法国农民现在没落的原因，正是他们的小块土地、土地的分割，即被拿破仑在法国固定下来的所有制形式"②。就法国启蒙运动学者和空想社会主义者的理论设想而言，它们寄予厚望的"社会契约"或"公有制"往往流于理性的浪漫或理论的空想而缺乏现实的土壤。对此，恩格斯曾尖锐地批评说：空想社会主义者与"启蒙学者一样，想建立理性和永恒正义的王国"，他们认为"真正的理性和正义至今还没有统治世界，这只是因为它们没有被人们正确地认识。所缺少的只是个别的天才人物，……这种天才人物在500年前也同样可能诞生，这样他就能使人类免去500年的迷误、斗争和痛苦"。③

也就是说，高度重视"正义的法律"和"普遍的交换"并鼓励"通过合法的手段致富"的苏格兰启蒙运动，推动英国率先开启了以工业革命推动的现代化进程，它推动了经济发展但同时却导致了较为严重的人的不发展；高度重视政治权利和所有制问题的法国启蒙运动，其在实践中推动的法国大革命与"纯粹私有制"的形成，不仅没有推动经济发展反而造成了现代化的新障碍，其在理论上催生的"公有制"设想则因缺乏现实的土壤而流于空想。正如马克思恩格斯在《共产党宣言》中指出的，"共产主义并不剥夺任何人占有社会产品的权力，它只剥夺利用这种占有去奴役他人劳动的权力"④，它本质上是以经济发展推动人的发展的现实运动，是对西方式现代化路径的超越："共产主义对我们来说不是应当确立的状况，不是现实应当与之相适应的理想。我们所称为共产主义的是那种消灭现存状况的现实的运动。这个运动的条件是由现实的前提产生的。"⑤ 在经典作家看来，不论是经济发展还是人的发展，"都是以生产力的巨大增长和高度发展为前提的。……如果没有这种发展，那就只会有贫穷、极端贫困的普遍化；而在极端贫困的情况下，必

---

① 《马克思恩格斯文集》第3卷，人民出版社2009年，第232页。
② 《马克思恩格斯文集》第2卷，人民出版社2009年，第569~570页。
③ 《马克思恩格斯文集》第9卷，人民出版社2009年，第21~22页。
④ 《马克思恩格斯文集》第2卷，人民出版社2009年，第47页。
⑤ 《马克思恩格斯文集》第1卷，人民出版社2009年，第539页。

须重新开始争取必需品的斗争,全部陈腐污浊的东西又要死灰复燃"①。马克思深刻地指出,"发展社会劳动的生产力,是资本的历史任务和存在理由。资本正是以此不自觉地创造着一种更高级的生产形式的物质条件"②"只有这样的条件,才能为一个更高级的、以每一个个人的全面而自由的发展为基本原则的社会形式建立现实基础"③;从某种程度上讲,正是深刻认识到资本的自由运动有助于推动经济发展但无法实现人的发展,马克思结合西方式现代化特别是英国现代化的经验教训对资本问题展开了深入研究,揭示了人类社会必然在生产力高度发达的基础上,经由包括所有制在内的生产关系变革实现每个人自由而全面发展的历史必然性。

正如习近平总书记强调的:"马克思的思想理论源于那个时代又超越了那个时代,既是那个时代精神的精华又是整个人类精神的精华。"④马克思创立的马克思主义是结合西方式现代化的早期实践对作为西方式现代化思想基础的启蒙运动及其理论成果的批判性反思和理论超越,是对以经济发展为基础的人的自由而全面发展的现代化路径的理论阐述。与启蒙运动学者各有侧重的理论阐述不同,马克思试图构建的是一种整体性框架,它"可以简要地表述如下:人们在自己生活的社会生产中发生一定的、必然的、不以他们的意志为转移的关系,即同他们的物质生产力的一定发展阶段相适合的生产关系。……社会的物质生产力发展到一定阶段,便同它们一直在其中运动的现存生产关系或财产关系(这只是生产关系的法律用语)发生矛盾。于是这些关系便由生产力的发展形式变成生产力的桎梏。那时社会革命的时代就到来了。……我们判断这样一个变革时代……必须从物质生活的矛盾中,从社会生产力和生产关系之间的现存冲突中去解释"⑤。在马克思看来,经济发展是一切发展的物质基础和前提条件,人的自由而全面发展是一切发展的根本目的,包括所有制在内的生产关系变革则是沟通经济发展与人的发展的关键环

---

① 《马克思恩格斯文集》第1卷,人民出版社2009年,第538页。
② 《马克思恩格斯文集》第7卷,人民出版社2009年,第288页。
③ 《马克思恩格斯文集》第5卷,人民出版社2009年,第683页。
④ 习近平:《在纪念马克思诞辰200周年大会上的讲话》,人民出版社2018年,第7页。
⑤ 《马克思恩格斯文集》第2卷,人民出版社2009年,第591~592页。

节。当然，由于面临的时代课题不同，马克思恩格斯的研究重点是以英国工业革命为典型的西方式现代化进程中生产资料的资本主义私人占有与社会化大生产之间存在的不可克服的矛盾及其对经济发展和人的发展的严重制约，但同时也对未来社会的所有制形式作出了初步的理论设想，如马克思在《资本论》第一卷（1867）中指出，未来社会"是在资本主义时代的成就的基础上，也就是说，在协作和对土地及靠劳动本身生产的生产资料的共同占有的基础上，重新建立个人所有制"[①]；恩格斯在《社会主义从空想到科学的发展》（1880）中进一步指出，未来社会是"以现代生产资料的本性为基础的产品占有方式：一方面由社会直接占有，作为维持和扩大生产的资料，另一方面由个人直接占有，作为生活资料和享受资料"[②]。

四、中国式现代化与马克思主义中国化时代化：兼论"两个毫不动摇"的历史生成和理论逻辑

党的二十大报告指出："在新中国成立特别是改革开放以来长期探索和实践基础上，经过十八大以来在理论和实践上的创新突破，我们党成功推进和拓展了中国式现代化。"[③] 中国式现代化是社会主义性质和方向的现代化，是以马克思主义为根本指导的现代化，同时也是我国在社会主义发展过程中不断推进马克思主义中国化时代化的历史过程，我们必须根据我国发展的社会主义性质、社会生产力水平和经济发展阶段来理解中国式现代化进程中的所有制问题，特别是结合马克思关于所有制问题的有关阐述深刻认识到，所有制问题是现代化进程中的核心问题，但它必须服务于"经济发展"和"人的发展"等更为根本的问题。在这一过程中，正如习近平总书记强调的，一

[①] 《马克思恩格斯文集》第 5 卷，人民出版社 2009 年，第 874 页。
[②] 《马克思恩格斯文集》第 3 卷，人民出版社 2009 年，第 561 页。
[③] 习近平：《高举中国特色社会主义伟大旗帜 为全面建设社会主义现代化国家而团结奋斗》，人民出版社 2022 年，第 22 页。

方面,"我们党在运用马克思主义基本原理解决中国实际问题的实践中逐步认识到,发展社会主义不仅是一个长期历史过程,而且是需要划分为不同历史阶段的过程"①,我们必须结合我国社会主义发展的不同历史阶段和马克思主义中国化时代化的历史过程,在生产力和生产关系之间的矛盾运动中、在我国社会主要矛盾的时代变迁中、在"两个毫不动摇"的历史生成中,深刻认识并准确把握中国式现代化进程中的所有制问题以及"两个毫不动摇"的历史生成过程。另一方面,"在社会主义条件下发展市场经济,是我们党的一个伟大创举。我国经济发展获得巨大成功的一个关键因素,就是我们既发挥了市场经济的长处,又发挥了社会主义制度的优越性"②,我们必须深刻认识到,所有制形式不是孤立的存在,它绝不能脱离生产力和生产关系之间的矛盾运动而独立地发挥作用,我们必须结合社会主义生产关系和社会主义市场经济的改革方向,更为准确地把握"两个毫不动摇"的理论逻辑,并深刻认识到社会主义市场经济条件下公有制经济和非公有制经济的有机统一。

具体而言,正如党的十三大报告指出的:"在中国这样落后的东方大国中建设社会主义,是马克思主义发展史上的新课题。我们面对的情况,既不是马克思主义创始人设想的在资本主义高度发展的基础上建设社会主义,也不完全相同于其他社会主义国家。照搬书本不行,照搬外国也不行,必须从国情出发,把马克思主义基本原理同中国实际结合起来,在实践中开辟有中国特色的社会主义道路。在这个问题上,我们党作过有益探索,取得过重要成就,也经历过多次曲折,付出了巨大代价。"③我国是在落后农业国基础上以大规模推进工业化开启中国式现代化进程的,即便到新中国成立前夕,我国"还有大约百分之九十左右的分散的个体的农业经济和手工业经济,这是落后的,这是和古代没有多大区别的,我们还有百分之九十左右的经济生活停留在古代"④。对此,列宁曾特别提醒说:"东方大多数民族的处境比欧洲最落后的国家俄国还要坏。……你们面临着全世界共产党人所没有遇到过的

---

① 习近平:《把握新发展阶段,贯彻新发展理念,构建新发展格局》,《求是》2021年第9期。
② 习近平:《不断开拓当代中国马克思主义政治经济学新境界》,《求是》2020年第16期。
③ 《改革开放三十年重要文献选编》,中央文献出版社2008年,第475页。
④ 《毛泽东选集》第4卷,人民出版社1991年,第1430页。

一个任务，就是你们必须以共产主义的一般理论和实践为依据，适应欧洲各国所没有的特殊条件，善于把这种理论和实践运用于主要群众是农民、需要解决的斗争任务不是反对资本而是反对中世纪残余这样的条件"[1]。正是面对这样的具体国情，我们党在马克思主义的指导下、在不断推进马克思主义中国化时代化的历史过程中，团结带领人民完成了新民主主义革命，为中国式现代化创造了根本的社会条件；完成了社会主义革命、确立了社会主义基本制度并推进社会主义建设，为中国式现代化奠定了根本的政治前提和制度基础，同时也正式开启了具有社会主义性质和方向的中国式现代化的历史进程。在这一过程中，特别是在所有制问题上，我们党在社会主义革命和建设时期取得了重大成就、亦经历过严重曲折；从某种程度上讲，"两个毫不动摇"正是我们党在深刻总结正反两方面经验的基础上，在改革开放和社会主义现代化建设新时期不断推进马克思主义中国化时代化的重大创新成果。

正如《中共中央关于党的百年奋斗重大成就和历史经验的决议》指出的，"从新中国成立到改革开放前夕，党领导人民完成社会主义革命，消灭一切剥削制度，实现了中华民族有史以来最为广泛而深刻的社会变革，实现了一穷二白、人口众多的东方大国大步迈进社会主义社会的伟大飞跃"[2]，并正式开启了中国式现代化的历史进程。在这一过程中，我国完成了社会主义革命、确立了社会主义基本制度，在短短二十多年的时间里迅速由一个拥有数千年小农经济传统的落后农业国，转变成了工业部门在国民经济中占主导地位的现代国家，并初步建立了比较完整的工业体系和国民经济体系，为改革开放和社会主义现代化建设新时期的持续较快的经济发展提供了必不可少的物质技术基础。与此同时，由于相对缺乏社会主义建设经验并受苏联模式的影响，我们在社会主义建设时期对所有制问题缺乏深刻的理论认识，使得我国的社会主义建设事业一度经历了严重曲折。按照马克思恩格斯的看法，一方面，未来社会的所有制形式必须适应社会化生产的要求，它必然拥有某种"社会性"而绝不会是"纯粹私有制"或法国启蒙运动学者设想的某种"绝

---

[1] 《列宁全集》第37卷，人民出版社1986年，第323页。
[2] 《中共中央关于党的百年奋斗重大成就和历史经验的决议》，人民出版社2021年，第14页。

对权利";另一方面,未来社会的所有制形式必须适应生产力发展的要求并有助于实现每个人自由而全面的发展,它必然拥有某种"个体性"而绝不会是空想社会主义者主观臆想的"纯粹公有制"。作为人类社会第一个社会主义国家,苏联在社会主义实践探索中既有对马克思主义的创新性发展,又存在不少教条式理解,一方面混淆了社会主义和共产主义的区别,误认为"社会主义和共产主义是同一个共产主义社会经济形态的两个阶段"[1]并高估了社会主义阶段的生产力发展水平以及与之相适应的生产关系和所有制形式;另一方面脱离生产力和生产关系之间的矛盾运动,片面地、孤立地、僵化地看待生产资料所有制形式,认为社会主义生产关系的特征是"生产资料公有制占绝对统治地位""在社会主义制度下,生产关系完全适合生产力的性质"等等[2]。

"改革开放是我们党的一次伟大觉醒,正是这个伟大觉醒孕育了我们党从理论到实践的伟大创造"[3]。1978年12月召开的党的十一届三中全会作出了实行改革开放的历史性决策,成功开辟了中国特色社会主义道路,不仅创造了经济快速发展奇迹和社会长期稳定奇迹,而且极大地推进了马克思主义的创新发展,特别是依据马克思主义基本原理和我国生产力发展水平,创造性地提出了社会主义初级阶段理论,并依据社会主义初级阶段解放和发展生产力的根本任务,明确了"社会主义的本质,是解放生产力,发展生产力,消灭剥削,消除两极分化,最终达到共同富裕"[4]。在此基础上,党的十四大确立了建立和完善社会主义市场经济体制的改革目标,党的十五大首次把"公有制为主体、多种所有制经济共同发展"上升为一项具有长期性、稳定性、全局性的基本经济制度,党的十六大正式提出了"两个毫不动摇",明确提出"必须毫不动摇地巩固和发展公有制经济""必须毫不动摇地鼓励、支持和引导非公有制经济发展"并强调"坚持公有制为主体,促进非公有制经济

---

[1] 苏联科学院经济研究所:《政治经济学教科书》,人民出版社1955年,第403页。
[2] 苏联科学院经济研究所:《政治经济学教科书》,人民出版社1955年,第434页。
[3] 习近平:《在庆祝改革开放40周年大会上的讲话》,人民出版社2018年,第4页。
[4] 《邓小平文选》第3卷,人民出版社1993年,第373页。

发展，统一于社会主义现代化建设的进程中，不能把这两者对立起来"①。正是包括社会主义初级阶段理论、社会主义本质论、社会主义市场经济体制和"两个毫不动摇"在内的一系列理论创新、实践创新和制度创新，我国成功开创了改革开放和社会主义现代化建设新局面，不仅形成了中国特色社会主义理论体系并实现了马克思主义中国化时代化的新的飞跃，而且极大地解放和发展了生产力，"实现了从生产力相对落后的状况到经济总量跃居世界第二的历史性突破，实现了人民生活从温饱不足到总体小康、奔向全面小康的历史性跨越"②，为以中国式现代化推进中华民族伟大复兴提供了充满新的活力的体制保证和快速发展的物质条件。

党的十八大以来，经过长期努力，中国特色社会主义进入了新时代。党的十八届三中全会站在新的历史起点上，明确了"完善和发展中国特色社会主义制度，推进国家治理体系和治理能力现代化"的全面深化改革总目标，并强调"公有制经济和非公有制经济都是社会主义市场经济的重要组成部分，都是我国经济社会发展的重要基础。必须毫不动摇巩固和发展公有制经济，坚持公有制主体地位，发挥国有经济主导作用，不断增强国有经济活力、控制力、影响力。必须毫不动摇鼓励、支持、引导非公有制经济发展，激发非公有制经济活力和创造力"。③党的十九届四中全会对新时代如何坚持和完善中国特色社会主义制度、推进国家治理体系和治理能力现代化作出了全面阐述，特别是对社会主义基本经济制度作出了新概括，指出"公有制为主体、多种所有制经济共同发展，按劳分配为主体、多种分配方式并存，社会主义市场经济体制等社会主义基本经济制度，既体现了社会主义制度优越性，又同我国社会主义初级阶段社会生产力发展水平相适应，是党和人民的伟大创造"，并结合社会主义基本经济制度对"两个毫不动摇"作出了一系列重要论述，如"探索公有制多种实现形式，推进国有经济布局优化和结构调整，发展混合所有制经济""促进非公有制经济健康发展和非公有制经济

---

① 《改革开放三十年重要文献选编》，中央文献出版社 2008 年，第 1253 页。
② 《中共中央关于党的百年奋斗重大成就和历史经验的决议》，人民出版社 2021 年，第 22 页。
③ 《中共中央关于全面深化改革若干重大问题的决定》，人民出版社 2013 年，第 8 页。

人士健康成长""营造各种所有制主体依法平等使用资源要素、公开公平公正参与竞争、同等受到法律保护的市场环境",等等。①党的二十大站在全面建设社会主义现代化国家、以中国式现代化全面推进中华民族伟大复兴的新的历史起点上,对新时代新征程如何坚持"两个毫不动摇"、如何构建高水平社会主义市场经济体制并以此着力推动高质量发展作出了全面阐述和战略部署,明确指出要"加快国有经济布局优化和结构调整,推动国有资本和国有企业做强做优做大,提升企业核心竞争力""优化民营企业发展环境,依法保护民营企业产权和企业家权益,促进民营经济发展壮大",等等②。

习近平总书记指出:"我们强调把公有制经济巩固好、发展好,同鼓励、支持、引导非公有制经济发展不是对立的,而是有机统一的。我们国家这么大、人口这么多,又处于并将长期处于社会主义初级阶段,要把经济社会发展搞上去,就要各方面齐心协力来干,众人拾柴火焰高。公有制经济、非公有制经济应该相辅相成、相得益彰,而不是相互排斥、相互抵消。"③我们必须深刻认识到,我国已经确立了社会主义基本制度和社会主义生产关系,不论是公有制经济还是非公有制经济都是社会主义现代化事业的建设者和中国式现代化的推动者,其生产目的都是满足人民需要并受社会主义生产关系及其上层建筑的规范和保护,我们不能把马克思关于资本主义生产关系下资本自由运动的理论分析简单套用到社会主义情形,而必须深刻认识到不同所有制经济在社会主义市场经济条件下的有机统一。特别地,正如习近平总书记强调的,"长期以来,我国非公有制经济快速发展,在稳定增长、促进创新、增加就业、改善民生等方面发挥了重要作用。……任何想把公有制经济否定掉或者想把非公有制经济否定掉的观点,都是不符合最广大人民根本利益的,都是不符合我国改革发展要求的,因此也都是错误的"④,我国的非公有制经济是在改革开放和社会主义现代化建设新时期成长起来并不断发展壮大

---

① 《中共中央关于坚持和完善中国特色社会主义制度 推进国家治理体系和治理能力现代化若干重大问题的决定》,人民出版社2019年,第18~19页。

② 习近平:《高举中国特色社会主义伟大旗帜 为全面建设社会主义现代化国家而团结奋斗》,人民出版社2022年,第29页。

③④ 习近平:《习近平著作选读》第1卷,人民出版社2023年,第463页。

的，是社会主义市场经济的重要组成部分和我国经济社会发展的重要基础；特别是民营经济，目前"已经成为推动我国发展不可或缺的力量，成为创业就业的主要领域、技术创新的重要主体、国家税收的重要来源，为我国社会主义市场经济发展、政府职能转变、农村富余劳动力转移、国际市场开拓等发挥了重要作用"①。正是在这个意义上，《中共中央国务院关于促进民营经济发展壮大的意见》进一步强调："民营经济是推进中国式现代化的生力军，是高质量发展的重要基础，是推动我国全面建成社会主义现代化强国、实现第二个百年奋斗目标的重要力量。"②

五、结　　语

习近平总书记指出，"一段时间以来，社会上对我们是否还搞社会主义市场经济、是否坚持'两个毫不动摇'有一些不正确甚至错误的议论。我们必须亮明态度、决不含糊，始终坚持社会主义市场经济改革方向，坚持'两个毫不动摇'"。③ 按照马克思创立的马克思主义学说，经济发展是一切发展的根本基础，人的发展是一切发展的根本目的，从经济发展到人的发展要经过一系列中间环节，而生产力和生产关系、经济基础和上层建筑之间的矛盾运动则是其中最为重要的关键环节，所有制问题则是这一关键环节的核心问题。在资本主义生产关系下，生产资料的资本主义私人占有和社会化生产之间存在着不可克服的内在矛盾、"除劳动能力以外一无所有"④的雇佣劳动者和"价值增殖的狂热追求者"⑤的资本之间存在着尖锐的内在冲突，正是这种矛盾和冲突造成了严重的人的不发展并必然导致整个资本主义体系的最终崩溃。与之不同，社会主义的生产目的是满足人民需要，而实现了人民当家

---

① 习近平：《在民营企业座谈会上的讲话》，《人民日报》2018年11月2日第2版。
② 《中共中央国务院关于促进民营经济发展壮大的意见》，人民出版社2023年，第1页。
③ 习近平：《当前经济工作的几个重大问题》，《求是》2023年第4期。
④ 《马克思恩格斯文集》第1卷，人民出版社2009年，第726页。
⑤ 《马克思恩格斯文集》第5卷，人民出版社2009年，第683页。

作主的社会主义政治制度、保证人民享有广泛权利的社会主义法律制度、以公有制为主体的社会主义经济制度等社会主义生产关系及其上层建筑，不仅意味着社会主义生产关系下的劳动者不再是除劳动能力以外一无所有的雇佣劳动者，而且意味着资本也不再是"如果有10%的利润，它就保证到处被使用；有20%的利润，它就活跃起来；有50%的利润，它就铤而走险；为了100%的利润，它就敢践踏一切人间法律"①的价值增殖的狂热追求者，而是社会主义生产关系及其上层建筑规范和保护下的社会主义现代化事业的建设者。把社会主义生产关系下的劳动和资本对立起来、把社会主义市场经济条件下的公有制经济和非公有制经济对立起来的看法，不仅是一种时代的错乱，更是一种理论上的教条。

斯大林在讨论苏联社会主义经济问题时曾指出："马克思分析资本主义，是为了说明工人阶级受剥削的泉源，即剩余价值，并且给予被剥夺了生产资料的工人阶级以推翻资本主义的精神武器。显然，马克思在这里所使用的概念（范畴）是和资本主义关系完全适合的。但是现在，当工人阶级不仅没有被剥夺政权和生产资料，反而掌握着政权和占有生产资料的时候，还使用这些概念，这就非常奇怪了。"②我们显然不能把马克思关于自由资本主义的分析直接套用到社会主义情形中。特别是在所有制问题上，马克思批判"纯粹私有制"并不意味着他认同"纯粹公有制"；事实上，按照马克思的理论设想，未来社会的所有制形式一定具有某种"社会性"以适应社会化生产的要求、一定具有某种"个体性"以满足人的自由而全面发展的需要。与此同时，正如马克思强调的，"要想把所有权作为一种独立的关系、一种特殊的范畴、一种抽象的和永恒的观念来下定义，这只能是形而上学或法学的幻想"③，所有制决不是一种孤立的存在，它决不能脱离生产力和生产关系之间的矛盾运动而独立地发挥作用，其在社会主义初级阶段的具体实现形式更是不能脱离经济发展这一根本任务和人的发展这一根本目的。我们必须深刻认

---

① 《马克思恩格斯文集》第5卷，人民出版社2009年，第871页。
② 斯大林：《苏联社会主义经济问题》，人民出版社1971年，第13页。
③ 《马克思恩格斯文集》第1卷，人民出版社2009年，第638页。

识到，社会主义生产关系下的公有制经济和非公有制经济都是社会主义市场经济的重要组成部分，都是社会主义现代化事业的建设者和中国式现代化的推动者，决不能简单地把社会主义市场经济条件下的公有制经济和非公有制经济对立起来，而必须深刻认识到二者在社会主义市场经济条件下的有机统一。

（作者胡怀国，原题目为《现代化视域下的所有制问题——兼论"两个毫不动摇"的理论逻辑》，发表于《山东社会科学》2024年第2期，第95~106页。）

第十二章
坚持和落实"两个毫不动摇"

摘要：公有制经济和非公有制经济都是社会主义市场经济的重要组成部分，都是推进中国式现代化的重要力量。"毫不动摇巩固和发展公有制经济，毫不动摇鼓励、支持、引导非公有制经济发展"是我们党在推进中国式现代化进程中确立的一项重大方针，同时也是我们党在推进中国式现代化进程中不断推进马克思主义中国化时代化的重大创新。我们决不能把马克思关于资本主义生产方式的理论分析简单套用到社会主义情形，而必须在生产力和生产关系的矛盾运动中、在商品价值和使用价值的有机统一中、在中国式现代化和马克思主义中国化时代化的历史过程中，深刻认识"两个毫不动摇"的理论逻辑、历史逻辑和实践逻辑，深刻认识社会主义市场经济条件下公有制经济和非公有制经济的优势互补、相互促进和共同发展。

关键词：公有制经济　非公有制经济　社会主义市场经济　中国式现代化

党的二十届三中全会指出，"高水平社会主义市场经济体制是中国式现代化的重要保障"，新时代新征程进一步全面深化改革、推进中国式现代化必须"聚焦构建高水平社会主义市场经济体制""毫不动摇巩固和发展公有制经济，毫不动摇鼓励、支持、引导非公有制经济发展"。[①] 中国式现代化是中国共产党领导的社会主义现代化，是以马克思主义为根本指导的现代化，同时

---

① 《中共中央关于进一步全面深化改革　推进中国式现代化的决定》，人民出版社2024年，第6、4、7页。

也是我国在社会主义发展过程中不断推进马克思主义中国化时代化的历史过程。"两个毫不动摇"是我们党在推进中国式现代化进程中不断推进马克思主义中国化时代化的重大创新，具有深刻的理论逻辑、历史逻辑和实践逻辑。本文试图结合马克思主义的历史生成和创新发展、中国式现代化和马克思主义中国化时代化的历史过程对"两个毫不动摇"予以政治经济学的解析，以深化我们对党的二十届三中全会关于聚焦构建高水平社会主义市场经济体制、坚持和落实"两个毫不动摇"、促进各种所有制经济优势互补和共同发展等一系列重要论述的理论认识。

一、引　言

习近平总书记指出："党的二十大确立了全面建成社会主义现代化强国、实现第二个百年奋斗目标，以中国式现代化全面推进中华民族伟大复兴的中心任务，阐述了中国式现代化的中国特色、本质要求、重大原则等，对推进中国式现代化作出战略部署。要把这些战略部署落到实处，把中国式现代化蓝图变为现实，根本在于进一步全面深化改革，不断完善各方面体制机制，为推进中国式现代化提供制度保障。"[①]党的二十届三中全会紧紧围绕推进中国式现代化，对进一步全面深化改革进行了系统谋划和顶层设计，指出新时代新征程必须"聚焦构建高水平社会主义市场经济体制，充分发挥市场在资源配置中的决定性作用，更好发挥政府作用，坚持和完善社会主义基本经济制度"，特别是要"毫不动摇巩固和发展公有制经济，毫不动摇鼓励、支持、引导非公有制经济发展，保证各种所有制经济依法平等使用生产要素、公平参与市场竞争、同等受到法律保护，促进各种所有制经济优势互补、共同发展"。[②]正如习近平总书记强调的："在社会主义条件下发展市场经济，是我

[①] 习近平：《关于〈中共中央关于进一步全面深化改革、推进中国式现代化的决定〉的说明》，《求是》2024年第16期。

[②] 《中共中央关于进一步全面深化改革 推进中国式现代化的决定》，人民出版社2024年，第4、7页。

们党的一个伟大创举。我国经济发展获得巨大成功的一个关键因素，就是我们既发挥了市场经济的长处，又发挥了社会主义制度的优越性。"①公有制经济和非公有制经济都是社会主义市场经济的重要组成部分，都是我国经济社会发展的重要基础和推进中国式现代化的重要力量，新时代新征程聚焦构建高水平社会主义市场经济体制进一步全面深化改革、推进中国式现代化，必须坚持和落实"两个毫不动摇"，促进各种所有制经济优势互补、共同发展。

习近平总书记曾经深刻地指出，"社会主义基本制度和市场经济有机结合、公有制经济和非公有制经济共同发展，是我们党推动解放和发展社会生产力的伟大创举"，但即便"我们党反复讲，要毫不动摇坚持公有制为主体、多种所有制经济共同发展，但有的人至今还没有摘下有色眼镜"②，特别是"一段时间以来，社会上对我们是否还搞社会主义市场经济、是否坚持'两个毫不动摇'有一些不正确甚至错误的议论。我们必须亮明态度、决不含糊，始终坚持社会主义市场经济改革方向，坚持'两个毫不动摇'"③。"社会主义市场经济"和"两个毫不动摇"是我们党在推进中国式现代化进程中不断推进马克思主义中国化时代化的重大创新，是新中国成立特别是改革开放以来我国取得巨大发展成就的关键因素，目前社会上对社会主义市场经济特别是对"两个毫不动摇"的一些不正确甚至错误议论，某种程度上同学术界特别是理论经济学界没有结合马克思主义中国化时代化的历史过程在马克思主义框架下对有关问题予以较为彻底的理论说明有关，特别是某些学者把马克思关于资本主义生产方式的理论分析和若干概念直接套用到社会主义情形的做法，不仅进一步模糊了人们对有关问题的理论认识，而且一定程度上成为社会上一些不正确甚至错误议论的重要思想来源。本文认为，马克思主义本质上是在西方式现代化进程中历史生成、在中国式现代化进程中不断创新发展的思想体系，只有紧紧围绕推进中国式现代化并结合马克思主义的历史生成和马克思主义中国化时代化的历史过程，才能从理论和实践的结合上

---

① 习近平：《不断开拓当代中国马克思主义政治经济学新境界》，《求是》2020 年第 16 期。
② 《习近平著作选读》第 1 卷，人民出版社 2023 年，第 354 页。
③ 习近平：《当前经济工作的几个重大问题》，《求是》2023 年第 4 期。

第十二章 | 坚持和落实"两个毫不动摇"

深刻认识并准确把握"两个毫不动摇"的理论逻辑以及社会主义市场经济条件下公有制经济和非公有制经济的有机统一。

党的二十大报告指出:"中国式现代化,是中国共产党领导的社会主义现代化,既有各国现代化的共同特征,更有基于自己国情的中国特色。"① 中国式现代化是中国共产党领导的社会主义现代化,是以马克思主义为根本指导的现代化,同时也是我国在社会主义发展过程中不断推进马克思主义中国化时代化的历史过程。在全面建设社会主义现代化国家、以中国式现代化全面推进中华民族伟大复兴的新时代新征程上,我们必须深刻认识到,一方面,"马克思主义为中国革命、建设、改革提供了强大思想武器,使中国这个古老的东方大国创造了人类历史上前所未有的发展奇迹",新时代新征程进一步全面深化改革、推进中国式现代化必须坚持以马克思主义为根本指导;另一方面,马克思主义本质上是不断发展的思想体系,"一部马克思主义发展史就是马克思、恩格斯以及他们的后继者们不断根据时代、实践、认识发展而发展的历史,是不断吸收人类历史上一切优秀思想文化成果丰富自己的历史"②,新时代新征程进一步全面深化改革、推进中国式现代化必须"不断推进马克思主义中国化时代化,用博大胸怀吸收人类创造的一切优秀文明成果,用马克思主义中国化的科学理论引领伟大实践"③。在这一过程中,我们必须明确区分资本主义生产关系和社会主义生产关系的本质不同,不能把马克思关于资本主义生产方式的理论分析和若干概念直接套用到社会主义情形,而必须结合中国具体实际不断推进马克思主义中国化时代化,并以此为新时代新征程进一步全面深化改革、推进中国式现代化提供更为充分的理论说明、更为坚实的学理支撑。

在这个问题上,斯大林早在 20 世纪 50 年代初就深刻认识到,探讨苏联社会主义经济问题"必须抛弃从马克思专门分析资本主义的《资本论》中取来而硬套在我国社会主义关系上的其他若干概念。……马克思分析资本主义,

---

① 习近平:《高举中国特色社会主义伟大旗帜 为全面建设社会主义现代化国家而团结奋斗》,人民出版社 2022 年,第 22 页。
② 习近平:《在纪念马克思诞辰 200 周年大会上的讲话》,人民出版社 2018 年,第 14、9 页。
③ 《中共中央关于党的百年奋斗重大成就和历史经验的决议》,人民出版社 2021 年,第 63 页。

是为了说明工人阶级受剥削的泉源，即剩余价值，并且给予被剥夺了生产资料的工人阶级以推翻资本主义的精神武器。显然，马克思在这里所使用的概念（范畴）是和资本主义关系完全适合的。但是现在，当工人阶级不仅没有被剥夺政权和生产资料，反而掌握着政权和占有生产资料的时候，还使用这些概念，这就非常奇怪了"①。我们必须深刻认识到，中国式现代化是中国共产党领导的社会主义现代化，人民当家作主的社会主义政治制度、保障人民享有广泛权利并有效维护社会公平正义的社会主义法律制度、以公有制为主体的社会主义经济制度等社会主义生产关系及其上层建筑已经成为中国式现代化的现实前提，不论是公有制经济还是非公有制经济都直接或间接服务于满足人民需要的社会主义生产目的并受到社会主义生产关系及其上层建筑的规范和保护，本质上都是社会主义现代化的建设者和推进中国式现代化的重要力量，"任何想把公有制经济否定掉或者想把非公有制经济否定掉的观点，都是不符合最广大人民根本利益的，都是不符合我国改革发展要求的，因此也都是错误的"②。我们必须深刻认识到，"两个毫不动摇"是我们党在推进中国式现代化进程中确立的一项重大方针，同时也是我们党在推进中国式现代化进程中不断推进马克思主义中国化时代化的重大创新。为深化我们对"两个毫不动摇"的理论认识并为新时代新征程坚持和落实"两个毫不动摇"提供更为坚实的学理支撑，有必要结合马克思主义的历史生成和创新发展，在马克思主义框架下对"两个毫不动摇"予以政治经济学的解析。

二、现代化视域下的马克思主义：历史生成与创新发展

马克思主义认为："一切社会变迁和政治变革的终极原因，不应当到人们的头脑中，到人们对永恒的真理和正义的日益增进的认识中去寻找，而应当到生产方式和交换方式的变更中去寻找；不应当到有关时代的哲学中去寻

---

① 斯大林：《苏联社会主义经济问题》，人民出版社1971年，第13页。
② 《习近平著作选读》第1卷，人民出版社2023年，第463页。

找，而应当到有关时代的经济中去寻找。"①至少就主要经济体而言，人类社会曾长期处于相对封闭与相互隔离的传统农业社会，1453年君士坦丁堡的陷落率先打破了欧洲社会的中世纪沉寂，引发了欧洲特别是西欧社会的一系列连锁反应，并在其相对漫长的历史演进过程中，经由英国工业革命率先开辟了一种西方式现代化路径。西方式现代化以资本积累和市场经济的发育为前提，它极大地提高了社会生产力水平并推动了经济发展和物质财富的积累，但始终无法从根本上解决经济发展与人的发展之间的内在冲突。马克思在对以英国工业革命为典型的西方式现代化及其理论回应进行批判性反思的基础上实现了理论超越，创立了旨在实现每个人自由而全面发展的马克思主义学说，不仅为人类社会开辟一种以经济发展推动人的发展的现代化路径提供了理论可能，而且为我国在社会主义发展过程中不断推进马克思主义中国化时代化、以中国式现代化推进中华民族伟大复兴提供了根本指导。

具体而言，正如马克思深刻指出的，传统农业社会"小农人数众多，他们的生活条件相同，但是彼此间并没有发生多种多样的关系。他们的生产方式不是使他们互相交往，而是使他们互相隔离。……每一个农户差不多都是自给自足的，都是直接生产自己的大部分消费品，因而他们取得生活资料多半是靠与自然交换，而不是靠与社会交往。"②正是这种相对封闭与相互隔离的生产生活方式以及与之相适应的等级化和人身依附的经济社会关系，造成了传统农业社会的整体不发展。对此，宏观经济学奠基者凯恩斯曾总结说："从公元前2000年开始，到18世纪初期，生活在世界各个文明中心的人们的生活水平，并没有发生多大的变化。……一直到公元1700年为止的4000年间，某些时期的生活水平也许比别的时期要高上50%，但不会超过100%。"③在人类社会的发展历史上，英国工业革命率先开启了人类社会的现代化进程，它极大地推动了经济发展和物质财富的积累，但同时却造成了较为严重的人的不发展：一方面，"资产阶级在它的不到一百年的阶级统治中所

---

① 《马克思恩格斯文集》第9卷，人民出版社2009年，第284页。
② 《马克思恩格斯文集》第2卷，人民出版社2009年，第566页。
③ 凯恩斯：《凯恩斯文集·预言与劝说》，江苏人民出版社1998年，第353页。

创造的生产力,比过去一切世代创造的全部生产力还要多,还要大"①。另一方面,"劳动为富人生产了奇迹般的东西,但是为工人生产了赤贫""他在自己的劳动中不是肯定自己,而是否定自己,不是感到幸福,而是感到不幸,不是自由地发挥自己的体力和智力,而是使自己的肉体受折磨、精神遭摧残。……这种劳动不是满足一种需要,而只是满足劳动以外的那些需要的一种手段"②。

马克思认为,人是人的最高本质,人类社会必将在资本主义创造的高度发达的社会生产力的基础上,经由生产关系变革实现每个人自由而全面的发展:"在那里,每个人的自由发展是一切人的自由发展的条件"。③ 为了深刻揭示人类社会从经济发展到人的发展的一般规律以及西方式现代化的历史局限性,马克思构建了一个相对完备的整体性框架并以此创立了马克思主义学说,它"可以简要地表述如下:人们在自己生活的社会生产中发生一定的、必然的、不以他们的意志为转移的关系,即同他们的物质生产力的一定发展阶段相适合的生产关系。这些生产关系的总和构成社会的经济结构,即有法律的和政治的上层建筑竖立其上并有一定的社会意识形式与之相适应的现实基础。物质生活的生产方式制约着整个社会生活、政治生活和精神生活的过程"④。在马克思看来,经济发展是一切发展的根本前提,人的发展是一切发展的根本目的,而生产力和生产关系、经济基础和上层建筑之间的矛盾运动则是沟通经济发展和人的发展的关键环节。从某种程度上讲,马克思及其创立的马克思主义学说,本质上是在对以英国工业革命为典型的西方式现代化或早期资本主义现代化进行批判性反思的基础上,从理论上勾勒的一种以经济发展推动人的发展的现代化路径,或按照马克思的说法:"共产主义是对私有财产即人的自我异化的积极的扬弃,因而是通过人并且为了人而对人的本质的真正占有;因此,它是人向自身、也就是向社会的即合乎人性的人的复归,这种复归是完全的复归,是自觉实现并在以往发展的全部财富的范围

---

① 《马克思恩格斯文集》第 2 卷,人民出版社 2009 年,第 36 页。
② 《马克思恩格斯文集》第 1 卷,人民出版社 2009 年,第 158、159 页。
③ 《马克思恩格斯文集》第 2 卷,人民出版社 2009 年,第 53 页。
④ 《马克思恩格斯文集》第 2 卷,人民出版社 2009 年,第 591 页。

内实现的复归。"①

也就是说，马克思创立的马克思主义学说是一个整体性框架，本质上是一种以生产力和生产关系、经济基础和上层建筑之间的矛盾运动为中间环节，以实现以经济发展为基础的每个人自由而全面发展为根本目的的思想体系。按照马克思的看法，生产力发展有助于推动经济发展并为人的发展提供物质基础，但它本身并不必然推动人的发展，其是否以及能否推动人的发展更多地取决于生产关系及其上层建筑；西方式现代化提高了社会生产力水平并推动了经济发展和物质财富的积累，但却造成了严重的人的不发展，而这种人的不发展又必然反过来影响经济发展乃至社会生产力水平的进一步提高，其根本原因在于资本主义生产关系存在严重问题。在这种情况下，尽管马克思一再强调生产力的决定性作用，但在深入分析西方式现代化或早期资本主义现代化时，还是更多地把生产力（更多地同经济发展直接相关）作为既定前提，而把生产关系（更多地同人的发展直接相关）作为分析重点。与之不同，中国式现代化是社会主义性质和方向的现代化，社会主义生产关系及其上层建筑已经成为我国发展的现实前提，而社会主义初级阶段相对落后的社会生产或新时代不平衡不充分的发展则是更好满足人民需要进而推动人的全面发展的主要制约因素，这意味着我们必须更多地以社会主义生产关系为既定前提、更多地把生产力作为分析重点，并"根据我国生产力发展的要求，在每一个阶段上创造出与之相适应和便于继续前进的生产关系的具体形式"②，而决不能把马克思关于资本主义生产方式的理论分析直接套用到社会主义情形，更不能简单套用马克思分析资本主义生产关系时所使用的若干概念。

我们不妨以《资本论》为例作进一步分析。马克思在这部马克思主义经典著作的正文开篇即指出，现代"社会的财富，表现为'庞大的商品堆积'，……因此，我们的研究就从分析商品开始"③。按照马克思的分析，现代市场

---

① 《马克思恩格斯文集》第1卷，人民出版社2009年，第185页。
② 《改革开放三十年重要文献选编》，中央文献出版社2008年，第213页。
③ 《马克思恩格斯文集》第5卷，人民出版社2009年，第47页。

经济条件下的商品是使用价值和价值的有机统一,其中使用价值更多地反映了商品的自然属性,它更多地同经济发展或物质财富的积累有关:"更多的使用价值本身就是更多的物质财富"①;价值则更多地反映了商品的社会属性,它更多地同经济发展能否推动人的发展有关,更多地同生产关系而不是生产力直接相关:"不管生产力发生了什么变化,同一劳动在同样的时间内提供的价值量总是相同的"。②为了深入揭示资本主义生产方式必然造成严重的人的不发展的内在机制,马克思更多地围绕商品的价值(更多地同生产关系和人的发展直接相关)而不是使用价值(更多地同生产力和经济发展直接相关)展开了系统深入的理论分析。与之不同,我国已经确立了社会主义基本制度,保证人民当家作主并不断推动人的全面发展的社会主义生产关系及其上层建筑已经成为我国发展的现实前提,而更多地同商品使用价值和物质财富积累有关的不平衡不充分的发展则成为更好满足人民美好生活需要并以此不断推动人的全面发展的主要制约因素,故我们决不能仅仅局限于马克思在《资本论》等著述中所侧重的价值分析,而必须在商品价值和使用价值的有机统一中、在生产力和生产关系的矛盾运动中、在中国式现代化和马克思主义中国化时代化的历史过程中,更为深刻地理解中国式现代化进程中的公有制经济和非公有制经济及其在社会主义市场经济条件下的有机统一。

三、中国式现代化进程中的公有制经济和非公有制经济

党的二十大报告指出,"在新中国成立特别是改革开放以来长期探索和实践基础上,经过十八大以来在理论和实践上的创新突破,我们党成功推进和拓展了中国式现代化"。③中国式现代化是中国共产党领导的社会主义现

---

① 《马克思恩格斯文集》第 5 卷,人民出版社 2009 年,第 59 页。
② 《马克思恩格斯文集》第 5 卷,人民出版社 2009 年,第 60 页。
③ 习近平:《高举中国特色社会主义伟大旗帜 为全面建设社会主义现代化国家而团结奋斗》,人民出版社 2022 年,第 22 页。

代化，是以马克思主义为根本指导的现代化，同时也是我国在社会主义发展过程中不断推进马克思主义中国化时代化的历史过程。对此，《中共中央关于党的百年奋斗重大成就和历史经验的决议》深刻地总结说："马克思主义是我们立党立国、兴党强国的根本指导思想。马克思主义理论不是教条而是行动指南，必须随着实践发展而发展，必须中国化才能落地生根、本土化才能深入人心。党之所以能够领导人民在一次次求索、一次次挫折、一次次开拓中完成中国其他各种政治力量不可能完成的艰巨任务，根本在于坚持解放思想、实事求是、与时俱进、求真务实，坚持把马克思主义基本原理同中国具体实际相结合、同中华优秀传统文化相结合，坚持实践是检验真理的唯一标准，坚持一切从实际出发，及时回答时代之问、人民之问，不断推进马克思主义中国化时代化。"[①]事实上，正是在不断推进马克思主义中国化时代化的历史过程中，我们党领导人民完成了新民主主义革命，成立了中华人民共和国，实现了民族独立和人民解放，为推进中国式现代化创造了根本的社会条件；完成了社会主义革命并推进社会主义建设，不仅确立了社会主义基本制度并为推进中国式现代化奠定了根本的政治前提和制度基础，而且成功开启了社会主义性质和方向的中国式现代化进程；进行改革开放和社会主义现代化建设，极大地解放和发展了社会生产力，为推进中国式现代化提供了充满新的活力的体制保证和快速发展的物质条件；开创了中国特色社会主义新时代，推动我国迈上全面建设社会主义现代化国家新征程，不仅成功推进和拓展了中国式现代化，而且开辟了马克思主义中国化时代化的新境界。

在这一过程中，我国公有制经济和非公有制经济从小到大、由弱变强，优势互补、相互促进，共同发展为社会主义市场经济的重要组成部分，共同成长为推进中国式现代化的重要力量。具体而言，我国是在落后农业国基础上开启中国式现代化进程的，即便到新中国成立前夕"还有大约百分之九十左右的分散的个体的农业经济和手工业经济，这是落后的，这是和古代没有

[①] 《中共中央关于党的百年奋斗重大成就和历史经验的决议》，人民出版社2021年，第66~67页。

多大区别的,我们还有百分之九十左右的经济生活停留在古代"①。按照马克思的看法,传统农业社会是一种相对封闭与相互隔离的经济社会形态,一切皆带有共同体的外观,人们的"任何习惯权利都是来自某些所有权的不固定性。由于这种不固定性,这些所有权既不是绝对私人的,也不是绝对公共的,而是我们在中世纪一切法规中所看到的那种私权和公权的混合物"②,因此既谈不上公有制经济、也谈不上非公有制经济。新中国成立以来,我国成功完成了社会主义革命、确立了社会主义基本制度和社会主义生产关系,形成了以公有制为基础的社会主义经济制度,并主要借助于公有制经济的发展壮大快速推进了工业化,使得我国在较短时间里迅速由一个拥有数千年小农经济传统的落后农业国转变成了工业部门在国民经济中占主导地位的国家,并初步建立起比较完整的工业体系和国民经济体系。然而,由于我们相对缺乏社会主义建设经验并受苏联模式或社会主义传统模式影响,一度脱离生产力和生产关系之间的矛盾运动孤立地看待生产资料所有制形式、脱离我国发展阶段和社会生产力水平盲目地追求"一大二公",不仅严重抑制了非公有制经济的发展,而且极大地影响了经济效率和社会活力,使得我国在社会主义建设时期经历了严重曲折。

"改革开放是我们党的一次伟大觉醒,正是这个伟大觉醒孕育了我们党从理论到实践的伟大创造"③。1978年12月召开的党的十一届三中全会作出了实行改革开放的历史性决策,不仅极大地解放和发展了社会生产力,而且从理论和实践的结合上推动了马克思主义的创新发展,特别是坚持把马克思主义基本原理同中国具体实际相结合,创造性地提出了社会主义初级阶段理论,实现了马克思主义中国化时代化新的飞跃。党的十三大系统阐述了社会主义初级阶段理论,指出"我国从五十年代生产资料私有制的社会主义改造基本完成,到社会主义现代化的基本实现,至少需要上百年时间,都属于社会主义初级阶段",并强调"在初级阶段,为了摆脱贫穷和落后,尤其要把

---

① 《毛泽东选集》第4卷,人民出版社1991年,第1430页。
② 《马克思恩格斯全集》第1卷,人民出版社1956年,第145页。
③ 习近平:《在庆祝改革开放40周年大会上的讲话》,人民出版社2018年,第4页。

发展生产力作为全部工作的中心。是否有利于发展生产力,应当成为我们考虑一切问题的出发点和检验一切工作的根本标准"。① 在此基础上,党的十四大确立了建立和完善社会主义市场经济体制的改革目标,党的十五大首次把"公有制为主体、多种所有制经济共同发展"上升为一项具有长期性、稳定性、全局性的基本经济制度,党的十六大正式提出了"两个毫不动摇"重大方针并强调"坚持公有制为主体,促进非公有制经济发展,统一于社会主义现代化建设的进程中,不能把这两者对立起来。各种所有制经济完全可以在市场竞争中发挥各自优势,相互促进,共同发展"。② 从某种程度上讲,正是包括"社会主义初级阶段""社会主义市场经济""两个毫不动摇"等在内的马克思主义中国化时代化的一系列重大创新,我国成功开辟了中国特色社会主义道路、确立了中国特色社会主义制度、形成了中国特色社会主义理论体系,不仅实现了马克思主义中国化时代化新的飞跃,而且推动了我国非公有制经济的快速发展并赋予了公有制经济新的生机活力,为以中国式现代化推进中华民族伟大复兴提供了充满新的活力的体制保证和快速发展的物质条件。

党的十八以来,中国特色社会主义进入了新时代,我国社会主要矛盾发生了转化,不平衡不充分的发展已经成为满足人民日益增长的美好生活需要的主要制约因素。从某种程度上讲,正是为了顺应新时代我国社会主要矛盾变化带来的新特征新要求,党的十八届三中全会作出了全面深化改革的决定,并强调"公有制经济和非公有制经济都是社会主义市场经济的重要组成部分,都是我国经济社会发展的重要基础。必须毫不动摇巩固和发展公有制经济,坚持公有制主体地位,发挥国有经济主导作用,不断增强国有经济活力、控制力、影响力。必须毫不动摇鼓励、支持、引导非公有制经济发展,激发非公有制经济活力和创造力"。③ 党的十九大紧扣新时代我国社会主要矛盾变化,作出了分两个阶段到 2035 年基本实现社会主义现代化、到 21 世纪中叶全面建成社会主义现代化国家的战略安排;党的十九届四中全会按照

---

① 《改革开放三十年重要文献选编》,中央文献出版社 2008 年,第 476 页。
② 《改革开放三十年重要文献选编》,中央文献出版社 2008 年,第 1253 页。
③ 《中共中央关于全面深化改革若干重大问题的决定》,人民出版社 2013 年,第 8 页。

十九大的战略安排，对社会主义基本经济制度作出了新概括，指出"公有制为主体、多种所有制经济共同发展，按劳分配为主体、多种分配方式并存，社会主义市场经济体制等社会主义基本经济制度，既体现了社会主义制度优越性，又同我国社会主义初级阶段社会生产力发展水平相适应，是党和人民的伟大创造"①。党的二十大站在全面建设社会主义现代化国家新征程的新的历史起点上，对推进中国式现代化作出了系统谋划和战略部署；党的二十届三中全会按照二十大的战略部署，紧紧围绕推进中国式现代化擘画了进一步全面深化改革的全景图，并强调新时代新征程必须聚焦构建高水平社会主义市场经济体制，坚持和落实"两个毫不动摇"，促进各种所有制经济优势互补、共同发展。

上述分析清晰地表明，我国公有制经济和非公有制经济都是在社会主义生产关系及其上层建筑的规范和保护下发展壮大起来的，"两个毫不动摇"更是我国在社会主义发展过程中不断推进马克思主义中国化时代化的重大创新，同时也是我们党在推进中国式现代化进程中确立的一项重大方针，"我们强调把公有制经济巩固好、发展好，同鼓励、支持、引导非公有制经济发展不是对立的，而是有机统一的""我们党在坚持基本经济制度上的观点是明确的、一贯的，而且是不断深化的，从来没有动摇"。②公有制经济和非公有制经济都是社会主义市场经济的重要组成部分和推进中国式现代化的重要力量，"两个毫不动摇"不仅是我们党在推进中国式现代化进程中确立的明确的、一贯的重大方针，而且是一经确立即始终坚持、不断深化、从来没有动摇过的历史过程。特别地，正如习近平总书记强调的，"我国非公有制经济，是改革开放以来在中国共产党的方针政策指引下发展起来的，是在中国共产党领导下开辟出来的一条道路"③，我们决不能把社会主义市场经济条件下的非公有制经济混同于资本主义生产关系下的私有制经济，更不能把马克思关于资本主义生产方式的理论分析直接套用到社会主义情形中：一方面，我国

---

① 《中共中央关于坚持和完善中国特色社会主义制度 推进国家治理体系和治理能力现代化若干重大问题的决定》，人民出版社2019年，第18页。
② 《习近平著作选读》第1卷，人民出版社2023年，第463、462页。
③ 《习近平著作选读》第1卷，人民出版社2023年，第461页。

劳动者已经不是马克思重点分析的资本主义生产关系下"除劳动能力以外一无所有"①而不得不接受最低限度的生存工资的雇佣劳动者,而是实现了当家作主、享有广泛权利并拥有一定生活资料和生产资料的社会主义建设者;另一方面,我国非公有制经济是在社会主义生产关系及其上层建筑的规范和引导下发展起来的,它同样服务于满足人民需要的社会主义生产目的,同样服务于解放和发展社会生产力的社会主义根本任务。把社会主义市场经济条件下的非公有制经济混同于资本主义生产关系下的私有制经济,把马克思分析资本主义生产关系时的价值分析以及"剩余价值""剥削"等概念简单套用到社会主义市场经济条件下的非公有制经济,不仅是一种理论上的教条,更是一种时代的错乱。

四、社会主义市场经济条件下公有制经济和非公有制经济

"社会主义基本制度和市场经济有机结合、公有制经济和非公有制经济共同发展,是我们党推动解放和发展社会生产力的伟大创举"②,同时也是我们党在中国式现代化进程中不断推进马克思主义中国化时代化的重大创新,具有深刻的理论逻辑、历史逻辑和实践逻辑。纵览人类社会的现代化历程,英国古典经济学奠基者亚当·斯密早在以英国工业革命为典型的西方式现代化发轫之初,即尝试构建一种以资本积累和市场发育为前提、以劳动分工和市场交换为重点、以劳动或获得商品时付出的"辛苦和麻烦"为市场交换的价值尺度的政治经济学体系,并首次对现代市场经济作出了较为系统的理论说明。马克思在对斯密及其继承者李嘉图等古典经济学家系统阐述的政治经济学概念和理论进行批判性反思的基础上创立了马克思主义政治经济学说,不仅在"生产力-生产关系"框架下赋予了价值、劳动、资本等概念以马克思主义的全新内涵,而且通过明确区分使用价值和价值、具体劳动和抽象劳

---

① 《马克思恩格斯文集》第 1 卷,人民出版社 2009 年,第 726 页。
② 《习近平著作选读》第 1 卷,人民出版社 2023 年,第 354 页。

动、可变资本与不变资本等范畴深入揭示了早期资本主义现代化如何在推动经济发展的同时造成了严重的人的不发展。正如恩格斯强调的，"一门科学提出的每一种新见解都包含这门科学的术语的革命"①，马克思之所以能够实现从古典经济学到马克思主义政治经济学的理论飞跃，某种程度上有赖于他所实现的政治经济学"术语革命"。类似地，我们在把马克思分析资本主义生产方式时所使用的概念和范畴应用到社会主义情形时，亦有必要结合社会主义生产关系进行某种政治经济学的"术语革命"，至少要审慎考察哪些概念普遍适用于现代市场经济一般情形、哪些概念仅适用于资本主义特殊情形、哪些概念必须予以扬弃或创新发展以适用于社会主义情形等，进而为深刻理解和准确把握社会主义市场经济条件下的公有制经济和非公有制经济提供更为坚实的学理支撑。

具体而言，社会主义市场经济条件下的公有制经济和非公有制经济是以社会主义生产关系及其上层建筑为既定前提的，这意味着我们既不能直接照搬马克思分析资本主义生产方式时使用的有关概念和范畴，又不能直接套用马克思关于资本主义生产方式的理论分析，而必须始终记住"社会主义"这个大前提、什么时候都不能忘了"社会主义"这个定语。在这个问题上，毛泽东早在 20 世纪 50 年代就深刻认识到，"商品生产不能与资本主义混为一谈。……我国还有没有资本家剥削工人呢？没有了，为什么还怕呢？不能孤立地看商品生产""商品生产，要看它是同什么经济制度相联系，同资本主义制度相联系就是资本主义的商品生产，同社会主义制度相联系就是社会主义的商品生产"；我国已经确立了社会主义生产关系和社会主义基本制度，"已经把鬼吃了，还怕鬼？不要怕，不会引导到资本主义，因为已经没有了资本主义的经济基础。商品生产可以乖乖地为社会主义服务"②。在此基础上，邓小平进一步指出，"说市场经济只存在于资本主义社会，只有资本主义的市场经济，这肯定是不正确的""社会主义也可以搞市场经济"③，并强调"市场

---

① 《马克思恩格斯文集》第 5 卷，人民出版社 2009 年，第 32 页。
② 《毛泽东文集》第 7 卷，人民出版社 2009 年，第 439~440 页。
③ 《邓小平文选》第 2 卷，人民出版社 1994 年，第 236 页。

经济不等于资本主义，社会主义也有市场""社会主义要赢得与资本主义相比较的优势，就必须大胆吸收和借鉴人类社会创造的一切文明成果"。①商品生产和市场交换是现代社会区别于相对封闭和自给自足的传统社会的重要特征，现代市场经济是人类社会现代化进程中的一项重要文明成果，社会主义市场经济更是我们党在推进中国式现代化进程中的一项伟大创举；公有制经济和非公有制经济都是社会主义市场经济的重要组成部分，有必要结合马克思关于商品生产和市场交换的有关概念辨析，把马克思关于资本主义生产方式的理论分析进一步推进到社会主义情形，以深化我们对"两个毫不动摇"的理论认识。

不妨以马克思在《资本论》第一章"商品"部分关于商品价值和使用价值的概念辨析为例，对马克思的有关探讨作进一步理论推进以适用于社会主义情形。按照马克思的分析，现代社会的"商品"是使用价值和价值的有机统一，其中使用价值是商品的"物的有用性"，它更多地反映了商品的自然属性，同时也是所有生产要素共同作用的结果，而价值则是"无差别的人类劳动的单纯凝结"，是商品"作为它们共有的这个社会实体的结晶"②，它完全取决于人类劳动的耗费并更多地反映了商品的社会属性及其所隐含的人与人之间的社会经济关系。显然，就使用价值而言，任何生产要素都对商品使用价值的形成作出了贡献，不同所有制经济在使用价值的形成方面并不存在性质上的不同。不过，即便仅就商品的使用价值而言，我们也不能简单套用马克思关于资本主义生产方式的理论分析：在马克思看来，资本主义的生产目的是最大限度地追求剩余价值，商品使用价值只是价值运动及其增殖过程的物质承担者，故马克思更多地把使用价值作为理论分析的既定前提，而把价值及其运动过程作为理论分析的重点，并以此深刻揭示了资本主义运行的特殊规律及其造成严重的人的不发展的根本原因；与之不同，社会主义的生产目的是满足人民需要，而不论是满足人民需要还是生产力发展乃至经济发展本身，都更多地同商品的使用价值直接相关，这意味着我们不能像马克思分

---

① 《邓小平文选》第3卷，人民出版社1993年，第373页。
② 《马克思恩格斯文集》第5卷，人民出版社2009年，第51页。

析资本主义生产方式那样重点关注商品的价值，而必须更为深刻地认识到社会主义市场经济条件下商品价值和使用价值的有机统一及其在中国式现代化进程中不断丰富的具体内容。显然，就商品的使用价值而言，社会主义市场经济条件下的公有制经济和非公有制经济并不存在性质上的不同，我国公有制经济和非公有制经济的发展壮大都有助于更好满足人民需要、都有助于提高生产力水平并推动经济发展，进而为推动更多地同价值和生产关系直接相关的人的全面发展提供更为坚实的物质基础。也就是说，至少就使用价值而言，公有制经济和非公有制经济并不存在高低贵贱之分，我们决不能戴着有色眼镜看待公有制经济或非公有制经济。

与此同时，既然市场经济条件下的商品生产和市场交换是使用价值和价值的有机统一，那么社会主义市场经济条件下的商品生产和市场交换同样存在价值运动。就市场经济条件下的商品价值而言，斯密早在英国工业革命初期就明确认识到，"分工一经完全确立，一个人自己劳动的生产物，便只能满足自己欲望的极小部分。他的大部分欲望，须用自己消费不了的剩余劳动生产物，交换自己所需要的别人劳动生产物的剩余部分来满足。于是，一切人都要依赖交换而生活"[1]，并必然在商品生产和市场交换过程中发生各种各样的社会经济关系，特别是人们在商品生产过程中付出的"辛苦和麻烦"在市场交换中所具有的基础性作用。马克思借助于使用价值和价值的概念辨析，实现了作为古典经济学理论基石的"劳动价值论"的理论飞跃，并主要借助于价值分析深入考察了资本主义生产关系下的价值运动规律。社会主义市场经济同样存在商品生产、市场交换和价值运动，但"社会主义"这个定语又决定了社会主义市场经济条件下的价值运动同马克思重点分析的资本主义生产方式下的价值运动存在根本不同。按照马克思的分析，资本主义生产过程既是"资本作为孜孜不倦地追求财富的一般形式的欲望，驱使劳动超过自己自然需要的界限，来为发展丰富的个性创造出物质要素"[2]的使用价值的形成

---

[1] 斯密：《国民财富的性质和原因的研究》上卷，商务印书馆1996年，第20页。
[2] 《马克思恩格斯全集》第30卷，人民出版社1995年，第286页。

过程，又是"作为价值增殖的狂热追求者"①的资本无偿占有"除劳动能力以外一无所有"②的雇佣劳动者所创造的全部剩余价值的价值运动过程。与之不同，社会主义市场经济也存在价值运动，但"社会主义"这个定语意味着：一方面，劳动者不再是马克思所分析的"除劳动能力以外一无所有"并不得不接受最低限度的生存工资的雇佣劳动者，而是实现了当家作主并拥有一定生活资料和生产资料的国家主人和社会主义建设者；另一方面，不论是公有制经济还是非公有制经济，都不再是"有20%的利润，它就活跃起来；有50%的利润，它就铤而走险；为了100%的利润，它就敢践踏一切人间法律；有300%的利润，它就敢犯任何罪行"③的肆无忌惮的利润或剩余价值的狂热追求者，而是服务于满足人民需要的社会主义生产目的并受社会主义生产关系及其上层建筑规范和保护的推进中国式现代化的重要力量。当然，正如李嘉图强调的，"劳动者没有工资就活不下去，农场主和制造业者没有利润也是一样"④，社会主义市场经济条件下的公有制经济和非公有制经济也讲求利润，但它更多地属于一种提高经济效率、优化资源配置的市场信号，而决不会是肆无忌惮地予以狂热追求的目标。

当然，尽管社会主义市场经济条件下的公有制经济和非公有制经济是有机统一的，但二者之间还是存在着显著差异。按照马克思的看法："在一切社会形式中都有一种一定的生产决定其他一切生产的地位和影响，因而它的关系也决定其他一切关系的地位和影响。这是一种普照的光，它掩盖了一切其他色彩，改变着它们的特点。"⑤从某种程度上讲，公有制经济在我国多种所有制经济中处于主体地位，它是我国发展中的"一种普照的光"并决定了我国发展的社会主义性质和方向，决定了公有制经济和非公有制经济本质上都服务于满足人民需要的社会主义生产目的、服务于解放和发展生产力的社会主义根本任务；特别是公有制经济中起着主导作用的国有经济，不仅

---

① 《马克思恩格斯文集》第5卷，人民出版社2009年，第683页。
② 《马克思恩格斯文集》第1卷，人民出版社2009年，第726页。
③ 《马克思恩格斯文集》第5卷，人民出版社2009年，第871页。
④ 李嘉图：《政治经济学及赋税原理》，商务印书馆2021年，第101页。
⑤ 《马克思恩格斯文集》第8卷，人民出版社2009年，第31页。

更为直接地服务于满足人民需要的社会主义生产目的、更多地服务于整体而言的公共利益和国家战略需要，而且在整个中国式现代化进程中承担着战略安全、产业引领、国计民生、公共服务等重要功能，同时也必然受到作为全体人民代表的国有资产管理部门的更为严格的监管。非公有制经济同样服务于满足人民需要的社会主义生产目的，但其间存在着诸多中间环节，如公有制经济的"普照的光"的作用、社会主义生产关系及其上层建筑的规范和引导、商品市场和要素市场上的价格信号和利润信号等；尽管如此，由于其数量更为庞大、体制机制更为灵活、更为接近市场和市场需求，能够对市场信号作出更为灵敏的反应、能够对人民需要作出更为迅速的回应，故不仅有助于更好满足人们的个性化、多样化和不断升级的美好生活需要，而且有助于提高经济效率、激发社会活力并为推动人的全面发展提供更为坚实的物质基础。当然，在社会主义市场经济条件下，不论是公有制经济和非公有制经济的发展壮大还是充分发挥其在推进中国式现代化中的重要作用，都有赖于我们加快构建高水平社会主义市场经济体制，特别是要推动市场主体的平等性和市场制度规则的统一性以充分发挥市场经济的效率优势、坚持公有制经济的主体地位和国有经济的主导作用以充分发挥社会主义的制度优势并确保公有制经济和非公有制经济服务于满足人民需要的社会主义生产目的。正是在这个意义上，党的二十届三中全会强调指出，新时代新征程进一步全面深化改革、推进中国式现代化，必须聚焦构建高水平社会主义市场经济体制，"毫不动摇巩固和发展公有制经济，毫不动摇鼓励、支持、引导非公有制经济发展，保证各种所有制经济依法平等使用生产要素、公平参与市场竞争、同等受到法律保护，促进各种所有制经济优势互补、共同发展"①。

五、结　　语

习近平总书记指出："我们党领导人民不仅创造了世所罕见的经济快速

---

① 《中共中央关于进一步全面深化改革　推进中国式现代化的决定》，人民出版社2024年，第7页。

发展和社会长期稳定两大奇迹，而且成功走出了中国式现代化道路，创造了人类文明新形态。这些前无古人的创举，破解了人类社会发展的诸多难题，摒弃了西方以资本为中心的现代化、两极分化的现代化、物质主义膨胀的现代化、对外扩张掠夺的现代化老路，拓展了发展中国家走向现代化的途径，为人类对更好社会制度的探索提供了中国方案。"[①] 中国式现代化是中国共产党领导的社会主义现代化，是以马克思主义为根本指导的现代化，它既是生产力的现代化又是生产关系的现代化，本质上是以经济现代化为基础的人的现代化，同时也是我国在社会主义发展过程中不断推进马克思主义中国化时代化的历史过程。公有制经济和非公有制经济都是推进中国式现代化的重要力量，"两个毫不动摇"更是我们党在推进中国式现代化进程中不断推进马克思主义中国化时代化的重大创新，我们必须结合中国式现代化和马克思主义中国化时代化的历史过程，在生产力和生产关系的矛盾运动中、在商品价值和使用价值的有机统一中，深刻认识社会主义市场经济条件下公有制经济和非公有制经济的相互促进、优势互补、共同发展，并以此深化我们对"两个毫不动摇"的理论认识。

　　根本而言，我国公有制经济和非公有制经济都是在社会主义生产关系及其上层建筑的规范和保护下发展壮大起来的，并在我们党推进中国式现代化进程中共同发展为社会主义市场经济的重要组成部分和推进中国式现代化的重要力量。目前，社会上关于公有制经济和非公有制经济的一些不正确甚至错误的议论，本质上是忘记了"社会主义"这个定语：就前者而言，它们忘记了中国式现代化是社会主义性质和方向的现代化，忘记了社会主义的生产目的是满足人民需要，本质上是缺乏对马克思主义的深刻认识和准确理解；就后者而言，它们忘记了社会主义生产关系及其上层建筑对于非公有制经济的规范和引导作用，忘记了社会主义的根本任务是解放和发展生产力，本质上是对马克思主义的"一知半解"和理论教条。我们必须深刻认识到，中国式现代化本质上是以经济现代化为基础的人的现代化，是在生产力和生产关系的矛盾运动中、在商品价值和使用价值的有机统一中不断推动经济发展和

---

① 《习近平著作选读》第2卷，人民出版社2023年，第553页。

人的发展的历史过程;"两个毫不动摇"是我们党在推进中国式现代化进程中确立的重大方针和不断推进马克思主义中国化时代化的重大创新,新时代新征程进一步全面深化改革、推进中国式现代化,必须坚持和落实"两个毫不动摇",促进各种所有制经济优势互补、共同发展,不断推动经济高质量发展和人的全面发展。

(作者胡怀国,原题目为《"两个毫不动摇"的政治经济学解析》,发表于《山西师大学报(社会科学版)》2024年第6期,第1~10页。)

目　的　篇

第十三章
现代化视域下的共同富裕

摘要：尽管同共同富裕有关的思想几乎伴随着人类文明的整个进程，但在开启从传统社会向现代社会转型的现代化进程之前，几乎没有任何社会能够实现共同富裕，其根本原因在于缺乏共同富裕所必不可少的物质基础。英国工业革命开启了西方式现代化道路并推动了经济发展和物质财富的积累，但不仅没有实现共同富裕，反而引发了较为严重的社会分化。马克思在批判性考察以英国为典型的西方现代化路径及其理论回应的基础上，为人类社会开辟一种以经济发展推动人的发展的现代化路径提供了理论可能，同时也为真正实现共同富裕奠定了坚实的思想基础。我国在社会主义发展过程中坚持把马克思主义基本原理同中国具体实际相结合、同中华优秀传统文化相结合，开辟了一种经济发展与人的发展相互促进、现代化建设与共同富裕内在互嵌的中国式现代化新道路，不仅为真正实现共同富裕提供了更为完善的制度保证、更为坚实的物质基础，而且实现了马克思主义共同富裕理论的创新性发展和马克思主义中国化时代化的新的飞跃。

关键词：共同富裕　中国式现代化　物质基础

习近平总书记在党的十九届五中全会第二次全体会议上的讲话中指出："中国共产党建立近百年来，团结带领中国人民所进行的一切奋斗，就是为了把我国建设成为现代化强国，实现中华民族伟大复兴。"[①] 目前，我国已经进入了全面建设社会主义现代化国家的新发展阶段，这是我国发展新的历史

---

① 习近平：《论中国共产党历史》，中央文献出版社 2021 年，第 302 页。

方位和未来30年制定路线方针政策的根本依据。"共同富裕是社会主义的本质要求,是中国式现代化的重要特征"①,它不仅是新发展阶段全面建设社会主义现代化国家的重要目标,而且也是马克思主义基本原理同中国具体实际相结合、同中华优秀传统文化相结合的产物,拥有鲜明的马克思主义理论特质和深厚的中华优秀传统文化根基。本文试图透过人类文明的历史长河并借助于思想史的梳理,在现代化视域下重新审视共同富裕有关思想的演进脉络,并特别聚焦于马克思主义共同富裕思想的形成及其在我国社会主义发展过程中的理论创新、实践创新和制度创新,以推动我们更深入地理解共同富裕的理论逻辑及其在中国式现代化进程中的时代内涵。

一、共同富裕的早期思想及其历史局限性

共同富裕是马克思主义基本原理同中国具体实际相结合、同中华优秀传统文化相结合的产物,是我国在社会主义发展过程中不断推进理论创新、实践创新和制度创新的重要成果;它既是我国现代化的一个重要目标,又是反映社会主义本质要求的一个过程,同时还是关于中国特色社会主义根本原则的一种理论认识。不过,尽管现代意义上的共同富裕是我国社会主义发展过程中的独特创新,但同共同富裕有关的思想却有着源远流长的历史,几乎伴随着人类文明的整个进程。例如,早在雅斯贝尔斯所说的为人类文明提供了"问题和尺度"的"轴心时代"②,就涌现出了诸多同共同富裕有关的思想,如

---

① 习近平:《扎实推动共同富裕》,《求是》2021年第20期。
② 雅斯贝尔斯认为,"轴心时代"是人类社会在公元前500年左右发生的最为深刻转折,是公元前800年到公元前200年产生的一种精神过程,"轴心时代的观点为所有之前和所有之后的发展提供了问题和尺度。早先的高度文化失去了其形态,承载这些文化的民族在加入轴心时代的运动之后,便消失了。史前的诸民族,在加入轴心时代开始的运动之前,或者一直保持史前状态,或遭灭绝。轴心时代同化了所有留存下来的东西。从轴心时代起,世界获得了唯一的结构和持续的、或者说持续到今天的统一性。"参见:雅斯贝尔斯,《论历史的起源与目标》,华东师范大学出版社2019年,第15页。

孔子关于"老有所终，壮有所用，幼有所长，矜寡孤独废疾者，皆有所养"的大同社会的系统阐述，古希腊柏拉图关于"理想国"的理论设想等等。即便某种程度上为整个西方文明提供了"问题和尺度"的亚里士多德的《政治学》，亦曾明确论述到："中产阶级（小康之家）比任何其他阶级都较为稳定。他们既不像穷人那样希图他人的财物，他们的资产也不像富人那么多得足以引起穷人的觊觎。既不对别人抱有任何阴谋，也不会自相残害，他们过着无所忧惧的平安生活。……所以公民们都有充分的资产，能够过小康的生活，实在是一个城邦的无上幸福。"① 可以说，共同富裕自古以来就是人们对理想社会的共同追求、对美好生活的共同期盼，与之有关的思想几乎贯穿了人类文明的整个进程：从先秦时代的孔子到晚清时期的康有为的"大同社会"，从公元前4世纪柏拉图的"理想国"到16世纪莫尔的"乌托邦"，东西方文明从不缺乏关于理想社会的理论设想，其间蕴含着大量关于共同富裕的思想。

然而，正如恩格斯指出的，"一切社会变迁和政治变革的终极原因，不应当到人们的头脑中，到人们对永恒的真理和正义的日益增进的认识中去寻找，而应当到生产方式和交换方式的变更中去寻找；不应当到有关时代的哲学中去寻找，而应当到有关时代的经济中去寻找"②，不论是东方文明中的"大同社会"，还是西方文明中的"理想国"和"乌托邦"，其蕴含的共同富裕思想更多地属于一种美好愿望或主观想象：在农业活动占支配地位的发展阶段，几乎没有任何社会能够真正实现共同富裕，其根本原因在于农业活动本身的局限性和农业生产的相对脆弱性等，使得传统农业社会缺乏实现共同富裕的物质基础。具体而言，农业活动不仅高度依赖于数量相对有限、位置相对固定的土地要素，而且容易受到不完全可控的气候条件和自然灾害等外部因素的冲击，同时也难以像工业部门那样采用完全的分工和标准化生产③，

---

① 亚里士多德：《政治学》，商务印书馆2017年，第209~210页。
② 《马克思恩格斯文集》第9卷，人民出版社2009年，第284页。
③ 斯密曾指出，"农业上种种劳动，随季节推移而巡回，要指定一个人只从事一种劳动，事实上绝不可能。所以，农业上劳动生产力的增进，总跟不上制造业上劳动生产力的增进的主要原因，也许就是农业不能采用完全的分工制度。"参见：亚当·斯密，《国民财富的性质和原因的研究》上卷，商务印书馆1996年，第7页。

故在工业革命发生以前的农耕时代,尽管不同地区和处于不同发展阶段的经济体各有不同,但整体而言,它们不仅劳动生产率相对较低、生产生活条件相对脆弱,而且生产要素的低流动性、社会结构的相对固化更容易造成贫富差距的积累,同时还容易因各类内外部冲击或"马尔萨斯陷阱"的困扰而表现出某种周期性循环(如秦汉至明清的治乱循环)或陷入较为严重的困局(如古罗马的崩溃、诸多古老文明的消亡等)。在这种情况下,人们的生产生活更多地是为了维持生存,绝大多数社会成员不可能普遍地过上一种富裕的生活,从而也就谈不上什么真正的共同富裕。

也就是说,传统农业社会并不具备实现共同富裕的物质基础和现实条件,其根本原因在于传统农业社会的整体不发展。对于这种整体不发展,经济史学家克拉克曾描述说,"1800年以前,在我们所能观察到的所有社会中,人均收入会有所波动,时好时坏,但却没有发生趋势性变化。从解剖学意义上现代人的出现,到孔子、柏拉图、亚里士多德、米开朗基罗、莎士比亚、贝多芬直至简·奥斯汀,人类在漫长历史时期都生活在深陷马尔萨斯陷阱的社会中。简·奥斯汀曾描述过手捧中国茶具的优雅品茶闲聊情景,但即使到1813年,大部分人的物质条件并不比他们非洲大草原上的祖先好"[①]。理论经济学家凯恩斯同样认为:"从公元前2000年开始,到18世纪初期,生活在世界各个文明中心的人们的生活水平,并没有发生多大的变化。当然中间是时有起伏的。瘟疫、饥荒、战争等天灾人祸时有发生,其间还有若干短暂的繁荣时期,但总的来看,不存在渐进或激进的变化。一直到公元1700年为止的4000年间,某些时期的生活水平也许比别的时期要高上50%,但不会超过100%。"[②]正是由于农业活动的局限性、脆弱性以及劳动生产率相对较低、净剩余相对较少,在以农业活动占支配地位的传统社会中,通常约略需要七八成的人口从事同农业有关的活动才足以维持整个社会的正常运转;不同文明的典籍史料似乎都表明,至少在传统农业社会阶段,任何社会通常只能维持15%~25%左右的人口游离在农业活动之外,几乎没有任何社会可以在较长时

[①] 阿吉翁、杜尔劳夫主编:《增长经济学》第2A卷,经济科学出版社2019年,第219~220页。
[②] 凯恩斯:《凯恩斯文集·预言与劝说》,江苏人民出版社1998年,第353页。

期将该比例维持在 30% 以上而不引发严重的社会问题。① 正因如此，斯密在谈到柏拉图的"理想国"时指出："要有一片像巴比伦平原那样极大极丰沃的土地，才可以养活五千懒惰人（当时认为卫护那理想国所必要的战士）及其妻仆。"② 在这种情况下，即便有富裕也是仅限于少数群体的富裕，整个社会的生产力水平及其提供的物质基础，不足以支撑近八成农业人口的普遍富裕。因此，不论同共同富裕有关的早期思想多么美妙、理论设想多么精巧，在通过传统社会向现代社会的转型进而开启现代化进程之前，几乎没有任何社会能够真正实现共同富裕。

二、西方式现代化及其理论回应：从古典经济学到马克思

也就是说，尽管在传统农业社会发展阶段，人类社会拥有丰富的与共同富裕有关的思想，但它本身并不具备实现共同富裕的物质基础。对于任何一个社会而言，经由某种现代化进程来推动经济发展和物质财富积累，就成为实现共同富裕必不可少的基本前提。概略言之，现代化进程通常意味着从传统社会向现代社会的转型、资源配置的持续优化以及现代经济部门的不断成长，它必然意味着人们的生产生活方式发生巨大的变迁并要求一种迥然不同的政治法律秩序和社会经济关系。具体而言，正如马克思观察到的，传统农业社会的"小农人数众多，他们的生活条件相同，但是彼此间并没有发生多种多样的关系。他们的生产方式不是使他们互相交往，而是使他们互相隔

---

① 尽管中国史料非常丰富，但关于人口的结构性数据仍然比较匮乏。按照《通典》的记载，"晋武帝太康元年，平吴，收其图籍，户五十三万，吏三万二千，兵二十三万，男女口二百三十万"（参见：杜佑，《通典》第一册，中华书局 1988 年，2012 年重印本，第 145 页），即在公元 280 年吴国的 230 万总人口中，官吏和士兵各占 1% 和 10% 左右，再加上通常 5%~8% 左右的商人和手工业者，游离在农业生产活动之外的人口仍然只有不足两成，而这还是在战火纷飞的三国两晋时代。当然，在主要经济体中，英国可能是一个例外：其农业人口比例在工业革命之前很久就有了显著下降并维持了较长时间，这可能是英国率先启动工业化进程的重要原因，同时也反映了农业革命的重要性。

② 亚当·斯密：《国民财富的性质和原因的研究》上卷，商务印书馆 1996 年，第 354 页。

离。……每一个农户差不多都是自给自足的,都是直接生产自己的大部分消费品,因而他们取得生活资料多半是靠与自然交换,而不是靠与社会交往。……就像一袋马铃薯是由袋中的一个个马铃薯汇集而成的那样。……各个小农彼此间只存在地域的联系,他们利益的同一性并不使他们彼此间形成共同关系,形成全国性的联系"[①]。传统农业社会的核心特征是整个社会围绕数量相对有限、位置相对固定的土地资源,形成某种相对稳定的经济社会结构和政治法律秩序并表现出某种等级化特征和人身依附性,这就使得传统农业社会不仅具有相对封闭性、人们的生产活动更多地是为了满足自身消费和生存需要,而且每个人往往难以完全凭借自身努力改变自身境遇。与之不同,现代社会是一种高度开放的社会形态,每个人在相对独立平等的基础上普遍地参与一种高频次的市场交易和社会交往,人们可以更多地凭借个体努力来改善自身境遇,从而有助于激发人们的积极性,并通过提高经济效率和社会活力来促进经济发展,进而为共同富裕提供必不可少的物质基础。

从国际经验来看,任何国家的现代化都不是一件轻松的事情,而更多地是一个充满风险挑战和巨大不确定性的长期过程。在人类社会的发展历史上,1453年君士坦丁堡的陷落率先打破了欧洲社会的中世纪沉寂,引发了欧洲特别是西欧社会的一系列连锁反应,特别是伴随着地理大发现、宗教改革以及民族意识和民族国家的兴起,西欧主要国家率先"在边际上"突破了传统农业社会的相对封闭与相互隔离,推动了商品和要素在更大区域甚至全球范围的流动。在这一过程中,西欧主要国家步入了商业革命时代,重商主义则是对这一时代主题的理论回应。按照重商主义代表人物托马斯·孟(Thomas Mun,1571—1641)的说法,重商主义旨在"设法指出一个国王可以公正地分得一部分财富,而不损害或伤及他的属民的种种方法和手段"[②],本质上是在农业活动仍占支配地位的情况下,通过国王与商人、权力与资本的结盟,在传统农业社会的缝隙中开辟出一种财富积累的新途径。不过,正如古典经济学奠基者亚当·斯密(Adam Smith,1723—1790)指出的,"重

[①] 《马克思恩格斯文集》第2卷,人民出版社2009年,第566~567页。
[②] 托马斯·孟:《英国得自对外贸易的财富》,商务印书馆1997年,第61页。

商主义所要奖励的产业，都是有钱有势的人所经营的产业。至于为贫苦人民的利益而经营的产业，却往往被忽视、被压抑"①，重商主义固然有助于财富积累和国家竞争，但作为一种以邻为壑并充满短视与偏见的学说②，它所推动的仅仅是少数社会成员的财富积累。事实上，重商主义盛行西欧近300年，其间多数经济体的人均GDP并没有发生明显的趋势性变化（如图13-1所示），其根本原因在于：仅限于少数社会成员深度参与的商业革命以及本质上"是一种限制与管理的学说"③的重商主义缺乏某种普遍性，不足以为所有社会成员的普遍富裕提供必不可少的物质基础。

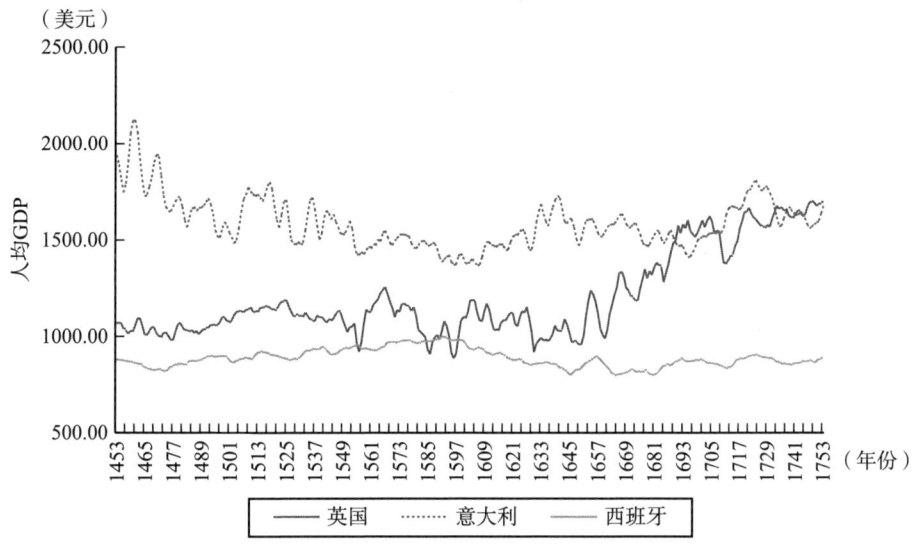

图 13-1　重商主义时期的人均 GDP（1453~1753 年）

资料来源：Fouquet & Broadberry, "Seven Centuries of European Economic Growth and Decline", *Journal of Economic Perspectives*, 2015, Vol. 29（4）。

---

① 亚当·斯密：《国民财富的性质和原因的研究》下卷，商务印书馆1996年，第212页。

② 恩格斯曾形象地描述到："这种从商人的彼此妒忌和贪婪中产生的国民经济学或发财致富的科学，在额角上带有最令人厌恶的自私自利的烙印。……各国像守财奴一样相互对立，双手抱住自己珍爱的钱袋，怀着妒忌心和猜疑心注视着自己的邻居。"参见：《马克思恩格斯文集》第1卷，人民出版社2009年，第56页。

③ 亚当·斯密：《国民财富的性质和原因的研究》下卷，商务印书馆1996年，第229页。

正如斯密（1776）强调的，"世界上从未存在过而且也决不能存在完全没有制造业的大国"①，至少就大国而言，只有以人们得以普遍参与的工业化启动的现代化，才有可能为共同富裕提供必不可少的物质基础（图 13-1 英国人均 GDP 的"翘尾"，更多地反映了英国制造业等现代部门的渐进兴起）。正是在这个意义上，18 世纪中叶率先发轫于英国的工业革命是人类社会迄今为止最为重大的事件，它不仅深深地改变了人们的生产生活方式乃至整个社会的组织方式和运行模式，而且为推动现代经济发展和物质财富积累开辟了一条新途径、创造了一种新可能。事实上，正是借助于英国工业革命及其在西方主要经济体的扩展，西方国家渐次开启了现代化进程并积累起了庞大的物质财富，或按照马克思恩格斯的说法："资产阶级在它的不到一百年的阶级统治中所创造的生产力，比过去一切世代创造的全部生产力还要多，还要大"②。一般认为，英国工业革命是一个长期的渐进过程和诸多因素逐渐积累的结果，同时也是工业化与现代化相互交织的过程，而苏格兰启蒙运动则为这一过程提供了思想基础，古典经济学则是该过程的理论回应（马克思更是在对古典经济学进行批判性反思的基础上创立了马克思主义政治经济学说）。

正如前文提及的，现代社会是一种高度开放扩张的社会形态，人与人之间的交往频次空前提高并对政治法律秩序和经济社会关系提出了新的要求。对此，被誉为"苏格兰启蒙运动之父"的哈奇森（Francis Hutcheson，1694—1746）深刻地认识到，为了实现"最大多数人的最大幸福"，必须构建一种奖赏个体勤劳的现代社会秩序："为了促进普遍的勤劳和忍耐，也为了让人们同意从事劳动或者让人们能够胜任劳动，建立某种制度是必要的"③，其核心是鼓励个体勤奋并保证每个人的收益与努力程度成比例。哈奇森的学生、苏格兰启蒙运动的重要代表人物亚当·斯密，则试图构建一种涵盖政治修明、法律严正、社会包容和经济自由的更为宏大的理论框架，作为古典经济学奠基之作的《国富论》则是其中最为重要的一项理论成果。按照斯密的看

---

① 亚当·斯密：《国民财富的性质和原因的研究》上卷，商务印书馆 1996 年，第 368 页。
② 《马克思恩格斯文集》第 2 卷，人民出版社 2009 年，第 36 页。
③ 哈奇森：《道德哲学体系》上卷，浙江大学出版社 2010 年，第 298~299 页。

法,"各种佣人、劳动者和职工,在任何大政治社会中,都占最大部分。社会最大部分成员境遇的改善,决不能视为对社会全体不利。有大部分成员陷于贫困悲惨状态的社会,决不能说是繁荣幸福的社会"①;政治经济学的"目的在于富国裕民"②,而"在一个政治修明的社会里,造成普及到最下层人民的那种普遍富裕情况的,是各行各业的产量由于分工而大增"③。以此为基础,斯密围绕人们得以普遍参与的劳动分工和市场交易,构建了一种适应于现代社会秩序和市场经济关系的理论经济学体系,不仅为英国工业革命提供了系统的理论说明并开辟了理论经济学的古典时代,而且在很大程度上为整个理论经济学及其后来的发展提供了"问题和尺度"。

然而,尽管英国工业革命极大地促进了物质财富积累并在理论层面上有助于"造成普及到最下层人民的那种普遍富裕",但在现实层面,英国工业革命不仅没能实现共同富裕,反而在其相对漫长的渐进演进过程中充分暴露了其极为残酷的一面。例如,1843年的议会调查表明,七八岁开始参加工作、每天连续工作14个小时甚至18个小时,几乎是英国工业革命时期普通民众的常态④。而常识告诉我们,如果一个人在相对恶劣的环境下每天连续地、紧张地工作18个小时,那么他往往活不了多久,恩格斯(1845)的观察印证了这一点:"1840年,利物浦上等阶级(贵族、自由职业者等等)的平均寿命是35岁,商人和收入较好的手工业者是22岁,工人、短工和一般雇佣劳动者只有15岁"⑤。也就是说,在英国工业革命开启的西方式现代化进程中,尽管每个人的机会增加了、收入提高了,但作为综合性指标的平均寿命

---

① 亚当·斯密:《国民财富的性质和原因的研究》上卷,商务印书馆1996年,第72页。
② 亚当·斯密:《国民财富的性质和原因的研究》下卷,商务印书馆1996年,第1页。
③ 亚当·斯密:《国民财富的性质和原因的研究》上卷,商务印书馆1996年,第11页。
④ 1843年童工调查委员会的报告显示,"儿童早在三四岁时就开始工作,在五岁或五六岁之间的也不少见;一般说来,正常的雇用在七八岁时就开始了,大多数儿童在九岁以前就开始劳动"(第159页);"几乎每个童工的劳动时间与成年工人一样长,有时连续不停地干活十六小时,甚至十八小时"(第161页);"青年女工一整天的休息和睡眠时间从未超过六小时,常常不到四小时,有时只有三小时,甚至不到两小时"(第161页)。参见:罗伊斯顿·派克,《被遗忘的苦难:英国工业革命的人文实录》,福建人民出版社1983年。
⑤ 《马克思恩格斯文集》第1卷,人民出版社2009年,第420页。

却表明，普通民众的生存状况却恶化了，其整体生活质量甚至还不如"他们非洲大草原上的祖先好"。英国工业革命充分表明，经由工业化开启的现代化，有助于为共同富裕提供必不可少的物质基础，但它本身并不能自动引致共同富裕。事实上，即便人们的政治法律地位是平等的、有关经济活动是自愿的，但这种有助于促进经济发展和物质财富积累的现代社会秩序，不仅不足以弥补不同要素、不同个体在现实世界中必定存在的事实上的差异，反而有可能进一步放大这种差异，甚至引发严重的社会问题。对此，约翰·穆勒（John Mill，1806—1873）曾针对英国工业革命的分配后果，充满激情地论述道，"如果私有制必定会带来我们现在所看到的后果，即劳动产品的分配几乎同劳动成反比——根本不干的人拿得最多，只在名义上干点工作的人居其次，工作越艰苦和越讨厌报酬就越低；而最劳累、消耗体力最多的劳动甚至无法肯定能否挣到足以糊口的收入；如果要在这种状况和共产主义之间作出抉择，则共产主义的一切大大小小困难在天平上都将轻如鸿毛"①。

马克思生活在英国工业革命接近尾声之际，对英国工业革命有着更为充分的观察并进一步认识到，"分工提高劳动的生产力，增加社会的财富，促使社会精美完善，同时却使工人陷于贫困直到变为机器。劳动促进资本的积累，从而也促进社会富裕程度的提高，同时却使工人越来越依附于资本家，引起工人间更剧烈的竞争，使工人卷入生产过剩的追猎活动"②，其根本原因在于工业化、现代化进程中不同要素的不同特征及其内在差异，特别是劳动要素相对于资本要素的相对弱势及其造成的劳动异化、外化和对象化过程，导致了经济发展与人的发展之间存在内在冲突。正是借助于对以英国工业革命为典型的西方现代化路径③及其理论回应（特别是古典经济学）的批判性反思，马克思提出了通过积极地"扬弃"劳动异化、实现以经济发展推动人

---

① 约翰·穆勒：《政治经济学原理》上卷，商务印书馆1991年，第235页。
② 《马克思恩格斯文集》第1卷，人民出版社2009年，第123页。
③ 如马克思在《资本论》第一卷第一版序言中明确指出，"我要在本书研究的，是资本主义生产方式以及和它相适应的生产关系和交换关系。到现在为止，这种生产方式的典型地点是英国。因此，我在理论阐述上主要用英国作为例证。"参见：《马克思恩格斯文集》第5卷，人民出版社2009年，第8页。

的发展的政策主张:"共产主义是对私有财产即人的自我异化的积极的扬弃,因而是通过人并且为了人而对人的本质的真正占有;因此,它是人向自身、也就是向社会的即合乎人性的人的复归,这种复归是完全的复归,是自觉实现并在以往发展的全部财富的范围内实现的复归。"也就是说,共产主义是一种"积极扬弃"(而不是消极取消或简单消灭)自我异化的过程,是一种以经济发展推动人的发展的现实运动。在马克思看来,"人的发展"是经济发展的目的和归宿,而经济发展则是"人的发展"的最根本的手段:"生产力的巨大增长和高度发展……之所以是绝对必需的实际前提,还因为如果没有这种发展,那就只会有贫穷、极端贫困的普遍化;而在极端贫困的情况下,必须重新开始争取必需品的斗争,全部陈腐污浊的东西又要死灰复燃。"[①]

按照马克思恩格斯的设想,共产主义(未来社会)是社会生产力高度发达、每个人得到自由而全面发展的社会,"在那里,每个人的自由发展是一切人的自由发展的条件"[②];同时,共产主义(未来社会)必定也是真正实现了共同富裕(并且是物质生活和精神生活都富裕)的社会:"社会生产力的发展将如此迅速,以致尽管生产将以所有的人富裕为目的,所有的人的可以自由支配的时间还是会增加"[③]。但我们也应该充分认识到,尽管马克思关于共产主义(未来社会)的理论设想包含着丰富的共同富裕思想并为我国在现代化进程中扎实推动共同富裕奠定了思想基础,但其所涉及的共同富裕概念同我国现代化进程中的共同富裕仍然存在很大不同:按照马克思的理论设想,共产主义(未来社会)以生产力高度发达的资本主义社会为基础,且由于进一步解放了生产力,必定拥有比资本主义更高的生产力水平以及与之相适应的更高级的生产关系,某种程度上是对最发达资本主义国家的全面超越;而我国现代化进程中的共同富裕则是社会主义初级阶段的共同富裕,至少就相对水平而言,按照黄群慧等(2021)的估算[④],即便到2050年我国全面建成

[①]《马克思恩格斯文集》第1卷,人民出版社2009年,第538页。
[②]《马克思恩格斯文集》第2卷,人民出版社2009年,第53页。
[③]《马克思恩格斯全集》第31卷,人民出版社1998年,第104页。
[④] 黄群慧、刘学良:《新发展阶段中国经济发展关键节点的判断和认识》,《经济学动态》2021年第2期。

社会主义现代化国家之时,我国人均 GDP 仍然只有美国的 40% 左右,其生产力水平(至少同发达经济体相比的相对水平)同马克思设想的未来社会仍然存在巨大差距。正如马克思强调的,"人类始终只提出自己能够解决的任务,因为只要仔细考察就可以发现,任务本身,只有在解决它的物质条件已经存在或者至少是在生成过程中的时候,才会产生。"[①] 事实上,尽管马克思及其创立的马克思主义学说为真正实现共同富裕奠定了坚实的思想基础,但现代意义上的共同富裕本身却是我国在社会主义发展过程中不断推进马克思主义中国化时代化的创新性成果。

三、中国式现代化新道路与共同富裕:马克思主义中国化时代化的新的飞跃

中国式现代化是社会主义性质和方向的现代化,是以马克思主义为根本指导的现代化,这意味着共同富裕是社会主义的本质要求并内嵌于整个中国式现代化进程。但正如马克思强调的,"理论在一个国家实现的程度,总是取决于理论满足这个国家的需要的程度"[②],我国是在落后农业国的基础上进行社会主义革命和建设的,其具体国情同马克思重点分析的西欧社会存在巨大差异。一方面,我国曾长期处于传统农业社会,不仅传统社会秩序根深蒂固,而且不同地区之间的自然条件、历史传统和发展水平存在巨大差别,近代以来更是在内外部冲击和压力之下积贫积弱、历经磨难。对此,列宁(1919)曾特别提醒说:"东方大多数民族的处境比欧洲最落后的国家俄国还要坏。……你们面临着全世界共产党人所没有遇到过的一个任务,就是你们必须以共产主义的一般理论和实践为依据,适应欧洲各国所没有的特殊条件,善于把这种理论和实践运用于主要群众是农民、需要解决的斗争任务

---

① 《马克思恩格斯文集》第 2 卷,人民出版社 2009 年,第 592 页。
② 《马克思恩格斯文集》第 1 卷,人民出版社 2009 年,第 12 页。

不是反对资本而是反对中世纪残余这样的条件"①。这意味着，不论是中国式现代化还是内嵌于中国式现代化进程的共同富裕，都必须经历某种马克思主义中国化时代化的历史过程。另一方面，尽管我国拥有数千年不曾中断的灿烂文明，经济总量亦曾长期居于世界首位，但人均资源条件却始终同西方社会存在较大差距，某种程度上使得中华文明几乎始终比西方文明更重视人与人、人与自然之间的和谐关系，同时亦拥有更为丰富的同共同富裕有关的思想。事实上，正是在把马克思主义基本原理同中国具体实际相结合、同中华优秀传统文化相结合的历史过程中，我国在社会主义发展过程中开辟了一种经济发展与人的发展相互促进、现代化建设与共同富裕内在互嵌的中国式现代化新道路。

习近平总书记曾经指出："我们党在运用马克思主义基本原理解决中国实际问题的实践中逐步认识到，发展社会主义不仅是一个长期历史过程，而且是需要划分为不同历史阶段的过程。"②新中国成立前夕，"中国还有大约百分之九十左右的分散的个体的农业经济和手工业经济，这是落后的，这是和古代没有多大区别的，我们还有百分之九十左右的经济生活停留在古代"③，这意味着我国发展有赖于某种工业化进程，进而为中国式现代化和共同富裕提供必不可少的物质基础，而我国社会主义革命的主要任务就是为此提供根本的政治前提和制度基础。正是在社会主义革命时期，毛泽东明确提出了"共同富裕"概念并系统阐述了社会主义革命、建设和共同富裕之间的内在逻辑："这就是在逐步地实现社会主义工业化和逐步地实现对于手工业、对于资本主义工商业的社会主义改造的同时，逐步地实现对于整个农业的社会主义的改造，……使全体农村人民共同富裕起来。"④1956年底，我国基本完成了社会主义改造、确立了社会主义基本制度并正式步入了社会主义建设时期，其后更是在短短二十多年的时间里迅速由一个拥有数千年小农经济传统的落后农业国，转变成了工业部门在国民经济中占主导地位的工业化国家。

---

① 《列宁全集》第37卷，人民出版社1986年，第323页。
② 习近平：《把握新发展阶段，贯彻新发展理念，构建新发展格局》，《求是》2021年第9期。
③ 《毛泽东选集》第4卷，人民出版社1991年，第1430页。
④ 《毛泽东文集》第6卷，人民出版社2009年，第437页。

社会主义革命和建设为中国式现代化奠定了根本的政治前提和制度基础，同时也为共同富裕提供了理论准备和物质技术条件，但本身并没能实现共同富裕，主要原因有：其一，我国是在落后农业国的基础上推进工业化进程的，我们不得不把相对有限的资源集中于工业化建设，居民消费和社会发展在某种程度上受到了抑制，人们的收入水平和生活水平并没有随着经济发展同步提高，大多数社会成员几乎始终处于较为困顿的生活状态；其二，我国在社会主义建设时期更多地借鉴了苏联经验或社会主义传统模式，而社会主义传统模式明显存在若干僵化特征，第二产业的发展某种程度上是以第一、第三产业的不充分发展为代价的，而后者同人们的生活状况有着更为直接的关系；其三，也是最重要的，社会主义传统模式既有对马克思主义的创新发展、更不乏对马克思主义基本原理的教条式理解，特别是脱离社会主义发展阶段和社会生产力水平，孤立地、僵化地看待生产资料所有制形式，片面追求"一大二公"并急于向所有制的"高级形式"过渡，使得我国在社会主义建设的艰辛探索中历经多次严重曲折并对人们的生活水平造成了较大影响。

1978年12月召开的党的十一届三中全会，在深刻总结我国社会主义建设正反两方面经验的基础上，作出了把党和国家的工作中心转移到经济建设上来、实行改革开放的历史性决策，开启了我国改革开放和社会主义现代化建设新时期。改革开放以来，我们依据马克思主义基本原理与我国具体实际，创造性地提出了社会主义初级阶段理论，并依据社会主义初级阶段理论深刻认识到"社会主义的本质，是解放生产力，发展生产力，消灭剥削，消除两极分化，最终达到共同富裕"[①]。在此基础上，我们逐渐形成了以马克思主义为根本指导并符合我国具体实际的共同富裕理论，并使之成为经济发展与人的发展相互促进的中国式现代化新道路的重要内容，其理论逻辑可简要概括为：第一，我国已经是社会主义国家，更好地满足人民需要、不断促进人的全面发展和全体人民共同富裕是社会主义的本质要求和我国发展的根本目的；第二，我国仍处于并长期处于社会主义初级阶段，我们的根本任务是解放和发展生产力，"是否有利于发展生产力，应当成为我们考虑一切问题

[①] 《邓小平文选》第3卷，人民出版社1993年，第373页。

的出发点和检验一切工作的根本标准"①；第三，按照生产关系一定要适应生产力水平的马克思主义基本原理，随着我国发展和社会生产力水平的提高，我们"要根据我国生产力发展的要求，在每一个阶段上创造出与之相适应和便于继续前进的生产关系的具体形式"②，"这是改革，所以改革也是解放生产力"③。也就是说，改革是为了适应社会生产力水平而对生产关系进行的适应性调整，是社会主义的自我完善和我国发展的根本动力；我国发展的根本任务是解放和发展生产力，其根本目的则是不断促进人的全面发展、全体人民共同富裕。改革开放成功开辟了中国特色社会主义道路，确立了中国特色社会主义制度，"实现了从高度集中的计划经济体制到充满活力的社会主义市场经济体制、从封闭半封闭到全方位开放的历史性转变，实现了从生产力相对落后的状况到经济总量跃居世界第二的历史性突破，实现了人民生活从温饱不足到总体小康、奔向全面小康的历史性跨越，为实现中华民族伟大复兴提供了充满新的活力的体制保证和快速发展的物质条件"④，同时也为推动共同富裕提供了"充满新的活力的体制保证和快速发展的物质条件"。

党的十八大以来，"经过长期努力，中国特色社会主义进入了新时代，这是我国发展新的历史方位"⑤，其基本依据是改革开放以来创造的经济快速发展奇迹和社会长期稳定奇迹，极大地提高了我国社会生产力水平并引起了我国社会主要矛盾发生了转化，发展的不平衡不充分已经成为满足人民日益增长的美好生活需要的主要制约因素。党的十九大紧紧围绕"人民日益增长的美好生活需要和不平衡不充分的发展"之间的社会主要矛盾和"实现社会主义现代化和中华民族伟大复兴"的总任务，系统阐述了新时代坚持和发展什么样的中国特色社会主义、怎样坚持和发展中国特色社会主义等重大时代课题，明确了分两个阶段全面建成社会主义现代化强国、实现第二个百年奋斗

---

① 《改革开放三十年重要文献选编》，中央文献出版社 2008 年，第 476 页。
② 《改革开放三十年重要文献选编》，中央文献出版社 2008 年，第 213 页
③ 《邓小平文选》第 3 卷，人民出版社 1993 年，第 370 页。
④ 习近平：《在庆祝中国共产党成立 100 周年大会上的讲话》，人民出版社 2021 年，第 6 页。
⑤ 习近平：《决胜全面建成小康社会 夺取新时代中国特色社会主义伟大胜利》，人民出版社2017年，第 10 页。

目标的战略安排并初步勾勒了新时代扎实推动共同富裕的时间表和路线图。在此基础上，党的十九届四中全会围绕新时代全面深化改革的总目标，对社会主义基本经济制度作出了新概括，为我国在中国式现代化进程中扎实推动共同富裕提供了更为充分的制度保证，或如习近平总书记总结的，"公有制为主体、多种所有制经济共同发展，按劳分配为主体、多种分配方式并存，社会主义市场经济体制等社会主义基本经济制度，既有利于激发各类市场主体活力、解放和发展社会生产力，又有利于促进效率和公平有机统一、不断实现共同富裕"[①]；党的十九届五中全会围绕"十四五"规划和2035年远景目标，对全面建设社会主义现代化国家如何开好局、起好步作出了系统谋划和战略部署，全面勾勒了立足新发展阶段、贯彻新发展理念、构建新发展格局、推动高质量发展的中国式现代化路径，并明确提出了"人的全面发展、全体人民共同富裕取得更为明显的实质性进展"的2035年远景目标。

"我国现代化是人口规模巨大的现代化，是全体人民共同富裕的现代化，是物质文明和精神文明相协调的现代化，是人与自然和谐共生的现代化，是走和平发展道路的现代化"[②]，同时也是社会主义初级阶段的现代化，而"社会主义初级阶段不是一个静态、一成不变、停滞不前的阶段，也不是一个自发、被动、不用费多大气力自然而然就可以跨过的阶段，而是一个动态、积极有为、始终洋溢着蓬勃生机活力的过程，是一个阶梯式递进、不断发展进步、日益接近质的飞跃的量的积累和发展变化的过程"[③]，这意味着中国式现代化和共同富裕同样是一个阶梯式递进、不断发展进步的长期过程。在2021年8月17日中央财经委员会第一次会议上的讲话中，习近平总书记围绕中国式现代化新道路和第二个百年奋斗目标并结合新时代以来关于共同富裕的理论创新、实践创新和制度创新，系统阐述了共同富裕的时代内涵以及新发展阶段扎实推动共同富裕的时间表和路线图，明确指出"共同富裕是社会主义的本质要求，是中国式现代化的重要特征""现在，已经到了扎实推动共同

---

① 《坚持用全面辩证长远眼光分析经济形势 努力在危机中育新机于变局中开新局》，《人民日报》2020年5月24日第1版。

②③ 习近平：《把握新发展阶段，贯彻新发展理念，构建新发展格局》，《求是》2021年第9期。

富裕的历史阶段""共同富裕是全体人民共同富裕,是人民群众物质生活和精神生活都富裕,不是少数人的富裕,也不是整齐划一的平均主义""共同富裕是一个长期目标,需要一个过程,不可能一蹴而就"等等,并要求"到'十四五'末,全体人民共同富裕迈出坚实步伐""到2035年,全体人民共同富裕取得更为明显的实质性进展""到本世纪中叶,全体人民共同富裕基本实现",其路线图或"总的思路是,坚持以人民为中心的发展思想,在高质量发展中促进共同富裕,正确处理效率和公平的关系,构建初次分配、再分配、三次分配协调配套的基础性制度安排,加大税收、社保、转移支付等调节力度并提高精准性,扩大中等收入群体比重,增加低收入群体收入,合理调节高收入,取缔非法收入,形成中间大、两头小的橄榄型分配结构,促进社会公平正义,促进人的全面发展,使全体人民朝着共同富裕目标扎实迈进"。[①] 由此,我国在中国式现代化进程中不断推进理论创新、实践创新和制度创新,不仅为实现共同富裕提供了坚实的制度基础和物质基础并擘画了以高质量发展扎实推动共同富裕的时间表和路线图,而且实现了马克思主义共同富裕理论的创新性发展和马克思主义中国化时代化的新的飞跃。

简言之,正如前文分析表明的,尽管同共同富裕有关的思想几乎伴随着人类文明的整个进程,但在人类社会的发展历史上,不论是数十万年的采猎时代、万年左右的农耕时期,还是近代西欧约略300年的商业革命时期,都不可能真正实现共同富裕,其根本原因在于缺乏共同富裕所必不可少的物质基础。英国工业革命开启了西方式现代化道路并推动了经济发展和物质财富的积累,但它不仅没有实现共同富裕,反而加剧了弱势群体的脆弱性并引发了较为严重的社会分化。马克思在批判性考察西方现代化路径及其理论回应的基础上,为人类社会开辟一种以经济发展推动人的发展的现代化路径提供了理论可能,同时也为真正实现共同富裕奠定了坚实的思想基础。我国在社会主义发展过程中坚持马克思主义基本原理同中国具体实际相结合、同中华优秀传统文化相结合,在不断推进马克思主义中国化时代化的过程中开辟了一种经济发展与人的发展相互促进、现代化建设与共同富裕内在互嵌的中国

---

① 习近平:《扎实推动共同富裕》,《求是》2021年第20期。

式现代化新道路，不仅形成了具有马克思主义理论特质并符合我国国情的共同富裕理论并赋予了共同富裕新的时代内涵，而且为真正实现共同富裕提供了坚实的制度基础和物质基础，同时也擘画了全面建设社会主义现代化新征程上以高质量发展扎实推动共同富裕的时间表和路线图。正是在这个意义上，我们说共同富裕是中国式现代化的重要特征，同时也是我国社会主义发展过程中的重要理论创新、实践创新和制度创新，是马克思主义中国化时代化的最新成果。

（作者胡怀国，原题目为《现代化视域下的共同富裕：理论逻辑与物质基础》，发表于《学术研究》2022年第4期，第78~86页。）

第十四章
以高质量发展推进共同富裕

摘要：共同富裕是中国特色社会主义的本质要求和中国式现代化的重要特征，高质量发展是适应新时代我国社会主要矛盾变化的必然要求和新征程全面建设社会主义现代化国家的首要任务，同时也是新时代新征程推进共同富裕的根本途径。本文认为，中国式现代化是社会主义性质和方向的现代化，是以马克思主义为根本指导的现代化，本质上是以经济现代化为基础的人的现代化，新时代新征程必须坚持以人民为中心的发展思想，坚持以高质量发展推进共同富裕。

关键词：高质量发展　共同富裕　中国式现代化

党的二十大报告指出，"从现在起，中国共产党的中心任务就是团结带领全国各族人民全面建成社会主义现代化强国、实现第二个百年奋斗目标，以中国式现代化全面推进中华民族伟大复兴"，并强调"中国式现代化是全体人民共同富裕的现代化"，新时代新征程必须"坚持把实现人民对美好生活的向往作为现代化建设的出发点和落脚点，着力维护和促进社会公平正义，着力促进全体人民共同富裕"。[①] 中国式现代化是社会主义性质和方向的现代化，是以马克思主义为根本指导的现代化，同时也是我国在社会主义发展过程中不断推进马克思主义中国化时代化的历史过程。共同富裕是中国特色社会主义的本质要求和中国式现代化的重要特征，高质量发展是适应新时代我

---

① 习近平：《高举中国特色社会主义伟大旗帜　为全面建设社会主义现代化国家而团结奋斗》，人民出版社2022年，第21~22页。

国社会主要矛盾变化的必然要求和新征程全面建设社会主义现代化国家的首要任务,本文试图结合马克思主义中国化时代化的历史过程并紧扣我国社会主要矛盾变化,对新时代新征程为何及如何"以高质量发展推进共同富裕"予以政治经济学的解析。

一、引　言

共同富裕自古以来就是人们对理想社会的共同追求、对美好生活的共同期盼,但正如宏观经济学奠基者凯恩斯指出的,"从公元前2000年开始,到18世纪初期,生活在世界各个文明中心的人们的生活水平,并没有发生多大的变化。当然中间是时有起伏的。瘟疫、饥荒、战争等天灾人祸时有发生,其间还有若干短暂的繁荣时期,但总的来看,不存在渐进或激进的变化。一直到公元1700年为止的4000年间,某些时期的生活水平也许比别的时期要高上50%,但不会超过100%"①,几乎没有任何一个国家能够不经由某种现代化过程而实现共同富裕,其根本原因在于传统社会缺乏实现共同富裕所必不可少的社会条件和物质基础。在人类社会的发展历史上,18世纪中叶发轫于英国的工业革命率先开启了人类社会的现代化进程,它推动了经济发展和物质财富的积累,但不仅没有实现共同富裕,反而加剧了弱势群体的脆弱性并引发了较为严重的社会分化。马克思在对以英国工业革命为典型的西方现代化路径及其理论回应进行批判性考察的基础上,创立了一种旨在实现人的自由而全面发展的马克思主义学说,不仅为人类社会开辟一种以经济发展推动人的发展的现代化路径提供了理论可能,而且为真正实现共同富裕奠定了坚实的思想基础。从某种程度上讲,正是在不断推进马克思主义中国化时代化的历史过程中,我国在社会主义发展过程中成功开辟了一种经济发展与人的发展相互促进的中国式现代化新道路,不仅形成并创新发展了具有马克思主义理论特质并符合中国具体实际的中国特色社会主义共同富裕理论,而

---

① 凯恩斯:《凯恩斯文集·预言与劝说》,江苏人民出版社1998年,第353页。

且为新时代新征程以高质量发展推进共同富裕提供了根本的理论指导和行动指南。

《中共中央关于党的百年奋斗重大成就和历史经验的决议》指出："一百年来，党坚持把马克思主义写在自己的旗帜上，不断推进马克思主义中国化时代化，用博大胸怀吸收人类创造的一切优秀文明成果，用马克思主义中国化的科学理论引领伟大实践。"[1] 新中国成立特别是改革开放以来，我国在社会主义发展过程中坚持把马克思主义基本原理同中国具体实际相结合、同中华优秀传统文化相结合，成功开辟了中国特色社会主义道路，创造性地提出了社会主义初级阶段理论，并依据社会主义初级阶段理论深刻认识到"社会主义的本质，是解放生产力，发展生产力，消灭剥削，消除两极分化，最终达到共同富裕"[2]。在此基础上，我国在社会主义发展过程中不断推进马克思主义中国化时代化，并在这一过程中逐渐形成了以马克思主义为根本指导的中国特色社会主义共同富裕理论：其一，我国已经是社会主义国家，更好满足人民需要、不断促进人的全面发展和全体人民共同富裕是社会主义的本质要求和我国发展的根本目的；其二，我国仍处于并长期处于社会主义初级阶段，发展是解决我国一切问题的基础和关键，解放和发展生产力是我国发展的根本任务；其三，中国式现代化是社会主义初级阶段的现代化，是经济发展和人的发展有机统一、相互促进的历史过程，适应新时代我国社会主要矛盾变化要求的高质量发展是全面建设社会主义现代化国家的首要任务，同时也是新征程不断促进人的全面发展、全面人民共同富裕的根本途径，新时代新征程必须坚持以高质量发展推进共同富裕。

特别地，党的十八大以来，经过长期努力，中国特色社会主义进入了新时代，其基本依据是新中国成立特别是改革开放以来我国创造的经济快速发展奇迹和社会长期稳定奇迹，极大地提高了社会生产力水平并引起我国社会主要矛盾发生了转化，不平衡不充分的发展已经成为满足人民日益增长的美好生活需要的主要制约因素。党的十九大紧扣新时代我国社会主要矛盾变

---

[1] 《中共中央关于党的百年奋斗重大成就和历史经验的决议》，人民出版社2021年，第63页。
[2] 《邓小平文选》第3卷，人民出版社1993年，第373页。

化，明确提出我国经济已由高速增长阶段转向高质量发展阶段并作出了分两个阶段全面建成社会主义现代化国家的战略安排；党的二十大站在全面建设社会主义现代化国家、以中国式现代化全面推进中华民族伟大复兴的新的历史起点上，从理论和实践的结合上对马克思主义中国化时代化和中国式现代化等重大问题进行了全面阐述，并强调"中国式现代化是全体人民共同富裕的现代化""高质量发展是全面建设社会主义现代化国家的首要任务"等等[①]。本文认为，以高质量发展推进共同富裕是马克思主义中国化时代化的重大创新成果，我们必须"按照党的二十大部署，进一步贯彻以人民为中心的发展思想，把促进全体人民共同富裕摆在更加突出的位置，……在推进高质量发展中推动共同富裕取得更为明显的实质性进展"[②]。在全面建设社会主义现代化国家、以中国式现代化全面推进中华民族伟大复兴的新征程上，我们必须深刻认识到，马克思主义本质上是在西方式现代化进程中历史生成、在中国式现代化进程中不断创新发展的思想体系，我们必须结合马克思主义的历史生成和马克思主义中国化时代化的历史过程，从理论和实践的结合上深刻认识并准确把握新时代新征程"以高质量发展推进共同富裕"的历史逻辑、理论逻辑和实践逻辑。

二、以高质量发展推进共同富裕的思想基础：兼论马克思主义的历史生成

《中共中央关于党的百年奋斗重大成就和历史经验的决议》指出："马克思主义是我们立党立国、兴党强国的根本指导思想。……党之所以能够领导人民在一次次求索、一次次挫折、一次次开拓中完成中国其他各种政治力量不可能完成的艰巨任务，根本在于坚持解放思想、实事求是、与时俱进、求

---

① 习近平：《高举中国特色社会主义伟大旗帜 为全面建设社会主义现代化国家而团结奋斗》，人民出版社 2022 年，第 22、28 页。
② 习近平：《为实现党的二十大确定的目标任务而团结奋斗》，《求是》2023 年第 1 期。

真务实，坚持把马克思主义基本原理同中国具体实际相结合、同中华优秀传统文化相结合，坚持实践是检验真理的唯一标准，坚持一切从实际出发，及时回答时代之问、人民之问，不断推进马克思主义中国化时代化。"① 马克思主义是在西方式现代化进程中历史生成、在中国式现代化进程中不断创新发展的思想体系，它"以实现人的自由而全面的发展和全人类解放为己任，反映了人类对理想社会的美好憧憬"②，不仅为我国在社会主义发展过程中成功开辟和推进中国式现代化新道路提供了根本的理论指导，而且为新时代新征程以高质量发展推进共同富裕提供了根本的思想基础，我们必须结合马克思主义的历史生成及其整体框架来深刻认识以高质量发展推进共同富裕的思想基础，结合马克思主义的创新发展特别是中国式现代化和马克思主义中国化时代化的历史过程来准确把握以高质量发展推进共同富裕的理论逻辑。

马克思主义认为，"物质生产力是全部社会生活的物质前提，同生产力发展一定阶段相适应的生产关系的总和构成社会经济基础。生产力是推动社会进步的最活跃、最革命的要素，生产力发展是衡量社会发展的带有根本性的标准"③。在人类社会的发展历史上，英国工业革命率先开启了以工业化推动经济现代化的历史进程，古典经济学奠基者亚当·斯密更是在英国工业革命发轫之初就尝试构建了一种适应于现代经济发展的理论经济学体系，并对这种以工业化开启的经济现代化及其对民众普遍富裕的影响作出了相对乐观的估计，指出"在一个政治修明的社会里，造成普及到最下层人民的那种普遍富裕情况的，是各行各业的产量由于分工而大增"④。然而，英国工业革命开启的经济现代化进程极大地推动了经济发展和物质财富的积累，但不仅没有推动人的发展并造成普及到最下层人民的普遍富裕，反而加剧了弱势群体的脆弱性并引发了较为严重的社会分化。马克思生活在英国工业革命接近尾声之际，对英国工业革命开启的西方式现代化的前半程有着更为充分的观察，发现"分工提高劳动的生产力，增加社会的财富，促使社会精美完善，同时

---

① 《中共中央关于党的百年奋斗重大成就和历史经验的决议》，人民出版社2021年，第66~67页。
② 习近平：《在哲学社会科学工作座谈会上的讲话》，人民出版社2016年，第9页。
③ 习近平：《坚持历史唯物主义不断开辟当代中国马克思主义发展新境界》，《求是》2020年第2期。
④ 亚当·斯密：《国民财富的性质和原因的研究》上卷，商务印书馆1996年，第11页。

却使工人陷于贫困直到变为机器""他在自己的劳动中不是肯定自己,而是否定自己,不是感到幸福,而是感到不幸,不是自由地发挥自己的体力和智力,而是使自己的肉体受折磨、精神遭摧残。……只要肉体的强制或其他强制一停止,人们就会像逃避瘟疫那样逃避劳动"①。在马克思看来,"人是人的最高本质",人类社会必将在生产力高度发达的基础上,经由生产关系变革和生产方式变迁,实现人的自由而全面的发展:"在那里,每个人的自由发展是一切人的自由发展的条件"②。

正是借助于对以英国工业革命为典型的西方式现代化路径以及作为其理论回应的古典经济学的批判性反思,马克思提出了通过积极地"扬弃"劳动异化、实现以经济发展推动人的发展的政策主张:"共产主义是对私有财产即人的自我异化的积极的扬弃,因而是通过人并且为了人而对人的本质的真正占有;因此,它是人向自身、也就是向社会的即合乎人性的人的复归,这种复归是完全的复归,是自觉实现并在以往发展的全部财富的范围内实现的复归。"③也就是说,共产主义是一种"积极扬弃"(而不是消极取消或简单消灭)自我异化的过程,是一种以经济发展推动人的发展的现实运动。在马克思看来,"人的发展"是经济发展的目的和归宿,而经济发展则是"人的发展"的根本手段和必要前提:"生产力的巨大增长和高度发展……之所以是绝对必需的实际前提,还因为如果没有这种发展,那就只会有贫穷、极端贫困的普遍化;而在极端贫困的情况下,必须重新开始争取必需品的斗争,全部陈腐污浊的东西又要死灰复燃。"④按照马克思的设想,共产主义(未来社会)是社会生产力高度发达和每个人自由而全面发展的社会,是经济发展与人的发展相互促进、有机统一的社会,同时也必然是每个人的物质生活和精神生活都富裕的社会:"社会生产力的发展将如此迅速,以致尽管生产将以所有的人富裕为目的,所有的人的可以自由支配的时间还

---

① 《马克思恩格斯文集》第1卷,人民出版社2009年,第123、159页。
② 《马克思恩格斯文集》第2卷,人民出版社2009年,第53页。
③ 《马克思恩格斯文集》第1卷,人民出版社2009年,第185页。
④ 《马克思恩格斯文集》第1卷,人民出版社2009年,第538页。

是会增加"①，从而"不仅可能保证一切社会成员有富足的和一天比一天充裕的物质生活，而且还可能保证他们的体力和智力获得充分的自由的发展和运用"②。

  正如习近平总书记强调的，"马克思的思想理论源于那个时代又超越了那个时代，既是那个时代精神的精华又是整个人类精神的精华"③，马克思对西方式现代化及其理论回应的理论超越，为人类社会开辟一种经济发展与人的发展有机统一、相互促进的现代化路径提供了理论可能，不仅为我国在社会主义发展过程中成功开辟和推进中国式现代化新道路提供了根本的理论指导，而且为新时代新征程以高质量发展推进共同富裕提供了根本的思想基础。我们必须深刻认识到，中国式现代化是社会主义性质和方向的现代化，是以马克思主义为根本指导的现代化，共同富裕是中国特色社会主义的本质要求和中国式现代化的重要特征，它既不是适应于社会生产力相对落后的传统社会的"平均主义"或"杀富济贫"，又不是西方式现代化前半程的阶层对立、社会分化或西方式现代化后半程的仅仅"围绕着分配兜圈子"④，而是一种经济发展与人的发展有机统一、高质量发展与全体人民共同富裕相互促进的历史过程。正是在这个意义上，习近平总书记强调指出，一方面，"党的十八大以来，党中央把握发展阶段新变化，把逐步实现全体人民共同富裕摆在更加重要的位置上，……现在，已经到了扎实推动共同富裕的历史阶段"⑤。另一方面，"没有经济发展，分配就是无源之水、无本之木。……社会上有一些人说，目前贫富差距是主要矛盾，因此'分好蛋糕比做大蛋糕更重要'，主张分配优先于发展。这种说法不符合党对社会主义初级阶段和我国社会主要矛盾的判断"⑥。我们必须坚持把马克思主义基本原理同中国具体实际相结合、同中华优秀传统文化相结合，特别是"要牢牢把握社会主义初级阶段这

---

① 《马克思恩格斯全集》第31卷，人民出版社1998年，第104页。
② 《马克思恩格斯文集》第9卷，人民出版社2009年，第299页。
③ 习近平：《在纪念马克思诞辰200周年大会上的讲话》，人民出版社2018年，第7页。
④ 《马克思恩格斯文集》第3卷，人民出版社2009年，第436页。
⑤ 习近平：《扎实推动共同富裕》，《求是》2021年第20期。
⑥ 《习近平关于社会主义社会建设论述摘编》，中央文献出版社2017年，第41页。

个基本国情，牢牢立足社会主义初级阶段这个最大实际"①并紧扣新时代我国社会主要矛盾变化，坚持以高质量发展推进共同富裕。

三、以高质量发展推进共同富裕的理论逻辑：基于马克思主义中国化时代化的初步考察

习近平总书记《在纪念马克思诞辰200周年大会上的讲话》中指出："马克思一再告诫人们，马克思主义理论不是教条，而是行动指南，必须随着实践的变化而发展。一部马克思主义发展史就是马克思、恩格斯以及他们的后继者们不断根据时代、实践、认识发展而发展的历史，是不断吸收人类历史上一切优秀思想文化成果丰富自己的历史。"② 党的十九届六中全会通过的《中共中央关于党的百年奋斗重大成就和历史经验的决议》进一步指出："马克思主义理论不是教条而是行动指南，必须随着实践发展而发展，必须中国化才能落地生根、本土化才能深入人心。"③ 事实上，正是在不断推进马克思主义中国化时代化的历史过程中，"在新中国成立特别是改革开放以来长期探索和实践基础上，经过十八大以来在理论和实践上的创新突破，我们党成功推进和拓展了中国式现代化"④，并以此开辟了马克思主义中国化时代化的新境界，令科学社会主义在21世纪的中国焕发出了新的蓬勃生机。中国式现代化是马克思主义中国化时代化的重大创新成果，共同富裕是中国式现代化的重要特征，高质量发展是全面建设社会主义现代化国家的首要任务，我们必须结合马克思主义中国化时代化的历史过程特别是党的十八大以来我们党在理论和实践上的创新突破，准确把握新时代新征程以高质量发展推进共同富

---

① 习近平：《决胜全面建成小康社会 夺取新时代中国特色社会主义伟大胜利》，人民出版社2017年，第12页。
② 习近平：《在纪念马克思诞辰200周年大会上的讲话》，人民出版社2018年，第9页。
③ 《中共中央关于党的百年奋斗重大成就和历史经验的决议》，人民出版社2021年，第66页。
④ 习近平：《高举中国特色社会主义伟大旗帜 为全面建设社会主义现代化国家而团结奋斗》，人民出版社2022年，第22页。

裕的理论逻辑。

中国式现代化是社会主义性质和方向的现代化，而我国是在落后农业国的基础上进行社会主义革命和建设的：即便到新中国成立前夕，"中国还有大约百分之九十左右的分散的个体的农业经济和手工业经济，这是落后的，这是和古代没有多大区别的，我们还有百分之九十左右的经济生活停留在古代"①。不论是我国社会生产力水平还是我国发展面临的国内条件和国外环境，都不允许我们走经济发展与人的发展相互对立并通过"围绕着分配兜圈子"来缓解二者之间内在冲突的西方式现代化路径。与此同时，我国具体实际又同马克思设想的在生产力高度发达的基础上实现人的自由而全面发展的未来社会存在巨大差别，我们必须坚持马克思主义基本原理与中国具体实际相结合，首先完成社会主义革命、确立社会主义基本制度，进而在社会主义发展过程中、在不断推进马克思主义中国化时代化的历史过程中，开辟一种经济发展与人的发展相互促进的中国式现代化新道路。事实上，正是在社会主义革命和建设时期，我们党结合落后农业国的具体国情并更多地针对农村居民，明确提出了社会主义语境下的"共同富裕"概念："这就是在逐步地实现社会主义工业化和逐步地实现对于手工业、对于资本主义工商业的社会主义改造的同时，逐步地实现对整个农业的社会主义的改造，……使全体农村人民共同富裕起来。"②

社会主义革命和建设为中国式现代化奠定了根本的政治前提和制度基础，同时也为推进共同富裕提供了宝贵经验、理论准备和物质基础，但并没有实现全体人民共同富裕：一方面，我国是在落后农业国的基础上进行社会主义革命和建设的，我们不得不把相对有限的资源集中于经济发展，尽管它推动我国在短短二十多年的时间里迅速由一个拥有数千年小农经济传统的落后农业国转变为工业部门在国民经济中占主导地位的国家并初步建立了比较完整的工业体系和国民经济体系，但人们的收入水平和生活水平并没有随着经济发展同步提高，大多数社会成员几乎始终处于较为困顿的生活状态；另

---

① 《毛泽东选集》第4卷，人民出版社1991年，第1430页。
② 《毛泽东文集》第6卷，人民出版社2009年，第437页。

一方面，我国在社会主义建设过程中较多地借鉴了苏联经验或社会主义传统模式，而这种模式既有对马克思主义的创新发展，更不乏对马克思主义基本原理的教条式理解，特别是脱离社会生产力水平和社会主义发展阶段，孤立地、僵化地看待经济发展与人的发展之间的中间环节，使得我国在社会主义建设的探索过程中经历了严重曲折。不过，"虽然经历了严重曲折，但党在社会主义革命和建设中取得的独创性理论成果和巨大成就，为在新的历史时期开创中国特色社会主义提供了宝贵经验、理论准备、物质基础"[1]，同时也为新的历史时期推动经济发展和人的发展、不断促进全体人民共同富裕提供了宝贵经验、理论准备和物质基础。

"改革开放是我们党的一次伟大觉醒，正是这个伟大觉醒孕育了我们党从理论到实践的伟大创造"[2]，特别是依据马克思主义基本原理和我国具体实际，创造性地提出了社会主义初级阶段理论，并依据社会主义初级阶段理论明确了"社会主义的本质，是解放生产力，发展生产力，消灭剥削，消除两极分化，最终达到共同富裕"[3]。党的十三大系统阐述了社会主义初级阶段理论，明确指出"我国从五十年代生产资料私有制的社会主义改造基本完成，到社会主义现代化的基本实现，至少需要上百年时间，都属于社会主义初级阶段。……我们在现阶段所面临的主要矛盾，是人民日益增长的物质文化需要同落后的社会生产之间的矛盾"[4]。正是依据社会主义初级阶段理论以及我国在社会主义初级阶段面临的主要矛盾，改革开放以来我国成功开辟了中国特色社会主义道路，确立了中国特色社会主义制度，"实现了从高度集中的计划经济体制到充满活力的社会主义市场经济体制、从封闭半封闭到全方位开放的历史性转变，实现了从生产力相对落后的状况到经济总量跃居世界第二的历史性突破，实现了人民生活从温饱不足到总体小康、奔向全面小康的历史性跨越，为实现中华民族伟大复兴提供了充满新的活力的体制保证和快速

---

[1]《中共中央关于党的百年奋斗重大成就和历史经验的决议》，人民出版社2021年，第14页。
[2] 习近平：《在庆祝改革开放40周年大会上的讲话》，人民出版社2018年，第4页。
[3]《邓小平文选》第3卷，人民出版社1993年，第373页。
[4]《改革开放三十年重要文献选编》，中央文献出版社2008年，第476页。

发展的物质条件"①，同时也为不断促进人的全面发展、全体人民共同富裕提供了充满活力的体制保证和快速发展的物质条件。

党的十八大以来，经过长期努力，中国特色社会主义进入了新时代，其基本依据是新中国成立特别是改革开放以来我国实现的经济快速发展奇迹和社会长期稳定奇迹，极大地提高了我国社会生产力水平并引起我国社会主要矛盾发生了转化，即由"人民日益增长的物质文化需要同落后的社会生产之间的矛盾"转化为"人民日益增长的美好生活需要和不平衡不充分的发展之间的矛盾"。新时代仍然属于社会主义初级阶段，但我国社会主要矛盾发生了转化，发展的不平衡不充分已经成为满足人民日益增长的美好生活需要的主要制约因素。对此，习近平总书记明确指出，一方面，"我国社会主要矛盾发生了重大变化，我国经济发展阶段也在发生历史性变化，不平衡不充分的发展就是发展质量不高的表现。解决我国社会的主要矛盾，必须推动高质量发展"②；另一方面，"只有促进共同富裕，提高城乡居民收入，提升人力资本，才能提高全要素生产率，夯实高质量发展的动力基础"③。也就是说，高质量发展是适应新时代我国社会主要矛盾变化的必然要求，是解决好发展不平衡不充分问题、更好满足人民日益增长的美好生活需要的根本途径，同时也是不断促进人的全面发展、全体人民共同富裕的根本途径，而共同富裕不仅是中国特色社会主义的本质要求和中国式现代化的重要特征，而且有助于提升人力资本、促进消费升级和产业升级并以此进一步推动高质量发展，二者是一种有机统一、相互促进的关系，新时代新征程必须坚持以高质量发展推进共同富裕。

四、以高质量发展推进共同富裕的时代内涵与实践路径

习近平总书记明确指出："我们说的共同富裕是全体人民共同富裕，是

---

① 习近平：《在庆祝中国共产党成立100周年大会上的讲话》，人民出版社2021年，第6页。
② 习近平：《习近平著作选读》第2卷，人民出版社2023年，第67页。
③ 习近平：《扎实推动共同富裕》，《求是》2021年第20期。

人民群众物质生活和精神生活都富裕，不是少数人的富裕，也不是整齐划一的平均主义。"① 共同富裕是中国特色社会主义的本质要求和中国式现代化的重要特征，它既不是适应于落后生产力的传统农业社会的"平均主义"，又不是西方式现代化后半程的"围绕着分配兜圈子"，而是以马克思主义为根本指导的经济发展与人的发展有机统一、相互促进的历史过程，同时也是马克思主义中国化时代化的重大创新成果，是贯穿于中国式现代化全过程的现实运动。特别是"党的十八大以来，党中央把握发展阶段新变化，把逐步实现全体人民共同富裕摆在更加重要的位置上，推动区域协调发展，采取有力措施保障和改善民生，打赢脱贫攻坚战，全面建成小康社会，为促进共同富裕创造了良好条件。现在，已经到了扎实推动共同富裕的历史阶段"②。在扎实推动共同富裕的历史过程中，我们必须深刻认识到，"中国特色社会主义进入了新时代，这是我国发展新的历史方位"③，发展不平衡不充分已经成为满足人民日益增长的美好生活需要的主要制约因素，同时也已经成为扎实推动共同富裕的主要制约因素，而"不平衡不充分的发展就是发展质量不高的表现"④，我们必须紧扣新时代我国社会主要矛盾变化和新征程全面建设社会主义现代化国家的中心任务，从理论和实践的结合上深入回答新时代新征程以高质量发展推进共同富裕的实践路径。

第一，坚持以推动高质量发展为主题，大力提升我国发展的质量和效益。党的二十大报告指出，"没有坚实的物质技术基础，就不可能全面建成社会主义现代化强国"⑤，也不可能真正实现共同富裕。适应我国社会主要矛盾变化要求的高质量发展是新时代我国经济发展的鲜明主题和新征程全面建设社会主义现代化国家的首要任务，同时也是新时代新征程不断促进人的全面发展、全体人民共同富裕的根本途径。习近平总书记指出："我国社会主要

---

①② 习近平：《扎实推动共同富裕》，《求是》2021年第20期。
③ 习近平：《决胜全面建成小康社会 夺取新时代中国特色社会主义伟大胜利》，人民出版社2017年，第10页。
④ 习近平：《习近平著作选读》第2卷，人民出版社2023年，第67页。
⑤ 习近平：《高举中国特色社会主义伟大旗帜 为全面建设社会主义现代化国家而团结奋斗》，人民出版社2022年，第28页。

矛盾发生了重大变化，我国经济发展阶段也在发生历史性变化，不平衡不充分的发展就是发展质量不高的表现""高质量发展，就是能够很好满足人民日益增长的美好生活需要的发展，是体现新发展理念的发展，是创新成为第一动力、协调成为内生特点、绿色成为普遍形态、开放成为必由之路、共享成为根本目的的发展"①。在全面建设社会主义现代化国家、以中国式现代化全面推进中华民族伟大复兴的新征程上，我们必须紧扣新时代我国社会主要矛盾变化，全面贯彻创新、协调、绿色、开放、共享的新发展理念，坚持以改革创新为根本动力、以加快构建新发展格局为战略基点，着力以高质量发展解决发展的不平衡不充分问题，进而在更好满足人民日益增长的美好生活需要的同时，不断促进人的全面发展和全体人民共同富裕。

第二，坚持以人民为中心的发展思想，坚持在发展中保障和改善民生，让发展成果更多更公平惠及全体人民，不断促进人的全面发展和全体人民共同富裕。习近平总书记指出："只有坚持以人民为中心的发展思想，坚持发展为了人民、发展依靠人民、发展成果由人民共享，才会有正确的发展观、现代化观。"② 中国式现代化是以马克思主义为根本指导的社会主义现代化，人民性是马克思主义的本质属性和最鲜明的品格，"我们要坚持以人民为中心的发展思想，抓住人民最关心最直接最现实的利益问题，不断保障和改善民生，促进社会公平正义，在更高水平上实现幼有所育、学有所教、劳有所得、病有所医、老有所养、住有所居、弱有所扶，让发展成果更多更公平惠及全体人民，不断促进人的全面发展，朝着实现全体人民共同富裕不断迈进。"③ 特别地，"社会保障是保障和改善民生、维护社会公平、增进人民福祉的基本制度保障，是促进经济社会发展、实现广大人民群众共享改革发展成果的重要制度安排"，新时代新征程以高质量发展推进共同富裕必须加大社会保障力度、扩大社会保障覆盖面，"把更多人纳入社会保障体系，为广大人民群众提供更可靠更充分的保障，不断满足人民群众多层次多样化需求，完

---

① 习近平：《习近平著作选读》第 2 卷，人民出版社 2023 年，第 67 页。
② 习近平：《把握新发展阶段，贯彻新发展理念，构建新发展格局》，《求是》2021 年第 9 期。
③ 习近平：《在纪念马克思诞辰 200 周年大会上的讲话》，人民出版社 2018 年，第 20~21 页。

善覆盖全民、统筹城乡、公平统一、可持续的多层次社会保障体系"。①

第三，坚持和完善按劳分配为主体、多种分配方式并存的分配制度，加快构建初次分配、再分配、第三次分配协调配套的制度体系，进一步规范收入分配秩序和财富积累机制，使全体人民朝着共同富裕目标扎实迈进。党的二十大报告指出，"中国式现代化，是中国共产党领导的社会主义现代化，既有各国现代化的共同特征，更有基于自己国情的中国特色"②。如果说，中国式现代化的社会主义性质及其鲜明的中国特色，决定了我国居民收入分配必须坚持以按劳分配为主体、以初次分配为重点；那么，在经济发展过程中不断完善再分配体制机制、不断提高再分配政策的调节力度，则在某种程度上构成了各国现代化的共同特征和中国式现代化的时代要求。从国际经验看，发达经济体经过再分配措施的矫正作用，其收入差距通常会缩小30%~40%，而目前我国的相应降幅不到10%，③其原因主要有：其一，我国税收结构中更具累进性质并有助于改善收入分配状况的直接税比重过低；其二，我国目前在财产分配方面尚缺乏强有力的调节工具并使得财产差距日趋成为收入差距扩大的重要来源；其三，我国的社会保障目前还没有充分发挥出缩小分配差距的作用。新时代新征程以高质量发展促进共同富裕，必须加快构建初次分配、再分配、第三次分配协调配套的制度体系，促进机会公平、缩小分配差距，不断促进人的全面发展和全体人民共同富裕。

在这个过程中，正如古希腊哲学家亚里士多德强调的，"中产阶级（小康之家）比任何其他阶级都较为稳定。他们既不像穷人那样希图他人的财物，他们的资产也不像富人那么多得足以引起穷人的觊觎。既不对别人抱有任何阴谋，也不会自相残害，他们过着无所忧惧的平安生活"④，中产阶层或中等收入群体不仅是推动经济社会发展的重要群体，而且是维持社会稳定的重要

---

① 习近平：《促进我国社会保障事业高质量发展、可持续发展》，《求是》2022年第8期。
② 习近平：《高举中国特色社会主义伟大旗帜 为全面建设社会主义现代化国家而团结奋斗》，人民出版社2022年，第22页。
③ 杨穗、赵小漫：《走向共同富裕：中国社会保障再分配的实践、成效与启示》，《管理世界》2022年第11期。
④ 亚里士多德：《政治学》，商务印书馆2017年，第209页。

力量，新时代新征程以高质量发展推进共同富裕必须聚焦中等收入群体并不断扩大中等收入群体的规模和比重。就我国居民收入水平而言，目前我国居民可支配收入中的工资性收入占55%以上，而包括工资性收入、经营净收入和财产净收入在内的初次分配占我国居民可支配收入比重则超过八成，新时代新征程以高质量发展推进共同富裕必须以初次分配为重点，坚持按劳分配为主体、鼓励勤劳致富、促进机会公平、强化就业优先政策，进一步提高劳动报酬在初次分配中的比重，不断扩大中等收入群体的比重，并在此基础上通过完善税收制度、健全社会保障体系并不断加大税收、社会保障和转移支付的调节力度等，"增加低收入群体收入，合理调节高收入，取缔非法收入，形成中间大、两头小的橄榄型分配结构，促进社会公平正义，促进人的全面发展，使全体人民朝着共同富裕目标扎实迈进"[1]。

五、结　　语

目前，我国已经迈上了全面建设社会主义现代化国家、以中国式现代化全面推进中华民族伟大复兴的新时代新征程。2023年12月11日至12日举行的中央经济工作会议指出，"必须把推进中国式现代化作为最大的政治""必须把坚持高质量发展作为新时代的硬道理"并"聚焦经济建设这一中心工作和高质量发展这一首要任务"[2]。中国式现代化是以马克思主义为根本指导的社会主义现代化，本质上是以经济现代化为基础的人的现代化。共同富裕是中国特色社会主义的本质要求和中国式现代化的重要特征，适应我国社会主要矛盾变化的高质量发展是不断促进人的全面发展、全体人民共同富裕的物质前提和根本途径，新时代新征程必须坚持以高质量发展推进共同富裕。与此同时，我们必须深刻认识到，"共同富裕是一个长远目标，需要一个过程，不可能一蹴而就，对其长期性、艰巨性、复杂性要有充分估计，办好这件

---

[1] 习近平：《扎实推动共同富裕》，《求是》2021年第20期。
[2] 《中央经济工作会议在北京举行》，《人民日报》2023年12月13日第1版。

事，等不得，也急不得"①，新时代新征程必须坚持以人民为中心的发展思想，坚持以高质量发展扎实地、分阶段地推进全体人民共同富裕。对此，习近平总书记强调指出："实现共同富裕的目标，首先要通过全国人民共同奋斗把'蛋糕'做大做好，然后通过合理的制度安排正确处理增长和分配关系，把'蛋糕'切好分好。这是一个长期的历史过程，我们要创造条件、完善制度，稳步朝着这个目标迈进。"②

（作者胡怀国，原题目为《以高质量发展推进共同富裕的政治经济学解析》，发表于《经济研究参考》2024年第1期，第5~15页。）

---

① 习近平：《扎实推动共同富裕》，《求是》2021年第20期。
② 习近平：《正确认识和把握我国发展重大理论和实践问题》，《求是》2022年第10期。

第十五章
中国式现代化与人的全面发展

摘要："人是目的"，现代化作为一个综合的多维发展进程，评价现代化归根到底需要看人的发展。马克思认为，资本主义现代化作为传统和未来社会形态之间的一个历史阶段，虽然有其必然性，但肇始于工业化并以之为主要驱动力的资本主义现代化过程，重物不重人，在现代性生成的过程中也导致了人的被物化、片面化和异化。只有在社会主义条件下，人的本质力量的回归和全面发展，才有了更大的价值与制度化实现渠道。中国式现代化作为一种现代化的新形态，以"人的现代化"为具体实现形式，为摆脱旧文明形态下的各种依赖关系，积极推动着需要与劳动、个性和社会关系相结合的人的全面发展。

关键词：中国式现代化　人的全面发展　马克思主义中国化时代化　人的现代化

"人是目的"，现代化是一个综合的多维发展进程，其各个维度的发展需要综合平衡，仅仅经济建设的现代化是不够的，"以人的全面发展为中心的社会发展、社会进步是经济发展的最终目的"[①]。现代化归根到底需要看人的发展，"现代化的最终目标是实现人自由而全面的发展"[②]。也就是说，在坚持经济现代化，以经济建设为中心不动摇的同时，还要积极推动人的现代化和全

---

① 习近平：《之江新语》，浙江人民出版社2007年，第225页。
② 中共中央宣传部编：《习近平新时代中国特色社会主义思想学习纲要：2023》，学习出版社、人民出版社2023年，第56页。

面发展。只有推动人的发展,才能保证经济发展不跑偏,人才不会异化发展成为异己力量,这样的现代化才能真正地推动社会进步。

人的发展是一个自然历史过程,人类对于全面发展的追求和实践亘古至今。18~19世纪的近代资本主义社会虽然创造了比过去一切世代所创造的全部生产力还多还大的生产力,但在其物质财富飞速增长的同时,人的异化发展问题日益凸显。马克思对西方现代性问题进行了批判,提出了人的全面发展的思想,这些思想的中国化时代化积极影响了中国的现代化进程。伴随马克思主义的中国化时代化,中国逐渐找到了一条人民至上的中国式现代化道路,人的全面发展日益成为中国式现代化的价值追求和动力根源。本文试图通过基于马克思主义中国化时代化的研究,从人的发展的理论视角和历史维度,探究中国式现代化的历史生成及其摆脱片面依赖的发展的必然性和路径。

一、西方现代性启蒙与人的片面发展

人类社会从传统农业文明向现代工业文明的现代化转型,是一个具有革命性、全球性、不可逆性特征的演进过程。以18世纪英国工业革命引发的科技革命和近代欧洲的理性启蒙为标志,人类揭幕了现代文明。现代化"包含了人类思想和行为各个领域变化的多方面进程……包含了人类思想和行为一切领域和系统的重大变化"[①]。马克思在《1857—1858年经济学手稿》中,以人的发展为特征,将现代化之前以"人的依赖关系"为特征的"最初的社会形态"划分为社会发展的第一阶段,将西方现代性下"以物的依赖性为基础"的社会形态划分为社会发展的第二阶段[②]。马克思在肯定西方现代性的历史进步性的同时,也提出要通过批判来澄清对西方现代性困境的认识,并摆脱其所造成的人的片面发展从而实现人的自由全面发展。

---

① Huntington, S. P., *Political Order in Changing Societies*. Yale University Press 1968, P.32.
② 《马克思恩格斯全集》第30卷,人民出版社1995年,第107页。

马克思认为，人的发展"同他们的生产是一致的——既和他们生产什么一致，又和他们怎么生产一致"①。在简单再生产条件下，"自然性"是人类劳动的重要属性，人"直接地从自然界再生产自己"②。单个的人在自然界面前脆弱无力，"正象单个蜜蜂离不开蜂房一样，以个人尚未脱离氏族或公社的脐带这一事实为基础"③。天然的血缘纽带将个体的人联合起来，并以氏族或公社共同体的形式存在。不仅仅在原始社会，在奴隶社会和封建社会，尽管生产力水平有所提高，但这种对人的依赖性都未曾摆脱过。因为一旦离开共同体，个体就很难独立生存。在共同体内，每个个体都从属于自己特定的阶级或群体，并局限在自己的阶级群体范围内再生产自己，而且"越往前追溯历史，个人，从而也是进行生产的个人，就越表现为不独立"④。人过度依赖自然，使得人无法根本性地从自然界分化出来。"劳动本身，无论是奴隶形式的，还是农奴形式的，都被作为生产的无机条件与其他自然物列为一类，即与牲畜并列，或者是土地的附属物。"⑤"在奴隶社会，奴隶没有人格，奴隶只被看作会说话的工具，是奴隶主的私有物，没有人的资格地位和权利。奴隶主是人，但其实也没有真正独立的人格，他要从人格化的代表奴隶主国家的国王或城邦的共同体中分得人的资格、身份地位和性质。"⑥"君主政体的原则总的说来就是轻视人，蔑视人，使人非人化。"⑦

工业革命带来了资本主义生产方式的现代化，传统自然经济被机械化、社会化的大工业生产所替代。工业革命促使社会生产力迅速提高，开启了人类科学文明史和利用科技力量改造自然的新的生产实践方式。人与自然的关系发生了颠覆性的变化，在自然面前，人类不再因为脆弱无力而祈求"神"的权威，个体也不再需要依附于共同体而存在。与工业革命相呼应，近代欧

---

① 《马克思恩格斯选集》第1卷，人民出版社1995年，第67~68页。
② 《马克思恩格斯文集》第8卷，人民出版社2009年，第51页。
③ 《马克思恩格斯全集》第23卷，人民出版社1972年，第371页。
④ 《马克思恩格斯全集》第30卷，人民出版社1995年，第25页。
⑤ 《马克思恩格斯全集》第30卷，人民出版社1995年，第481页。
⑥ 余潇枫：《哲学人格》，吉林教育出版社1998年，第64页。
⑦ 《马克思恩格斯全集》第47卷，人民出版社2004年，第59页。

洲启蒙运动,通过理性权威反宗教神学和封建专制、破除封建社会的人身依附关系、以科学驱逐愚昧,打破了森严的等级制度和神学束缚,推动了人从封建愚昧向理性启蒙。由启蒙确立的现代又被黑格尔等人称为主体性的时代,也就是人摆脱各种束缚成为主体的时代。在中世纪,人的内心自省和外界观察都一直遮蔽在一层"共同的纱幕"[①]之下,人类总是隔着这层信仰、幻想和幼稚的偏见"纱幕"看自己。启蒙运动倡导理性思维形成统一的科学秩序,并且从原理中推导出对事实的认识,从而摆脱专制和神学权威的束缚。启蒙时代,是人的自我觉醒的时代,也就是人作为主体的主体性得以确立的理性解放的时代。到了现代,人将自身看作现实的根据,从自身出发看待世界和生命过程,人成为思想和实践的出发点。将生命和社会历史看作追求自身价值的展开过程,人因此成了现实的主人,成了自身生命的主人。启蒙运动确立的这一思想原则,使得启蒙成为现代的基本标志。

然而,在资本理性秩序下人的发展是不全面的,"对人的依赖"逐渐演变为"对物的依赖"。首先,分工必然造成人的异化,即人成为机器的附属物。社会分工不断细化,社会中每个人的活动和能力根据其所处的岗位呈片面化、畸形化发展的趋势,每个人都成为机器大工业生产体系中的一个"部件"。其次,交换普遍化下物逐渐异化,"活动和产品的普遍交换已成为每一单个人的生存条件,这种普遍交换,他们的相互联系,表现为对他们本身来说是异己的、独立的东西,表现为一种物。在交换价值上,人的社会关系转化为物的社会关系;人的能力转化为物的能力"[②]。最后,发展开始畸形化。"工人生产的财富越多,他的生产的影响和规模越大,他就越贫穷。工人创造的商品越多,他就越变成廉价的商品。物的世界的增值同人的世界的贬值成正比"[③],"以致工人生产的对象越多,他能够占有的对象就越少,而且越受自己的产品即资本的统治"[④]。"工人在他的对象中的异化表现在:工人生产得越多,他能够消费的越少;他创造的价值越多,他自己越没有价值、越低

---

① 布克哈特:《意大利文艺复兴时期的文化》,商务印书馆 1979 年,第 125 页。
② 《马克思恩格斯全集》第 8 卷,人民出版社 2009 年,第 51 页。
③ 《马克思恩格斯文集》第 1 卷,人民出版社 2009 年,第 156 页。
④ 《马克思恩格斯文集》第 1 卷,人民出版社 2009 年,第 157 页。

贱；工人的产品越完美，工人自己越畸形；工人创造的对象越文明，工人自己越野蛮；劳动越有力量，工人越无力；劳动越机巧，工人越愚笨，越成为自然界的奴隶。"[1]在"以应用机器为基础的现代工厂"成为"生产上的社会关系"[2]后，以自然家庭为单位的手工业迅速衰落。个人在生产中只存在工具性价值，人逐渐被工具化或物化，人的发展在对物的依赖下逐渐被物化、商品化和异化。尽管马克思认为"任何生产都是个人的物化"[3]，但他也指出"关键不在于物化，而在于异化，外化，外在化，在于巨大的物的权力不归工人所有，而归人格化的生产条件即资本所有，这种物的权力把社会劳动当作自身的一个要素而置于同自己相对立的地位"[4]，正是由于这种"否定意义上的物化"[5]，物逐渐主体化、人逐渐客体化，"社会的物"逐渐成为凌驾于人之上的统治和支配力量。

现代化问题伴随现代性国家的兴起和扩张而逐渐成为具有普遍性的现代化通病已成为共识：在西方现代性下，人们的劳动不是一种自由的、体现人个性的活动，而是不再具有真正必要性的麻木的劳动；大量虚假的需求被制造出来，"人们似乎是为商品而生活"[6]；"人征服了自然，却成了自己所创造的机器的奴隶……占有取向是西方工业社会的人的特征。在这个社会里，生活的中心就是对金钱、荣誉和权力的追求……决定经济系统发展的问题不再是：什么对人有益，而是：什么对系统的增长有益？"[7]；消费急剧增长使环境不堪重负，却又并未使人们感到有多么幸福，因为"消费与个人幸福之间的关系是微乎其微的"[8]，还使人类满足的第二个源泉——社会关系和闲暇趋于枯竭或停滞。但对比"人的依赖关系"和"物的依赖关系"，马克思认为，

---

[1]《马克思恩格斯文集》第1卷，人民出版社2009年，第158页。
[2]《马克思恩格斯全集》第4卷，人民出版社1958年，第163~164页。
[3]《马克思恩格斯全集》第46卷上册，人民出版社1979年，第176页。
[4]《马克思恩格斯全集》第46卷下册，人民出版社1980年，第360页。
[5] 俞吾金：《被遮蔽的马克思》，人民出版社2012年，第298页。
[6] 马尔库塞：《单向度的人：发达工业社会意识形态研究》，上海译文出版社2008年，第9页。
[7] 弗罗姆：《占有还是生存》，生活·读书·新知三联书店1989年，第9页。
[8] 杜宁：《多少算够》，吉林人民出版社1997年，第6页。

"这种物的联系比单个人之间没有联系要好，或者比只是以自然血缘关系和统治服从关系为基础的地方性联系要好……这种联系是各个人的产物。它是历史的产物。它属于个人发展的一定阶段"[1]。这种基于个体独立性、普遍参与的分工和"物的联系"给现代化带来了"普及到最下层人民的那种普遍富裕"[2]的可能性。同时，资本现代化的发展通过对外扩张和对内吸纳，对人的剥削和压榨"在最下流、最龌龊、最卑鄙和最可恶的贪欲的驱使下完成"[3]，使人的发展畸形化且呈现单向度属性，人沦落为资本增殖链条中的重要环节。

二、现代化的新形态及其中国化

西方现代性的发展造成了人的片面发展，同时"形成普遍的社会物质变换、全面的关系、多方面的需要以及全面的能力的体系"[4]。在继之而来的"后进国家"的变迁进程之中逐渐诞生了现代化的新形态。包括中国等在内的民族国家伴随西方现代化的兴起和扩张被裹挟进入现代性的现代化。现代化成为一切民族国家的历史性命运。[5] 西方现代化"迫使一切民族——如果它们不想灭亡的话——采用资产阶级的生产方式"[6]，这种现代性的现代化从一开始便通过"使未开化和半开化的国家从属于文明的国家，使农民的民族从属于资产阶级的民族，使东方从属于西方"[7]来实现其扩张，中华民族从而在相当长的时间内饱受屈辱。伴随马克思主义的中国化，在西方资本主义现代化之外，现代化的新形态——人民至上的中国式现代化逐渐生成。

---

① 《马克思恩格斯全集》第46卷上册，人民出版社1979年，第108页。
② 斯密：《国民财富的性质和原因的研究》下卷，商务印书馆1996年，第212页。
③ 《马克思恩格斯文集》第1卷，人民出版社2009年，第873页。
④ 《马克思恩格斯全集》第30卷，人民出版社1995年，第107页。
⑤ 吴晓明：《世界历史与中国道路的百年探索》，《中国社会科学》2021年第6期。
⑥ 《马克思恩格斯选集》第1卷，人民出版社2012年，第404页。
⑦ 《马克思恩格斯文集》第2卷，人民出版社2009年，第36页。

第十五章 | 中国式现代化与人的全面发展

现代化在马克思基于所处时代提出的三大社会文明形态理论体系中是位于传统和未来社会形态之间的一个必然历史阶段，而这个阶段，在马克思看来，就是资本主义化①。换言之，发达的资本主义社会在马克思著作中多被称为现代社会。马克思认为，近代资本主义发展虽然在它的不到一百年的阶级统治中创造了比过去一切世代所创造的全部生产力还要多还要大的生产力，但它的经济或社会物质财富的增长是以牺牲个人的全面发展为代价的。晚年的马克思对于包括中国在内的东方社会在被裹挟卷入现代化洪流之后的命运十分关注。他提出东方社会在西方的冲击和影响下被不可阻挡地摧毁，但它们有可能跨越资本主义"卡夫丁峡谷"②。列宁进一步指出资本主义发展存在不平衡性，因此资本主义链条可能在最薄弱的环节首先发生断裂，社会主义革命可以在一个或几个国家率先取得胜利。马克思主义在世界范围的传播为中国开启了社会主义现代化的思想启蒙。俄国十月革命的胜利为现代化开辟了一条崭新的社会主义道路，世界现代化的实践开始出现多元路径。

对于近代中国而言，"排除民族压迫是一切健康而自由的发展的基本条件"③。经历了技术上的"师夷之长技以制夷"、思想上的新文化运动，试图通过学习西方和西化来救亡图存和重塑中华文明的资本主义现代化尝试以失败告终。十月革命后，主张资本主义现代化的西化和洋化道路被摒弃，以马克思主义为指导的中国共产党主张通过革命从根本上改变半殖民地半封建的旧社会，为中华民族赢得了独立自主的现代化机会，解决了发展的最基本问题。毛泽东指出，作为一个积贫积弱的落后国家，新中国要实现完全的独立，还必须实现工业化④。1964年，在三届全国人大一次会议上毛泽东提出了包括农业、工业、国防和科学技术的"四个现代化"的历史任务，为建立独立和比较完整的工业体系和国民经济体系准备了条件。在这个阶段，毛泽东虽然进一步提出了培养德智体全面发展的社会主义新人的发展方向，但在当时，解决人的生存问题相对于人的发展问题更为首要。1979年3月，邓小平

---

① 赵士发：《现代化进程中的马克思主义中国化》，人民出版社2016年，第7页。
② 《马克思恩格斯选集》第3卷，人民出版社2012年，第828~829页。
③ 《马克思恩格斯文集》第10卷，人民出版社2009年，第472页。
④ 中共中央党史研究室：《中国共产党历史》第2卷上册，中共党史出版社2011年，第196页。

提出搞建设也要适合中国情况，要"走出一条中国式的现代化道路"①。他提出中国式的现代化是基于一种东方文化背景下的现代化，是中国社会主义文化背景下的现代化，还将中国式的现代化与中国传统文化中的"小康"思想联系起来，并明确指出"这个小康社会，叫做中国式的现代化"②，其基于人民所享有的介于温饱和富裕之间的一种生活状态所做的界定，体现了鲜明的富民思想。人的发展问题日益受到重视：江泽民在2001年的"七一"讲话中提出"要努力促进人的全面发展。这是马克思主义关于建设社会主义新社会的本质要求"③；胡锦涛进一步将人的全面发展界定为以人为本的目标④，人的发展被置于整个科学发展观的大系统中并得以拓展。以人的素质提升为表征的人的全面发展目标伴随马克思主义中国化而逐渐具体化和系统化，继邓小平提出以精神文明建设培养有理想、有道德、有文化和有纪律的"四有"新人后，"德智体"全面发展的目标体系逐渐演化为"德智体美"乃至"德智体美劳"全面发展。⑤

与此同时，由于改革开放初期生产力水平尚低、经济实力尚弱，此阶段以经济建设为中心，中国迅速解决了巨大规模人口的生存问题。经济飞速发展也伴生了片面追逐金钱和物质的不良社会风潮。一方面表现为人情关系和权力本位的"对人的依赖"依然存在，另一方面表现为拜金主义、物欲横流的"对物的依赖"也开始凸显。人的问题开始受到理论界的关注，人的本质和人的全面发展理论被唤醒。人的本质进一步被概括为"是文化的人，而不是'物化'的人；是能动的、全面的人，而不是僵化的、'单向度'的人"，全面发展的人"不仅追求物质条件、经济指标，还要追求'幸福指数'；不仅追求自然生态的和谐，还要追求'精神生态'的和谐；不仅追求效率和公平，还要追求人际关系的和谐与精神生活的充实，追求生命的意义"。⑥党的

---

① 《邓小平文选》第2卷，人民出版社1994年，第163页。
② 《邓小平文选》第3卷，人民出版社1993年，第54页。
③ 《江泽民文选》第3卷，人民出版社2006年，第294页。
④ 《十六大以来重要文献选编（上）》，中央文献出版社2005年，第850页。
⑤ 韩庆祥、亢安毅：《马克思开辟的道路：人的全面发展研究》，人民出版社2005年，第80页。
⑥ 习近平：《之江新语》，浙江人民出版社2007年，第150页。

第十五章 | 中国式现代化与人的全面发展

十八大以来，伴随现代化目标的日益完善和时代的发展，中国式现代化及其人的价值本位和全面发展的重要性不断得以确立。习近平总书记在党的十八届五中全会上鲜明地提出要坚持以人民为中心的发展思想，把增进人民福祉、促进人的全面发展、朝着共同富裕方向稳步前进作为经济发展的出发点和落脚点。[①] 党的十九大报告提出要在"继续推动发展的基础上……更好推动人的全面发展"[②]，明确把促进人的全面发展纳入中国特色社会主义建设的重要内容和目标。党的二十大报告进一步明确，中国式现代化是促进物的全面丰富和人的全面发展相统一的现代化，并明确阐述了中国式现代化的五大特征：人口规模巨大、全体人民共同富裕、物质文明和精神文明相协调、人与自然和谐共生以及走和平发展道路，人成为整个中国式现代化价值目标的核心。[③]

回顾我国的现代化进程，由被西方现代化洪流裹挟，到最后主动性地创造，从四个现代化的工业化追赶阶段、中国式的现代化战略构想阶段，到新时代中国式现代化的全面展开和具体化阶段，在马克思主义指导下中国探寻到了一条人民至上的现代化道路，并同时收获了现代化和人的发展的硕果：飞机、高铁等现代交通工具不断涌现，突破了城乡和区域等形式的分隔，使人交往的地域范围逐渐扩大，人自身的空间局限逐渐被打破；人口向城市集中和整个社会的城市向心趋势不断上升，商品流通和服务设施的数量不断增加、质量大幅提升，实现了社会成员大范围的相互交流，个人活动领域更加多样化；从精英教育向大众教育飞跃，普及了科学文化知识，一个多层次的大众传播系统已经形成，教育也使人所交往的周围人的素质大幅提高，在与周围人的交往中，彼此间的经验和知识交流、力量上的互补，促进了个体发展和社会发展的良性互动；生产效率和技术水平提高，生产条件改善，这些都使得人拥有了谋生之外更多的自由时间和更科学的环境选择。[④]

[①] 《习近平关于社会主义社会建设论述摘编》，中央文献出版社 2017 年，第 12 页。
[②] 《中国共产党第十九次全国代表大会文件汇编》，人民出版社 2017 年，第 10 页。
[③] 习近平：《高举中国特色社会主义伟大旗帜 为全面建设社会主义现代化国家而团结奋斗》，人民出版社 2022 年，第 23 页。
[④] 李秀林等：《中国现代化之哲学探讨》，人民出版社 1990 年，第 10 页。

三、"人的现代化"与全面发展的时代化

从"对人的依赖"到"对物的依赖",再到未来"以每个人的全面而自由的发展为基本原则"①的社会,人的发展是一个自然历史过程。人的可完善性,使人类能够"借助于环境的影响,继续不断地促进所有其他能力的发展"②。在中国传统儒家思想中,理想人具有仁、孝、忠、信、礼、义等优良品质和礼、乐、射、御、书、数等多方面的才能。在马克思之前的思想家,如柏拉图在《理想国》中提出德育、智育、体育③,卢梭提出集"感觉的理性"和"理智的理性"为一体的既能行动又能思想的"新型的人"④,大多单纯从人性的角度来肯定人及其全面发展的合理性和可能性,是否现实和可操作则是马克思区别于前人之处。马克思从个人发展和社会发展相结合的角度,为人的全面发展找到了一条现实且可操作的路径。他指出,未来社会是物为人的全面发展服务、人获得真正发展的社会,人的全面发展是一个渐进且永无止境、逐步实现的开放过程。人的全面发展在其最一般的规定性上来说是对人的片面发展的克服,是对人的本质的复归和占有。⑤同时,这种规定性在各个不同的社会形态和社会发展阶段中有独特的内涵,人的全面发展的内容也各不相同。"人的现代化"是人的全面发展的现代化,是中国式现代化推动人的全面发展的一种具体形式。

人的全面发展作为对未来社会的构想,在马克思看来是对人的本质的复归和占有。人的本质是人作为人的最根本的东西,对于人的本质,存在多种不同的归纳。如亚里士多德认为人的本质在于"理性"和"社交性"。⑥理性

---

① 《马克思恩格斯全集》第23卷,人民出版社1972年,第649页。
② 卢梭:《论人类不平等的起源和基础》,商务印书馆1982年,第83页。
③ 柏拉图:《理想国》,商务印书馆1986年。
④ 卢梭:《论人类不平等的起源和基础》,商务印书馆1982年,第31~50页。
⑤ 韩庆祥、亢安毅:《马克思开辟的道路:人的全面发展研究》,人民出版社2005年,第3~4页。
⑥ 亚里士多德:《政治学》,商务印书馆1997年,第3~42页。

是人类的本质特征，也是人类与其他动物的重要区别之一；社交性则体现为人类具有交流、社交和合作的天性。只有当人们充分地发挥自己的理性和社交性时，才能够真正实现人的本质和价值。马克思从人的本质入手研究人的全面发展，提出人与动物相区别的是其类特征，即人的自由自觉的创造性活动，人是一切社会关系的总和，每个人都是个性的人。他认为体现为需要、创造性劳动及其社会化的人的本质力量，是人的全面发展的本质内容。[1]作为全面发展的一般规定性，人的发展的终极形态是"建立在个人全面发展和他们共同的、社会的生产能力成为从属于他们的社会财富这一基础上的自由个性"[2]。人类最终的目标是立足人的本质，实现自由和个性的发展。但个人的全面发展只有与社会生产能力提升相结合，从而创造出社会财富，才能实现个体和社会的全面发展。

首先，决定人的创造能力、社会关系和个性发展的归根结底是人的需要。人之所以能够创造性地劳动，发展出多种多样的社会关系，并充分展示个体的个性，根源是人的需要。这些需要来自人对生存的基本要求以及追求更高层次的生存状态。人有需要，才会通过劳动来满足需求，形成不同的社会关系，以及展现个人的个性和特点。人的需要是一个分层次的体系。人的最基本需要和动物一样都是生存需要，然而人不只是简单地生存和被动地适应，人的需要的多层次性决定了其生存方式和生活状态的多样性。人的需要的全面发展是对各种依赖关系的突破和超越，并在创造性活动中得到发展和丰富。人除了生存需要，还有区别于动物的社会需要。整个社会的发展过程便是人的社会需要的动态发展过程：在发展中人的各种需要得到实现，又伴随创造性活动而不断发展并产生新的需要，再努力实现新的需要。其次，人作为一种创造性的动物，区别于其他动物的最重要的特征在于人的创造性劳动。创造性劳动不仅是生存的必要手段，而且是推动社会进步和发展的重要驱动力。"需要"驱动创造性劳动，只有"通过个人的劳动以及通过其他一切人的劳动"创造出所需要的对象，需要才能实现。[3]人是实践活动的存在物，

---

[1] 韩庆祥、亢安毅：《马克思开辟的道路：人的全面发展研究》，人民出版社2005年，第65页。
[2] 《马克思恩格斯全集》第30卷，人民出版社1995年，第107~108页。
[3] 黑格尔：《法哲学原理》，商务印书馆1961年，第209页。

人的创造性活动的全面发展，是人的全面发展的实质性内容。最后，个性的塑造受到社会关系的影响，同时个体的行为和选择也反过来影响着社会关系的形成和发展，两者相互影响、相互制约。在现实性上，人是一切社会关系的总和。人作为社会构成元素，是社会关系的特定主体和推动力量。人的全面发展是人的这些本质力量的充分展现和人的本质的全面占有。个性的发展取决于个人所处的时代和社会及同他直接或间接交往的其他人的发展，也就是取决于其社会生产力的发展。任何一个现代社会，人生活质量的提高和文明程度的发展都与其社会生产力的发展密切相关和相互促进。人的全面发展需要社会生产力所创造的物质、教育、文化等条件的支持。

马克思认为，人的全面发展的一般规定性在不同的时代和人的不同的发展阶段各有其独特的内涵。[①] 在各个不同的社会形态和社会发展阶段中，人的全面发展存在不同形态。"人的现代化"是人的全面发展的现代化，是中国式现代化推动人的全面发展的一种具体形式。人的发展是现代化获得更大发展的先决条件和方式。毛泽东指出："没有几万万人民的个性的解放和个性的发展……建立起社会主义社会来，那只是完全的空想。"[②] 邓小平说："中国的事情能不能办好，社会主义和改革开放能不能坚持……关键在人。"[③] 中国的现代化还将现代化的目标视为人的发展，并提出"现代化的本质是人的现代化"[④]。人的现代化同时也是现代化本身的伟大目标之一，伴随传统社会向现代社会的转型，传统中国人向现代中国人的转型经历了漫长而曲折的过程。中华人民共和国的成立为中国赢得了独立自主现代化的权力，并确立了以工人阶级为领导的、以工农联盟为基础的无产阶级专政的国体。独特的文化传统、独特的历史命运、独特的现代化道路，生成了中国前现代、现代和后现代问题叠加的共时发展格局。在新中国成立之后的一段时期内，包括个人迷信、家长制或家长作风，甚至干部职务终身制在内的封建思想残余和"对人的依赖"依然存在。传统社会中对于血缘、人情关系和权力的依附，

---

① 《马克思恩格斯全集》第30卷，人民出版社1995年，第107~108页。
② 《毛泽东选集》第3卷，人民出版社1991年，第1060页。
③ 《邓小平文选》第3卷，人民出版社1993年，第380页。
④ 《十八大以来重要文献选编（上）》，中央文献出版社2014年，第594页。

在现代社会中依然不同程度存在。而改革开放以来，社会主义市场经济体制的确立和不断完善，在逐步冲破这种人的依赖性，破除人情和权力对市场经济活动的干扰，并确立公民自主决定财产和劳动的权利，实现现代人的主体性价值。但与此同时，对商品、物质利益等"物"的依赖也日渐凸显，并成为当代人发展的一种存在形态。

独特的现代化道路和共时的发展格局，增加了人的现代化的复杂性和难度。而在此背景下，要求对现代性下工具理性的过度膨胀所导致的人的单向度、片面发展保持警惕和审视。虽然理性精神是促使现代化兴起、个体主体性崛起的重要力量，但工具理性片面强调技术实用性和效率，而不是人的需要和个性。当人的需要和个性受到冷落时，人的自我实现便会被边缘化，个性和独特性变得不重要，人便会逐渐成为工具的使用者，而不再是设计者和创造者，并最终导致人的主体性的丧失。工具理性还可能导致技术至上主义。越来越多的人开始过度依赖技术，忽视了自身的判断能力和独立思考的能力，这使得他们的自我逐渐退化，变得脆弱、缺乏独立性和创造力，甚至失去对生活的热情和主动性。工具理性不仅会导致人的主体性缺失，而且会威胁到人类自身的独立性和主体性。失去独立性和主体性会导致人的单向性和片面发展，因为它强调一种单一的、机械化的角色，而忽略了个体全面发展的需要。在机械化大工业化的大规模组织分工的条件下，这种片面发展更容易导致人的价值的缺失和主体性的削弱。因此，推动人的全面发展，需要打破这种单一的标签和身份，引导人们进行全面的自我实现，鼓励超越单一角色身份的束缚，发展多样化的兴趣，只有这样，才能进一步建设出一个以个人全面发展和社会生产能力提升为核心的现代化社会。

四、结　语

马克思以整体性的现代化历程为历史背景来解剖西方现代性及其现代化实践，从而寻找全部历史的基础。从历史出发，利用政治经济学的方法，马克思批判了西方现代性及其导致的人的片面发展。马克思认为现代化是人类文明的一种历史必然，资本主义是现代性的积极结果，同时指出现代性导致资本理性下人的自我分裂和自我异化，只有在社会主义条件下，人的本质力量才有了回归的可能，全面发展才有了更大的价值与制度化实现渠道。[①]

马克思批判西方现代性的目的是重建现代性，"批判已经不再是目的本身，而只是一种手段"，批判的最终目的是建构一个"新世界"[②]。正是在对现代性的批判性反思中，马克思揭示了人类命运和个性自由在现代性发展进程中的统一实现途径。马克思主义中国化时代化的历史过程，即是中国人探索自己的现代化道路的过程。目前，中国还处在社会主义初级阶段，还在发展中国家的行列，迫切需要以科学民主、理性自由及人的主体性为标志的现代精神，发展现代化的经济和社会秩序。但与此同时，中国前现代、现代和后现代的阶段性特征并存，现代性建构面临多重复杂性。这些阶段性特征也决定了中国式现代化要自觉警惕并克服西方现代性所造成的人与自然的对立，以及人的物化、异化和工具化。在中国式现代化进程中要以人的现代化为推进人的全面发展的具体形式，推进构建健康、稳定、全面、协调和可持续的新发展格局。

（作者陈雪娟、胡怀国，原标题为《中国式现代化与人的全面发展：基于马克思主义中国化时代化的研究》，发表于《改革与战略》2024年第2期，第38~47页。）

---

① 刘建新：《以人民为中心视域下的马克思市民社会理论研究》，人民出版社2022年，第150~151页。

② 《马克思恩格斯文集》第1卷，人民出版社2009年，第6页。